Gloria Beck
Verbotene Rhetorik

Zu diesem Buch

Dieses Buch ist nichts für zarte Gemüter: Gerade im Berufsleben sind fragwürdige rhetorische und andere kommunikative Tricks ein legitimes Mittel, um sich durchzusetzen oder seine Position zu stärken. Ob die Konkurrenten dabei auf der Strecke bleiben, ist ganz egal, denn gerade hier gilt: Der Zweck heiligt die Mittel. »Verbotene Rhetorik« verrät, wie man seine Ziele erreicht, indem man andere zielgerichtet und ohne Hemmungen manipuliert. Die Kommunikationstrainerin Gloria Beck präsentiert 30 wissenschaftlich fundierte Manipulationstechniken – von der Attraktivitätstechnik über die Sündenbocktechnik bis zur Vernichtungstechnik. Denn nur wer die Methoden seiner Gegner kennt, kann sich im Ernstfall wirksam verteidigen!

Gloria Beck, geboren 1968, arbeitet als Autorin und Managementberaterin in Zürich. Die ausgebildete Philosophin, Germanistin, Arbeitswissenschaftlerin und Erwachsenenpädagogin bekam den Anstoß zu diesem Buch durch Teilnehmer ihrer Seminare, die immer nach »bösen Manipulationstechniken« fragten.

Gloria Beck

Verbotene Rhetorik

Die Kunst der skrupellosen Manipulation

Piper München Zürich

Mix
Produktgruppe aus vorbildlich bewirtschafteten
Wäldern und anderen kontrollierten Herkünften
www.fsc.org Zert.-Nr. GFA-COC-1223
© 1996 Forest Stewardship Council

Ungekürzte Taschenbuchausgabe
Piper Verlag GmbH, München
1. Auflage Oktober 2007
4. Auflage März 2008
© 2005 Eichborn AG, Frankfurt am Main
Umschlag: Büro Hamburg, Heike Dehning, Stefanie Levers
Bildredaktion: Alke Bücking, Charlotte Wippermann, Daniel Barthmann
Umschlagabbildung: Stefanie Levers
Autorenfoto: Eichborn Verlag
Satz: Fuldaer Verlagsanstalt, Fulda
Papier: Munken Print von Arctic Paper Munkedals AB, Schweden
Druck und Bindung: CPI – Clausen & Bosse, Leck
Printed in Germany   ISBN 978-3-492-25002-3

www.piper.de

Inhalt

Vorwort 7
Einführung: Meisterschaft des Alltäglichen 9
    5 Punkte zum Gebrauch dieses Buches 13
    Phasen der rhetorischen Manipulation 17
    Verzeichnis der Manipulationstechniken nach Zielen 19

Aberglauben-Technik 28
Abhängigkeitstechnik 35
Aktualisierungstechnik 47
Assoziationstechnik 53
Attraktivitätstechnik 64
Autoritätstechnik 73
Bad Guy/Good Guy-Technik 90
Charisma-Technik 98
Claqueurtechnik 108
Dissonanztechnik 116
Einschmeicheltechnik 122
Falsche-Argumente-Technik 136
Feindbildtechnik 145
Fixierungstechnik 153
Freunde-Technik 161
Gerüchte-Technik 170
Gruppentechnik 179
Hypnosetechnik 185
Immunisierungstechnik 200
Impression Management-Technik 207
Intrigentechnik 218
Kontrasttechnik 230
Lügentechnik 235
Mitleidstechnik 249
Prediger-Technik 257
Reziprozitätstechnik 273

Sprachmanipulationstechnik 281
Sündenbocktechnik 292
Traumtechnik 301
Vernichtungstechnik 308

Anmerkungen zur Skala
 der ethischen Bedenklichkeit 320
Weiterführende Literaturhinweise 321

Vorwort

Wer heute zu einem Rhetorikbuch greift, wird meist etwas über den Aufbau von Reden, Ausführungen zum freien Sprechen und zur Körpersprache finden. Auch in Rhetorikseminaren der Fort- und Weiterbildung werden diese Inhalte vermittelt. Teilnehmer werden mit Tipps zur Spontanrede, mit Paraphrasierungsübungen und Techniken, Feedback zu nehmen und zu geben, konfrontiert. Dabei ist es mir als Trainerin aufgefallen, dass die Teilnehmer meist etwas ganz anderes wirklich interessiert: Es ist dieser Touch des Geheimnisvollen, der den Begriff »Rhetorik« noch immer umgibt! Deutlich wurde mir das, als ich nach »rhetorischen Kniffen« gefragt wurde, nach »Techniken, andere zu beeinflussen, ohne dass sie es merken«, und schließlich – zuerst zögerlich, dann aber selbstbewusster – nach: »Manipulationstechniken«. Ich registrierte, wie aufmerksam mir zugehört wurde, wenn ich zum Beispiel über die Vorgehensweise von Sektenführern berichtete. Nach und nach begann ich, die Inhalte von Rhetorikseminaren nicht mehr nach dem in der Branche Üblichen auszurichten, sondern nach dem, was Teilnehmer wirklich interessiert. Dabei wagte ich mich auch zu Trainingsinhalten vor, die nicht immer auf Zustimmung der Kollegen stießen. So wurde ich heftig angefeindet, als ich ein Seminar über »Lügen und Intrigieren« anbot. Man warf mir vor, Wissen zu vermitteln, das ethisch grenzwertig sei. Ähnlich erging es mir bei der Ankündigung anderer Themen wie »Mobbingtechniken für jedermann« oder »Führen und Motivieren mit Feindbildern«. Was war es, das man befürchtete? Gibt es denn tatsächlich so etwas wie »geheimes Wissen«? Wissen, das nicht jedem zugänglich ist? Wissen, das nicht angewendet werden darf? Und stimmt es, dass dann Rhetorik tatsächlich auch »verbotenes Wissen« beinhaltet?

Die ängstliche Aufmerksamkeit meiner Kollegen einerseits, die dringenden Nachfragen nach Vermittlung des »geheimen Wissens« andererseits und schließlich mein Trotz, mich nicht in Zugang und Verbreitung von Wissen beschränken zu lassen, haben den Anstoß zu diesem Buch gegeben. Ich stelle darin eine Reihe von Techniken vor, mit denen man Menschen erfolgreich beeinflussen kann. Manche davon funktionieren still und leise und schenken dem Anwender heimliche Freude über eine Fehlleistung seines Opfers. Andere sind verblüffend böse und reichen an die Grenze des strafrechtlich Erlaubten. Ethisch einwandfrei sind sie allesamt nicht. Aber das war auch nicht beabsichtigt. Es ist nicht immer die Zeit, sich ethisch zu verhalten, und dann und wann packt uns alle das Verlangen, einmal etwas Gemeines zu tun. Der Mensch ist eben nicht gut oder böse, sondern gut *und* böse. Die hier vorgestellten Techniken stellen einen Teil dieser »Verbotenen Rhetorik« dar, einer Rhetorik, die man eigentlich nicht anwenden sollte und es dennoch so gerne täte. Ich mache sie hiermit allen Interessierten zugänglich. Denn worauf der Soziologe Werner Kroeber-Riel aufmerksam macht, soll auch für dieses Buch gelten: Solange gefährliches Wissen nur wenigen zugänglich ist, solange kann sich die Mehrheit nicht schützen gegen die Anwendung dieses Wissens. Wenn aber die Techniken zur Manipulation von Menschen, wenn diese bisher verbotene Rhetorik allen zugänglich ist und jeder sie ausprobieren kann, dann ist nur noch Opfer, wer sich nicht informiert hat.

In diesem Sinne wünsche ich Ihnen spannende Erkenntnisse.

Gloria Beck

Einführung: Meisterschaft des Alltäglichen

Schon seit der griechischen Antike gibt es rhetorische Wettstreite. Da gibt es die öffentlich ausgetragenen und die zahlreichen, die im Stillen stattfinden. Die leisen Wettbewerbe, die, die als solche nicht gesehen werden, das sind die rhetorischen Wettstreite um die beste, geschickteste, raffinierteste Manipulation des anderen. Da kämpft eine Frau um den Mann der besten Freundin, mobbt ein Kollege den anderen, sticht ein Unternehmer den anderen beim Kunden aus. Das sind keine lautstarken Kämpfe, die am Rednerpult stattfinden, sondern subtile und leise Taktiken, die im täglichen Umgang mit Personen angewendet werden. So gesehen leben wir in einer Gesellschaft, die durchzogen ist von gezielten Manipulationen.

Häufig ärgern wir uns, dass wir etwas tun, was wir eigentlich gar nicht wollten: Wir haben unserem Kollegen einen Gefallen erwiesen und Überstunden gemacht oder einen Urlaub getauscht, der eigentlich schon geplant war. Wenn so etwas geschieht, dann sind wir überrumpelt worden, auf die eine oder andere (hinterlistig-) freundliche Art und Weise. Auf der anderen Seite aber versuchen auch wir selber, unsere Ziele durchzusetzen: Wir ziehen uns gut an, bevor wir ein Rendezvous haben (was steckt wohl dahinter?), wir sind freundlich zu jemandem, von dem wir etwas wollen, wir stellen uns positiv dar, wenn wir uns um einen Job bewerben. Mit anderen Worten: Wir versuchen ebenfalls, andere zu manipulieren! Und das tagtäglich, beinahe jedes Mal, wenn wir mit jemandem kommunizieren.

Wir alle manipulieren uns täglich und gegenseitig

Wenn nun feststeht, dass Manipulation bereits gängige Praxis im Alltag ist, dann stellt sich die weitere Frage: Warum es nicht zur Meisterschaft darin bringen? Wieso nicht in diesem Pool von Manipulierenden der beste sein? Warum also nicht, statt unbewusst zu manipulieren, bewusst und zielgerichtet vorgehen? Mit anderen Worten: Warum nicht rhetorisch vorgehen?

»Rhetorisch« manipulieren bedeutet:
Ausgewählte Personen bewusst und zielgerichtet zu manipulieren unter Anwendung von Manipulationstechniken nach einem vorgefassten Plan.

Rhetorisch zu manipulieren erfordert, sich alltägliche Verhaltensweisen bewusst zu machen, Formen des Umgangs miteinander zu hinterfragen, die Sie sonst gar nicht thematisieren. Machen Sie sich zum Beispiel Folgendes klar: Wenn Sie in einer langen Schlange an der Kasse anstehen und vorgelassen werden möchten, dann lächeln Sie die dicke Frau vor Ihnen an und bitten sie darum, vorgelassen zu werden. Hand aufs Herz: War Ihr Lächeln ehrlich gemeint? Haben Sie diese dicke Frau nur so, aus purer Freundlichkeit anlächeln wollen? Oder taten Sie es, damit sie Sie vorlässt? Die Antwort liegt auf der Hand und Sie sollten sich auch eingestehen: Nein, das Lächeln diente mir als Mittel meiner Zielerreichung. Und es hat auch funktioniert.

Da so etwas jeder schon einmal so oder so ähnlich getan hat, stellt sich die Frage, wieso ein derartiges Verhalten nicht auch gezielt manipulierend im beruflichen und privaten Umfeld eingesetzt werden soll? Wieso behandeln Sie Ihren Ehepartner nicht ebenso trickreich? Und warum nicht Ihre Kollegen, Ihre Vorgesetzten, Ihre Freunde und Bekannten? Denn diese, seien Sie sich darüber im Klaren, beeinflussen Sie tagtäglich. Vielleicht möchten Sie Menschen nicht nur als Mittel zum Zweck sehen, vielleicht möchten Sie sie nicht ausnutzen, um Ihre Vorteile zu haben. Aber wenn Sie nicht Vorteile im Leben haben wollen, was wollen Sie dann? Der Wille zur Macht über andere, der Wunsch, überlegen zu sein und Ziele unbedingt zu erreichen, den kann Ihnen keiner abnehmen. Das muss aus Ihnen selbst kommen. Diesen Entschluss können nur Sie selber treffen.

Aber wer sich dazu bekennt, ab und an fies, gemein und böse sein zu wollen, der findet hier eine Auflistung von Techniken, die systematisch aufzeigt, wie man Macht über andere ausüben kann und wie man gekonnt manipuliert. Nicht alle Techniken sind von Grund auf böse. Sie bündeln lediglich die alltäglichen Gemeinheiten, die kleinen Tricks, mit denen sich andere durch das Leben schlängeln. Es ist schließlich nicht immer möglich, fair zu sein. Wer mit unfairen Mitteln attackiert wird, der wird mit seiner fairen Vorgehensweise auf der Strecke bleiben.

Aus diesem Grunde sollte sich jeder, der sich mit der Verbotenen Rhetorik beschäftigt, auch an Begrifflichkeiten gewöhnen, die auf den ersten Blick vielleicht abschrecken mögen. Da ist von Opfern die Rede und von Zielerreichung, von Kampf und Gegnerschaft, von Hinterlist, Täuschung, von rhetorischer Distanz und Ablehnung jeglicher sozialer Nähe zu bestimmten Personen. Das mag zunächst einmal hart und brutal klingen, aber das ist es aus demselben Grunde, aus dem wir lieber ein Stück Steak mit dem Messer zerschneiden, als es roh aus dem Kadaver zu reißen. Wir töten und zerfleischen Tiere – aber wir tun es auf vornehme Art und Weise. Diese Vornehmheit will ich in diesem Lexikon zugunsten einer realistischen Ehrlichkeit aufgeben.

Folgende Begrifflichkeiten werden daher ungeschminkt verwendet:

Manipulation
Der Begriff Manipulation stammt von dem lateinischen *manus*. Das bedeutet Hand und *Manipulation* schließlich handhaben.

Zielperson/Opfer
Person, die manipuliert wird. Aus Sicht der rhetorischen Manipulation ist der Mensch ein Mittel zur Zielerreichung. Die Arg- und Wehrlosigkeit des Opfers wird dabei bewusst zur eigenen Zielerreichung ausgenutzt. Solange Sie die Technik anwenden, spricht man von Zielperson. Haben Sie Ihre Ziele erreicht, ist aus der Zielperson ein Opfer geworden.

Rhetorik
Rhetorik wird hier verstanden als Wissensschatz, der seit der griechischen Antike einen Fundus von Tricks und Kniffen bereithält, um Menschen in manipulierender Absicht zu steuern.

Rhetorische Distanz
Um eine Person als Werkzeug zu Ihrer Zielerreichung einsetzen zu können, müssen Sie eine soziale Distanz zu ihr einhalten. Je mehr Nähe Sie zulassen, desto mehr gefährdet das Ihre Zielerreichung. Es muss stets ein hierarchischer Abstand zwischen Ihnen als Manipulierender und Ihrem Opfer bzw. Ihrer Zielperson bestehen. Zur Meisterschaft haben Sie es dann gebracht, wenn Sie das Opfer glauben machen können, dass eine soziale Nähe bestünde, während in Wirklichkeit zu keinem Zeitpunkt die rhetorische Distanz von Ihnen durchbrochen wurde.

Absicht/Ego-Absicht
Mit den Techniken können Sie einfache Absichten verfolgen, etwa jemandem nur schaden. Wenn Sie einen darüber hinausgehenden Zweck verfolgen, der Ihnen Vorteile bringt, dann handeln Sie mit Ego-Absicht (z.B. jemandem schaden, *um* diesen an seinem Arbeitsplatz zu ersetzen).

Ich habe eine Neigung, mich bestehlen, ausbeuten zu lassen. Aber als ich merkte, dass alles darauf aus war, mich zu täuschen, geriet ich in den Egoismus.
Friedrich Nietzsche

Täter
Dann und wann wird auch der Begriff des Täters verwendet im Sinne des rhetorischen Täters. Er soll auf die hierarchische Distanzbeziehung zwischen Ihnen als Täter und der Zielperson als zukünftiges Opfer hindeuten.

5 Punkte zum Gebrauch dieses Buches

1. Die Techniken zur rhetorischen Manipulation sind alphabetisch angeordnet.
2. Lesen Sie vor Gebrauch des Lexikons bitte die einführenden Bemerkungen »Meisterschaft des Alltäglichen« und die sich daran anschließenden Begriffserläuterungen sowie die »Phasen der rhetorischen Manipulation«. Sie erleichtern das Verständnis der einzelnen Techniken.
3. Vor dem Lexikonteil steht ein »Verzeichnis der Manipulationstechniken nach Zielen«. Was immer Sie für Ziele durch Ihre Manipulation erreichen wollen, hier finden Sie eine Übersicht über alle Ihnen dafür in diesem Lexikon zur Verfügung stehenden Manipulationstechniken. Nutzen Sie dieses Buch entweder als Nachschlagewerk oder im Sinne eines Trainingshandbuchs, das Sie von Anfang bis Ende durcharbeiten.
4. Am Ende der Darstellung jeder Technik werden Sie eine »Skala der ethischen Bedenklichkeit« finden. Viele Teilnehmer meiner Seminare problematisierten immer wieder die Ethik des rhetorischen manipulierenden Vorgehens, sodass diese Skala Ihnen bei der Auswahl geeigneter Techniken eine ethische Hilfestellung geben kann.
5. Die einzelnen Manipulationstechniken werden jeweils nach einem einheitlichen Muster dargestellt, das ich Ihnen vorstellen möchte.

Name der Technik
Wie heißt die Manipulationstechnik? Am Anfang finden Sie den Namen der Technik. Lassen Sie sich bitte nicht von scheinbar unverständlichen Bezeichnungen abschrecken. Im weiteren Verlauf werden alle eventuellen Unklarheiten beseitigt.

Ziele
Was will ich erreichen? An dieser Stelle wird aufgeführt, welche Ziele Sie mithilfe der vorgestellten Manipulationstechnik

erreichen können. Das Gesamtverzeichnis aller Ziele finden Sie in dem eben bereits erwähnten »Verzeichnis der Manipulationstechniken nach Zielen«.

Diese Ziele erreichen Sie
Wie erfolgt die Manipulation? In der Rhetorik gibt es nur erhöhte Wahrscheinlichkeiten, aber keine Garantie dafür, dass eine Person tatsächlich so reagiert, wie Sie es beabsichtigt haben. Kommunikation ist ein Jonglieren mit Annahmen und raffinierten Beeinflussungsversuchen, von denen der eine oder andere funktioniert. Mit der Anwendung bestimmter Manipulationstechniken, die sich bereits in der Praxis bewährt haben oder auf wissenschaftlichen Studien beruhen, steigt die Wahrscheinlichkeit des Erfolgs jedoch erheblich.

Überblick
Worum geht es? Viele der vorgestellten Techniken beruhen auf der Instrumentalisierung oder Ausnutzung automatisch ablaufender Reaktionsmuster – gegen so etwas sind die Opfer der Manipulation sozusagen machtlos. Dabei handelt es sich um Automatismen, Schlüsselreize, neurophysiologische Vorgänge oder lange zuvor erlerntes Verhalten. Die verbotene Rhetorik nutzt solche Reaktionsmuster aus.

Hintergrundwissen
Was sollte ich über die Technik wissen? In der griechischen Antike, der Wiege der Rhetorik, bedeutete *techne* (von dem unser heutiges Wort Technik abstammt) Kunst(fertigkeit), Handwerk. Ohne Hintergrundwissen kann kein Laie einen Dachstuhl zimmern oder ein Auto reparieren oder ein Haus bauen. Das unterscheidet ihn von den Experten. Ohne Wissen um Herkunft und Hintergrund einer Manipulationstechnik kann keiner erfolgreich agieren. Nehmen Sie sich also den kurzen Augenblick für die Informationen unter dem Punkt »Hintergrundwissen für Anwender der Technik«. Jede wird einheitlich dargestellt anhand folgender Leitfragen:

1. Was ist (Inhalt der Technik)?
2. Wie entsteht (die Wirkung der Technik)?

Wie funktioniert die Technik?
Wie wende ich die Technik an? An dieser Stelle geht's ans Eingemachte: Die praktische Anwendung der jeweiligen Technik. Alle Manipulationstechniken werden immer nach dem gleichen Schema und immer in vier Schritten angewendet:

1. Schritt: Auswahl der geeigneten Zielperson
Die praktische Anwendung einer jeden Manipulationstechnik beginnt mit der richtigen Auswahl der Zielperson. Erst wenn Sie vermuten, dass Ihre Zielperson mit einer bestimmten Technik dieses Lexikons manipuliert werden könnte, sollten Sie fortfahren. Bitte unterschätzen Sie niemals die Bedeutung dieses ersten Schritts! Er ist es, der über Erfolg und Misserfolg jeder Manipulation entscheidet. Eine noch so raffiniert ausgeführte Technik verpufft, wenn Sie nicht an der richtigen Zielperson angewendet wird.

Aber nicht immer müssen Sie eine Zielperson erst suchen. Manchmal geht es auch andersrum: Sie schmökern in den Techniken und haben beim Lesen bereits eine Person vor Augen, bei der Sie sich vorstellen können, dass die Technik funktioniert. Das bedeutet ein großes Glück und Sie sollten sofort daran gehen, das Erlernte in der Praxis anzuwenden!

Grundsätzlich sollten Sie diejenigen als Zielpersonen bevorzugen, die leicht beeinflussbar sind. Denn man soll sich das Leben nicht schwerer machen, als es ohnehin schon ist. Die Psychologen Gudjonsson und Clark entwickelten 1986 ein theoretisches Modell der Beeinflussbarkeit. Beeinflussbarkeit zeigt sich vor allem in folgenden Verhaltensweisen Ihrer Zielpersonen:

→ Nachgeben in Reaktion auf Suggestivfragen
→ Verändern ursprünglicher Aussagen in Reaktion auf negatives Feedback

Um die grundsätzliche Beeinflussbarkeit und damit die Eignung als Zielperson zu überprüfen, sollten Sie sie einem kurzen Check unterziehen. Arbeiten Sie mit Suggestivfragen (also Fragen, die eine bestimmte Antwort bereits vorgeben) und beobachten Sie die Reaktionen Ihres zukünftigen Opfers. Stimmt eine Person Ihnen ohne lange zu überlegen zu? Oder ist sie kritisch, stellt richtig und antwortet differenziert? Im ersten Fall könnten Sie es mit Beeinflussungen leichter haben als im letzteren. Ebenso ist es, wenn jemand eine Aussage macht, die Sie dann vehement dementieren. Lenkt die Person verunsichert ein, dann könnte das ein weiterer Hinweis auf die Eignung als Zielperson sein. Versuchen Sie, eine Person auf diese Weise zu checken.

2. Schritt und 3. Schritt nach Art der jeweiligen Technik
Der zweite und dritte Schritt richten sich nach der jeweiligen Technik. Diese sind bei jeder Technik ein bisschen anders und erfordern von Ihnen ein flexibles Herangehen. Manipulation ist kein einfaches Geschäft. Patentregeln und Rezepte, die immer gleich angewendet werden, gibt es nicht. Aber die Anwendungsschritte sind so einfach wie möglich gehalten. Sie werden mit ein wenig Übung feststellen, dass der zweite und dritte Schritt diejenigen sind, die Ihnen am meisten Spaß machen werden!

4. Schritt: Wirkungskontrolle
Am Ende jeder Manipulation steht die Wirkungskontrolle. Beobachten Sie Ihr Opfer und überprüfen Sie, ob Sie mit der Anwendung Ihrer Technik erfolgreich waren. Viele Techniken sind langfristig angelegt. Ihre Wirkung zeigt sich erst nach einiger Zeit. Andere zeigen sofort Erfolg und Sie können amüsiert feststellen, wie sich Ihr Opfer nach Ihren Wünschen verhält. Viel Vergnügen!

Phasen der rhetorischen Manipulation

Planungsphase

Betrachtet man die rhetorische Manipulation in einer zeitlichen Dimension, dann lassen sich verschiedene Phasen unterscheiden. Wie jede andere zielgerichtete Aktion beginnt auch die rhetorische Manipulation mit der Planung. In dieser ersten Phase überlegen Sie, was Sie erreichen wollen. In diesem Buch finden Sie am Beginn jeder dargestellten Technik beispielhafte Ziele aufgeführt. Wenn Sie Ihr Ziel hier nicht finden, suchen Sie sich ein ähnliches aus und überprüfen, ob Sie es mit der dort vorgeschlagenen Technik ebenfalls erreichen können. Dabei sollte Ihnen eines immer klar sein: Sie wollen Ihre Ziele durch hinterhältige und raffinierte Art erreichen. Stehen Sie dazu! Verabschieden Sie sich von Werten wie Ehrlichkeit, Aufrichtigkeit, Freundschaft oder Liebe. Als »Verbotener Rhetoriker« zählt für Sie ausschließlich die Zielerreichung.

Kreisen Sie, nachdem Sie sich klar gemacht haben, was Sie mithilfe einer Manipulationstechnik erreichen wollen, in Gedanken die in Frage kommende Zielperson ein. Verwenden Sie bei Ihren Überlegungen ruhig den Begriff »Opfer«. Das wird es Ihnen erleichtern, die notwendige soziale Distanz zu der Person einzuhalten. Ohne diese rhetorische Distanz verlieren Sie Ihre Überlegenheit. Denn je mehr Sie es jemandem erlauben, Nähe zu Ihnen herzustellen, desto schwieriger wird es für Sie werden, ihn für Ihre Ziele zu »benutzen«. Aber auf dieses Benutzen kommt es Ihnen ja an! Beziehen Sie also bereits in der Phase der Planung die Notwendigkeit des Distanzhaltens ein. Welche Personen kommen dann für Sie in Betracht? Zu welchen besteht bereits eine solche Nähe, dass sie nicht mehr als Opfer und Mittel Ihrer Zielerreichung taugen? Und wenn Sie sie doch benutzen wollen: Schaffen Sie es, im Moment der rhetorischen Manipulation diese notwendige rhetorische Distanz zu Ihrem Opfer herzustellen und für die Zeit der Manipulation aufrechtzuerhalten?

Nach der Auswahl Ihres Opfers beginnen Sie mit der Suche nach einer Manipulationstechnik. Die geeignete Technik für die jeweilige Zielperson herauszufinden macht bereits den halben Erfolg aus. Lassen Sie sich dafür Zeit. Denn eines darf niemals geschehen: der Zielperson mit Ihrer Manipulationsabsicht auffallen.

Als Anwender der verbotenen Rhetorik leben Sie eine Art Doppelleben: Zum Schein bleiben Sie so, wie Sie sich immer geben. Aber hinter dieser Fassade analysieren Sie Personen mit Kalkül, schätzen Risiken und Folgen ab und ordnen soziale Gefühle Ihren Zielen unter. Je besser Sie den Schein wahren, desto sicherer ist Ihre Position. Vertrauen Sie niemandem, denn nur dann haben Sie Ihr Vorgehen selbst in der Hand. Vermeiden Sie jede persönliche Abhängigkeit von Menschen. Arbeiten Sie daran, andere von Ihnen abhängig zu machen. Gehen Sie Ihren eigenen Weg. Selbstbestimmt und zielstrebig.

Trainingsphase
Nicht jede Manipulationstechnik ist sofort anwendbar. Manche bedürfen erst einiger Übung. Wenn Sie das Gefühl haben, dass eine Technik Ihnen nützlich sein könnte, Sie sie aber nicht direkt an der Zielperson zum ersten Mal anwenden wollen, dann suchen Sie sich ein **Übungsopfer!** Schieben Sie eine Zwischenphase ein, in der Sie die Technik testen. Suchen Sie sich dafür jemanden, der Ihrer späteren Zielperson ähnlich ist, und üben Sie an ihm. Für viele besteht selbst beim Übungsopfer noch eine Hemmschwelle in der praktischen Anwendung. Um diese Hürde zu überwinden, denken Sie an die rhetorische Distanz: Sie sind nicht Opfer. Sie sind Rhetoriker. Beim Übungsopfer ist es übrigens gleichgültig, wie erfolgreich Sie sind. Wenn es bei diesem nicht klappt, dann beim nächsten. Wenn bei dem nächsten nicht, dann beim übernächsten. Es ist noch kein Meister vom Himmel gefallen.

Anwendungsphase
Sobald Sie erste Erfolge feststellen, gehen Sie einen Schritt weiter und wenden die Technik bei demjenigen an, den Sie

manipulieren wollen. Durch das Trainieren an Übungspersonen müsste Ihnen nun die Anwendung der Technik leichter von der Hand gehen.

Kontrollphase
Nach jeder Manipulation sollten Sie eine Wirkungskontrolle vornehmen. Lassen Sie sich dabei von diesen Fragen leiten:

→ Hat die Zielperson so reagiert, wie ich es vorhergesehen habe? Wenn nein, warum nicht? Was sollte ich in Zukunft anders machen?
→ War die ausgewählte Technik die richtige? Wenn nein, warum nicht? Lag ein Fehler bei der Auswahl der Zielperson bzw. der Technik vor? Wenn ja, wie kann ich das in Zukunft vermeiden?
→ Habe ich mein Ziel erreicht? Wenn nein, warum nicht? Was kann ich in Zukunft besser machen?

Die Ergebnisse Ihrer Wirkungskontrolle sollten im Sinne einer kontinuierlichen Qualitätsverbesserung wieder in die Planungsphase Ihrer nächsten Manipulation einfließen.

Verzeichnis der Manipulationstechniken nach Zielen

Jedes Verhalten wird allein durch die Absicht gut oder böse, und Wissen allein begründet noch kein Handeln. Erst wenn Sie eine Technik dieses Buchs vorsätzlich in schädigender Absicht gegen jemanden verwenden, geraten Sie in einen Gewissenskonflikt. Aber warum sollten Sie einem anderen einfach nur schaden? Das bringt Sie ebenso wenig weiter, wie wenn Sie einer Ihnen unbekannten Person nur Gutes tun wollen. Was Sie wirklich weiterbringt, beruflich (und dann und wann auch privat) ist, Ihre Vorteile zu suchen und Ihr Handeln danach auszurichten. Werden Sie egoistischer. Denken Sie an sich und Ihr Fortkommen, denn keiner steht Ihnen

Laudatio auf den Egoismus

so nahe wie Sie sich selbst. Egoistisches Vorgehen und ein Handeln mit Ego-Absicht bedeutet dabei nicht gleichzeitig, es auf Kosten anderer zu tun. Das kann der Fall sein, wenn es die Situation erfordert. Aber in den meisten Fällen fahren Sie mit einem Ihnen wohlgesonnenen sozialen Umfeld besser. Die Menschen in Ihrer Umgebung sind dann arglos und noch viel anfälliger für Ihre manipulativen Strategien.

In der folgenden Übersicht 1 finden Sie eine Auflistung, die einen raschen Überblick über Techniken und Ziele ermöglicht. Die sich anschließende Übersicht 2 geht einen Schritt weiter und zeigt bereits die Vorteile auf, die Sie durch Manipulieren Ihrer Umgebung erreichen können. Denken Sie stets an Ihre Vorteile, bei allem, was Sie tun.

1. ZIELE UND TECHNIKEN

Den Zusammenhalt innerhalb einer Gruppe stärken
- Feindbildtechnik
- Gerüchte-Technik
- Prediger-Technik
- Sündenbocktechnik

Eigene Position innerhalb einer Gruppe stärken
- Charisma-Technik
- Gerüchte-Technik
- Gruppentechnik
- Impression Management-Technik
- Lügentechnik
- Sprachmanipulationstechnik
- Sündenbocktechnik
- Vernichtungstechnik

Jemanden ablenken
- Intrigentechnik
- Lügentechnik
- Vernichtungstechnik

Jemanden aggressionsbereit machen
- Feindbildtechnik

Jemanden an mich binden
- Abhängigkeitstechnik
- Aktualisierungstechnik
- Attraktivitätstechnik
- Charisma-Technik
- Claqueurtechnik
- Einschmeicheltechnik
- Freunde-Technik
- Prediger-Technik

Verzeichnis der Manipulationstechniken nach Zielen

Jemanden beeindrucken
- Attraktivitätstechnik
- Autoritätstechnik
- Charisma-Technik
- Claqueurtechnik
- Freunde-Technik
- Impression Management-Technik
- Kontrast
- Prediger-Technik

Jemanden dazu bringen, gegen seine Interessen zu handeln
- Aberglauben-Technik
- Autoritätstechnik
- Bad Guy/Good Guy-Technik
- Charisma-Technik
- Falsche Argumente-Technik
- Fixierungstechnik
- Gruppentechnik
- Freunde-Technik
- Mitleidstechnik
- Sprachmanipulationstechnik
- Traumtechnik
- Vernichtungstechnik

Jemanden dazu bringen, Sympathie zu empfinden
- Attraktivitätstechnik
- Einschmeicheltechnik
- Freunde-Technik

Jemandem etwas Gutes tun
- Einschmeicheltechnik
- Freunde-Technik
- Reziprozitätstechnik

Jemanden hintergehen
- Attraktivitätstechnik
- Gerüchte-Technik
- Hypnosetechnik
- Intrigentechnik
- Mitleidstechnik

Jemanden in eine bestimmte Stimmung versetzen
- Assoziationstechnik
- Mitleidstechnik
- Prediger-Technik
- Sprachmanipulationstechnik

Jemanden in Sicherheit wiegen
- Bad Guy/Good Guy-Technik
- Dissonanztechnik
- Freunde-Technik
- Immunisierungstechnik
- Intrigentechnik
- Prediger-Technik
- Vernichtungstechnik

Jemanden kontrollieren
- Abhängigkeitstechnik
- Aktualisierungstechnik
- Autoritätstechnik
- Charisma-Technik
- Freunde-Technik

- Gruppentechnik
- Hypnosetechnik
- Immunisierungstechnik
- Sprachmanipulationstechnik

Jemandem schaden
- Falsche Argumente-Technik
- Gerüchte-Technik
- Sprachmanipulationstechnik
- Sündenbocktechnik
- Vernichtungstechnik

Jemanden täuschen
- Attraktivitätstechnik
- Bad Guy/Good Guy-Technik
- Charisma-Technik
- Einschmeicheltechnik
- Falsche Argumente-Technik
- Freunde-Technik
- Impression Management-Technik
- Intrigentechnik
- Kontrasttechnik
- Lügentechnik
- Mitleidstechnik
- Prediger-Technik
- Vernichtungstechnik

Jemanden unter Druck setzen
- Abhängigkeitstechnik
- Assoziationstechnik
- Autoritätstechnik
- Bad Guy/Good Guy-Technik
- Fixierungstechnik
- Gerüchte-Technik
- Gruppentechnik
- Reziprozitätstechnik
- Sprachmanipulationstechnik
- Traumtechnik
- Vernichtungstechnik

Jemanden verunsichern
- Aberglauben-Technik
- Abhängigkeitstechnik
- Assoziationstechnik
- Dissonanztechnik
- Sprachmanipulationstechnik
- Traumtechnik

Macht ausüben
- Autoritätstechnik
- Charisma-Technik
- Hypnosetechnik
- Immunisierungstechnik
- Lügentechnik

2. ZIELE, TECHNIKEN UND VORTEILE

Jemanden ablenken
Um Widerstände einer Person zu brechen
- Vernichtungstechnik

Jemanden aggressionsbereit machen
Um eine Leistungssteigerung der Gruppe zu erreichen
- Feindbildtechnik

Um ein motivierteres Team zu haben
- Feindbildtechnik

Jemanden an mich binden
Damit Mitarbeiter zu meinen Bedingungen Leistungen erbringen
- Abhängigkeitstechnik
- Charisma-Technik
- Prediger-Technik

Um einen gefügigen Gehilfen zu haben
- Abhängigkeitstechnik

Um diesen später hintergehen zu können und dadurch Vorteile zu erlangen
- Attraktivitätstechnik
- Freunde-Technik

Weil es nützlich ist, von ihm geschätzt zu werden
- Aktualisierungstechnik
- Charisma-Technik
- Einschmeicheltechnik
- Freunde-Technik
- Prediger-Technik

Jemanden beeindrucken
Um die Glaubwürdigkeit zu erhöhen
- Attraktivitätstechnik
- Claqueurtechnik
- Impression Management-Technik

Um Entscheidungsträger von der eigenen Leistung zu überzeugen
- Claqueurtechnik
- Impression Management-Technik
- Kontrasttechnik

Um ihn dazu zu bringen, Sympathie zu empfinden
- Attraktivitätstechnik
- Freunde-Technik

Um im Vergleich besser als andere zu erscheinen
- Impression Management-Technik
- Kontrasttechnik

Um respektiert zu werden
- Autoritätstechnik
- Charisma-Technik
- Impression Management-Technik
- Prediger-Technik

Um von der eigenen »außergewöhnlichen« Persönlichkeit zu überzeugen
- Charisma-Technik

- Claqueurtechnik
- Kontrasttechnik
- Prediger-Technik

Jemanden dazu bringen, gegen seine Interessen zu handeln
Um dadurch einen Vorteil zu erlangen
- Autoritätstechnik
- Falsche Argumente-Technik
- Impression Management-Technik
- Traumtechnik
- Sprachmanipulationstechnik
- Vernichtungstechnik

Jemanden dazu bringen, Sympathie zu empfinden
Weil dieser Vorteile verschaffen kann
- Attraktivitätstechnik
- Einschmeicheltechnik
- Freunde-Technik

Jemandem etwas Gutes tun
Damit auch ich zu gegebener Zeit ein bestimmtes Verhalten »einfordern« kann
- Einschmeicheltechnik
- Freunde-Technik
- Reziprozitätstechnik

Jemanden hintergehen
Um das Gefühl uneingeschränkter Macht über eine Person kennen zu lernen
- Hypnosetechnik
Um ihn als Konkurrenten auszuschalten
- Gerüchte-Technik
Um seine Dienste zu gebrauchen
- Intrigentechnik
- Mitleidstechnik

Jemanden in eine bestimmte Stimmung versetzen
Damit ein bestimmtes Verhalten »eingefordert« werden kann
- Mitleidstechnik
- Sprachmanipulationstechnik
Um anschließend leichter beeinflussen zu können
- Assoziationstechnik
- Prediger-Technik
- Sprachmanipulationstechnik

Jemanden in Sicherheit wiegen
Um Ruhe zu haben
- Dissonanztechnik
Um seine Dienste zu gebrauchen
- Freunde-Technik
- Intrigentechnik
- Prediger-Technik

Verzeichnis der Manipulationstechniken nach Zielen

Jemanden kontrollieren
Um beruflich aufzusteigen/ Karriere zu machen
- Aktualisierungstechnik
- Autoritätstechnik

Um die eigenen Grenzen und Möglichkeiten zu erfahren
- Hypnosetechnik
- Sprachmanipulationstechnik

Um die Leistung eines Konkurrenten zu mindern
- Abhängigkeitstechnik

Um einen gefügigen Gehilfen zu haben
- Abhängigkeitstechnik

Um ihn für sich einzunehmen oder für ein Thema zu interessieren
- Aktualisierungstechnik

Um Kontakt zu wichtigen Personen herzustellen
- Aktualisierungstechnik

Um (weiterhin) Einfluss auf ihn ausüben zu können
- Aktualisierungstechnik
- Autoritätstechnik
- Freunde-Technik
- Gruppentechnik
- Immunisierungstechnik
- Sprachmanipulationstechnik

Jemandem schaden
Um an Ressourcen zu gelangen, die sonst für Sie nicht erreichbar wären
- Intrigentechnik

Um einen Vorteil durchzusetzen
- Gerüchte-Technik
- Mitleidstechnik
- Sprachmanipulationstechnik
- Vernichtungstechnik

Um sich eine bessere Position zu verschaffen
- Gerüchte-Technik
- Intrigentechnik
- Sprachmanipulationstechnik

Um zu erreichen, dass dieser als Ihr Konkurrent ausgeschaltet wird
- Sündenbocktechnik

Jemanden täuschen
Um bereits erlangte Vorteile zu sichern
- Lügentechnik
- Vernichtungstechnik

Um diesen als Komplizen zu gewinnen
- Intrigentechnik

Um die Glaubwürdigkeit zu erhöhen
- Attraktivitätstechnik
- Charisma-Technik
- Kontrasttechnik

Um einen Konkurrenten auszuschalten
- Falsche Argumente-Technik

Um ihn dazu zu bringen, Sympathie zu empfinden
- Attraktivitätstechnik

Um zu erreichen, dass dieser mir zu Gefallen etwas sagt oder tut
- Bad Guy/Good Guy-Technik
- Charisma-Technik
- Vernichtungstechnik

Um zu erreichen, dass dieser tut, was ich will
- Charisma-Technik
- Falsche Argumente-Technik
- Freunde-Technik
- Impression Management-Technik
- Prediger-Technik
- Vernichtungstechnik

Jemanden unter Druck setzen
Um das Machtgefühl zu erleben
- Abhängigkeitstechnik
- Sprachmanipulationstechnik

Um einen gefügigen Gehilfen zu haben
- Abhängigkeitstechnik

Um respektiert zu werden
- Abhängigkeitstechnik
- Vernichtungstechnik

Um zu erreichen, dass dieser etwas sagt oder tut
- Autoritätstechnik
- Bad Guy/Good Guy-Technik
- Gruppentechnik
- Reziprozitätstechnik

Um zu erreichen, dass dieser in seiner Leistungsfähigkeit gemindert wird
- Assoziationstechnik
- Gerüchte-Technik
- Traumtechnik

Jemanden verunsichern
Um das Machtgefühl zu erleben
- Abhängigkeitstechnik
- Sprachmanipulationstechnik

Um Einstellungen/Meinungen zu ändern
- Assoziationstechnik

Um selber besser dazustehen
- Aberglauben-Technik
- Sprachmanipulationstechnik

Um zu erreichen, dass dieser in seiner Leistungsfähigkeit gemindert wird
- Aberglauben-Technik
- Traumtechnik

Macht ausüben
Um Angriffen von Wahrheitsermittlern ausweichen zu können
- Lügentechnik

Um bereits erlangte Vorteile zu sichern
- Autoritätstechnik

Um selbstbewusster zu werden
- Hypnosetechnik

Aberglauben-Technik

Ziele
→ Jemanden dazu bringen, gegen seine Interessen zu handeln
→ Jemanden verunsichern
- Um zu erreichen, dass dieser in seiner Leistungsfähigkeit gemindert wird
- Um selber besser dazustehen

Diese Ziele erreichen Sie
→ Indem Sie die abergläubische Schwäche einer Person ausnutzen

Besondere Voraussetzungen
→ Zielperson muss zumindest ein wenig abergläubisch sein

Überblick

Die Aberglauben-Technik macht sich ein in der Kindheit erlerntes Reaktionsmuster zunutze: Glückszeichen bringen Glück, Unglückszeichen bringen Pech. Dagegen hält die stärkste Vernunft nicht stand. Denn es handelt sich um einen Glauben (Aberglaube = Irrglaube). Wer ihm verfallen ist, der wird an ihm festhalten.

Hintergrundwissen

Was ist Aberglaube?

Der Psychiater Judd Marmor bezeichnet Aberglauben als »Glaubenssätze oder Praktiken, die eigentlich unbegründet sind und die dem Kenntnisstand nicht entsprechen, den die Gesellschaft, zu der man gehört, erreicht hat«. Man sollte annehmen, dass Aberglaube eine Vorstufe zur Religion und heute nur noch bei Naturvölkern zu finden sei, aber weit gefehlt. Das Allensbacher Institut für Demoskopie zeigt auf, dass 64 Prozent aller Erwachsenen in Westdeutschland an das Repertoire des volkstümlichen Aberglaubens vom vierblättrigen Kleeblatt bis hin zur schwarzen Katze glauben. Und, kaum glaublich, aber wahr: Jeder zehnte Erwachsene glaubt in Westdeutschland sogar an Gespenster.

Manche Leute sind gerade noch aufgeklärt genug, um an Gespenster nicht zu glauben, aber immerhin in Zweifel, ob nicht vor hundert Jahren noch welche existiert haben.
Arthur Schnitzler

Wie entsteht Aberglaube?

Stellen Sie sich einen Mann vor, der mit seinen Kollegen Skat spielt. Üblicherweise nimmt er seine Karten schon beim Ausgeben auf. Mehrere Spiele hintereinander hat er schlechte Karten. In der nächsten Runde wartet er, bis alle Karten ausgeteilt sind. Dann klopft er, zunächst nur aus Jux, glücksverheißend mit der Hand auf seinen Kartenstapel. Als er jetzt die Karten aufnimmt, stellt er fest, dass er ein gutes Blatt hat; er gewinnt das Spiel. Von nun an klopft er immer auf seinen Kartenstapel, bevor er die Karten aufnimmt. In der Psychologie bezeichnet man eine derartige Verhaltensweise als zufällige Verstärkung, die die ganze Handlungsabfolge des Skatspielers verändert hat.

Man vermutet, dass Personen aufgrund ihrer Erfahrungen im Alltag erwarten, dass richtig ausgeführte Handlungen auch zum Erfolg führen. Vielleicht fallen Ihnen Sprüche Ihrer Eltern ein: »Mach's richtig, dann geht es auch!« oder »Wenn man es nicht richtig macht, dann klappt es auch nicht.« Dieses erlernte Reaktionsmuster findet seine Anwendung auch bei abergläubischen Ritualen: Wenn der Skatspieler versucht, alles genauso zu machen wie bei seinen guten

Karten, dann macht er doch alles richtig, dann muss es doch klappen!

Um der Entstehung von Aberglauben auf den Grund zu gehen, führten die Psychologen Gregory Wagner und Edward Morris im Jahre 1987 einen Versuch mit drei- bis sechsjährigen Kindern durch. Ein als Clown verkleideter Versuchsleiter gab den Kindern im Abstand von 15 Sekunden jeweils Murmeln. Die Wissenschaftler beobachteten, wie 75 Prozent der Kinder ein abergläubisches Ritual entwickelten, um an die Murmeln des Clowns zu gelangen. So schnitt einer beispielsweise Grimassen, ein anderer küsste die Nase des Clowns. Mit ihrer Handlung glaubten die Kinder, die Wahrscheinlichkeit des gewünschten Ereignisses – die Vergabe von Murmeln – beeinflussen zu können und zu erhöhen.

Wie funktioniert die Aberglauben-Technik?

Die Aberglauben-Technik als Manipulationstechnik beruht auf dem Grundgedanken, dass man mit gezielten Hinweisen auf bestimmte Symbole Personen, die zumindest eine Neigung zum Aberglauben aufweisen, steuern kann. Dabei reicht es völlig aus, die Aufmerksamkeit der Abergläubischen in besonderer Weise auf alltägliche Vorkommnisse zu richten. Mit anderen Worten: Schwarze Katzen laufen viele umher. Die Kunst der Manipulation besteht darin, das Opfer auf die schwarze Katze aufmerksam zu machen!

1. Schritt: Auswahl der geeigneten Zielperson
2. Schritt: Zielperson im Aberglauben bestärken
3. Schritt: Zielperson auf bedeutungsschwangere Symbole hinweisen
4. Schritt: Wirkungskontrolle

1. Schritt: Auswahl der geeigneten Zielperson

Die Technik wirkt nur dann, wenn Ihr Opfer abergläubisch ist. Wie finden Sie das heraus? Beobachten Sie Ihr Opfer. Bei Personen, mit denen Sie täglich Umgang haben, dürfte das nicht schwer fallen. Achten Sie auf Kleinigkeiten: Hat Ihr Opfer jemals etwas erwähnt über Horoskope, unerklärliche Phänomene oder Dinge, die sich die Schulweisheit nicht erklären kann? Scherzt es über abergläubisches Verhalten (darin versteckt sein kann die eigene Angst vor unheilvollen Zeichen)? Sie können auch ganz offensiv vorgehen und das Thema einmal direkt ansprechen. Aber: Vorsicht, die Zielperson darf auf keinen Fall Verdacht schöpfen!

2. Schritt: Zielperson im Aberglauben bestärken

Nun beginnt die eigentliche Anwendung dieser Technik. Dabei ist ein gewisser Grad von Scheinheiligkeit erforderlich. Hierbei geht es darum, Ihr Opfer zu bestätigen und zu bestärken. Bekräftigen Sie seine Vorstellung, die Deutung bestimmter Zeichen seien eine wirksame Methode, sich im Leben zu orientieren. Mimen Sie einen Gleichgesinnten. Tun Sie so, als ob es Ihnen selber rätselhaft sei, dass manche Dinge genau so eintreten können, wie sie durch Zeichen vorhergesagt wurden. Arbeiten Sie mit dem Geheimnisvollen, dem Unerklärlichen oder mit einer höheren Macht. Achten Sie dabei auf das richtige Maß. Übertreiben Sie Ihre Rolle, wird man Sie möglicherweise als Spinner abtun. Untertreiben Sie, verfehlt die Aberglauben-Technik ihre Wirkung.

Beispiel:
Sie haben sich Kollegin Müller als künftiges Opfer ausgewählt. Weil diese im Vorfeld häufiger gegen Sie intrigiert hat, beschließen Sie, keine Methode auszulassen, um sie aus der Spur zu bringen. Neben anderen Techniken nutzen Sie auch die abergläubische Schwäche von Frau Müller, um sie zu verunsichern. Zwischen Ihnen und Frau Müller besteht die berühmte »Nach-außen-Freund-nach-innen-Feind-Konstruktion« (die auch Voraussetzung für die Anwendung der *Traum*- oder der *Falsche Argumente*-Technik ist). Nun steht bei der stark abergläubischen Kollegin Müller ein wichtiger Kundentermin an. Sie wissen, dass sie eine ängstliche Auto-

fahrerin ist, deswegen sagen Sie kumpelhaft: »Also, du wirst dich ja wohl nicht davon beeinflussen lassen, dass heute Freitag, der 13. ist! Im Ernst, daran glaubt doch keiner. Und dass tatsächlich an solchen Tagen mehr Unfälle passieren, hat ganz andere Gründe ...«

> Man gönnt sich ja sonst nichts!
> *Redensart*

Das ist bereits alles, mehr tun Sie nicht. Damit sind keine umwälzenden Schädigungen zu erreichen, aber manchmal genügt es ja auch, einen ungeliebten Menschen nur ein wenig aus seiner Sicherheit zu schubsen. Das sind die kleinen Freuden, die Sie sich gönnen sollten.

Der Schritt des Bestärkens im Aberglauben kann noch diskreter erfolgen. Je verdeckter Sie handeln, desto erfolgreicher. Planen Sie langfristig und bestärken Sie Ihr Opfer bei unterschiedlichen Gelegenheiten. Gehen Sie auf die Angst der Zielperson ein. Wenn Freitag, der 13. ist, sagen Sie »oje, oje«, und wenn Sie wissen, dass sie glaubt, dass Pfeifen Unglück bringt, dann pfeifen Sie scheinbar gedankenlos in ihrer Anwesenheit ein Liedchen. Liefern Sie nach und nach, unauffällig in eine Unterhaltung eingestreut, Argumente, die den Aberglauben stützen.

Beispiel:
Ihre Zielperson erzählt leutselig: »Du, sag mal, hast du auch von dem Unfallopfer gehört, das zwei Wochen verletzt in seinem Auto eingeklemmt war? Es wurde nur gerettet, weil eine Freundin geträumt hatte, dass es so sei. Dann haben sie es gefunden ...« Sie nutzen diese kleine Gelegenheit, um sie mit einer Lüge im Aberglauben zu festigen: »Ja, irgendwie unheimlich, gell? Davon hab ich schon öfter gehört. Es gibt ja viele solcher Phänomene. Meine Oma hat erzählt, dass in meiner Familie, als mein Onkel gestorben ist, alle Uhren stehen geblieben seien – genau zu dem Zeitpunkt, als mein Onkel starb. Das sind so Dinge, die ich nie vergesse ...«

3. Schritt: Zielperson auf bedeutungsschwangere Symbole hinweisen

Nachdem Sie die Zielperson über eine kurze oder längere Zeit in ihrem Aberglauben bestärkt haben, folgt nun der dritte Schritt: Sie steuern sie durch den Aberglauben. Was Sie bis jetzt erreicht haben, ist Folgendes: Sie wissen, Ihr Opfer ist abergläubisch. Abergläubisches Verhalten erlaubt eine gewisse Vorhersagbarkeit des Verhaltens. Wenn ein Unglückszeichen vorliegt, dann können Sie mit einer gewissen Wahrscheinlichkeit davon ausgehen, dass Ihr Opfer sich vermeidend verhalten wird. Wenn Glückszeichen auftauchen, dann kann mit einiger Gewissheit vorhergesagt werden, dass die Person risikofreudiger sein wird und eher geneigt, bestimmte Handlungen durchzuführen. Diese Vorhersagbarkeit des Opfers ist seine Schwäche. Die Schwäche des anderen ist Ihr Vorteil.

Beispiel:
Der Ihnen unsympathische Kollege Jürgen (Opfer) erscheint, strahlend wie meistens, im Büro:
»Mensch, heut hatte ich einen guten Lauf. Den siebten Kunden hab ich für unser Projekt gewinnen können!«
Ihre Replik:
→ »Na also, dann ist sieben ja doch keine Unglückszahl!«
→ »Toll, dann macht's ja auch nichts, wenn heute genau dreizehn Akten auf deinem Tisch liegen.«
→ »Ja, ja, sieben, die berühmte Katastrophenzahl. Wenn da mal nix Schlimmeres folgt.«

Ja, die kleinen Sticheleien, die doch so richtig fies sein können:

Beispiel:
Ihre Kollegin Müller (Zielperson) hat heute einen schlechten Tag gehabt. Manches ist schief gelaufen und dann soll sie noch bis morgen die Verträge fertig gestellt haben. Sie nähern sich ihr in (vorgeblich) fürsorglicher Art und Weise: »Mach dir nichts draus. Das gibt es manchmal. Da klappt einfach gar nichts. Das ist das Prinzip der Serie. Du weißt doch: Pechsträhnen

setzen sich einfach fort. An deiner Stelle würde ich heute aufhören, drüber schlafen und morgen früh die Verträge fertig machen.« Erschöpft schaut Frau Müller Sie an: »Vielleicht hast du recht ... Ich geh dann mal nach Hause.« Geschickt haben Sie so Müller dazu gebracht, heute die Verträge nicht mehr fertig zu stellen. Unglücksserie hin oder her: Sie wissen, dass der Chef sich morgen früh sehr aufregen wird, wenn die Verträge nicht auf dem Tisch liegen. Müller hat in ihrem Stress die Bedeutung der Verträge nicht mitbekommen. Wenn Sie richtig gemein sind, dann stehen Sie morgen früh Ihrer Kollegin zur Seite und verteidigen diese. Schließlich ist Müller ja keine Maschine, kann ja auch mal was vergessen oder arbeitet doch sonst so zuverlässig ...

4. Schritt: Wirkungskontrolle

Der vierte und letzte Schritt führt Sie wieder in die Beobachterposition. Haben Sie mit der Anwendung der Aberglauben-Technik Erfolg gehabt? Konnten Sie Ziele erreichen oder zumindest ihnen näher kommen? Haben Sie es geschafft, Ihr Opfer zu verunsichern? Haben Sie es von einer bestimmten Handlung abgehalten oder zu einer bestimmten Handlung bewegt? Haben Sie es dann und wann ärgern können? Erfreuen Sie sich auch an Kleinigkeiten.

Skala der ethischen Bedenklichkeit

Eine erfolgreiche Anwendung der Technik erfordert das Überdenken folgender Verhaltensweisen:
→ Hinterlistig vorgehen

Abhängigkeitstechnik

Ziele
- Jemanden an mich binden
  - Damit Mitarbeiter zu meinen Bedingungen Leistungen erbringen
  - Um einen gefügigen Gehilfen zu haben
- Jemanden kontrollieren
  - Um die Leistung eines Konkurrenten zu mindern
  - Um einen gefügigen Gehilfen zu haben
- Jemanden unter Druck setzen
  - Um das Machtgefühl zu erleben
  - Um einen gefügigen Gehilfen zu haben
  - Um respektiert zu werden
- Jemanden verunsichern
  - Um das Machtgefühl zu erleben

Diese Ziele erreichen Sie
- Indem Sie Abhängigkeiten schaffen und ausnutzen

Besondere Voraussetzungen
- Keine

Überblick:
Wenn Sie über etwas verfügen, das ein anderer (dringend) benötigt, dann bietet sich Gelegenheit, die Abhängigkeitstechnik anzuwenden. Über das reine Erleben von Macht hinaus werden Sie weitere Vorteile zu erwarten haben. Denn von Ihnen abhängige Personen sind fast ohne Einschränkungen bereit zu tun, was Sie verlangen.

Hintergrundwissen

Was ist Abhängigkeit?

Abhängigkeit bedeutet Unselbständigkeit. Wer abhängig ist, ist auf etwas oder auf jemanden angewiesen. Wie ein Nebensatz vom Hauptsatz, wie ein Süchtiger von der Droge, wie ein Verliebter vom Subjekt seiner Begierde. Ein Abhängiger kann nicht aus sich selbst heraus glücklich sein, sein ganzes Denken kreist nur um die Person oder Sache, auf die sein Streben gerichtet ist.

Abhängigkeit ist heiser, wagt nicht laut zu reden.
Shakespeare

Wie entsteht Abhängigkeit?

Wie und warum werden Menschen von anderen abhängig? Das ist eine Frage, die Philosophen seit der Antike beschäftigt. So nannte Aristoteles den Menschen ein *zoon politikon*, also ein von Natur aus soziales Wesen. Denn jeder wird in eine bereits bestehende Sozialgemeinschaft hineingeboren. In der Soziologie existiert der interessante Begriff des »sozialen Uterus«. Er spielt auf jene frühe Entwicklungsphase eines Säuglings an, in der er den Mutterkörper verlassen hat und ganz hilflos in der Welt ist. Er ist nun auf die Sozialgemeinschaft als »verlängerter Uterus« angewiesen. Das ist nicht bei allen Lebewesen so. Im Unterschied zum Menschen sind viele Tiere bereits unmittelbar nach der Geburt selbständig überlebensfähig. Eine Abhängigkeit der Menschen untereinander kann daher als »normal« bezeichnet werden. Was hier jedoch von besonderem Interesse ist, ist die Frage: »Wie mache ich jemanden *von mir* abhängig?« Um diese Frage zu beantworten, bietet sich die Umsetzung der theoretischen Ergebnisse des amerikanischen Soziologen Richard Emerson an, der sich in den 70er Jahren intensiv mit dem Phänomen der Abhängigkeit beschäftigt hat. Nach seiner Auffassung wird ein Mensch von einem anderen genau dann abhängig, wenn jener über Ressourcen verfügt, die der andere haben will und nirgendwo anders bekommen kann.

Gleichheit ist kein Naturgesetz. Die Natur hat nichts gleich gemacht. Ihr höchstes Gesetz ist Unordnung und Abhängigkeit.
Luc de Clapiers Vauvenargues

Hintergrundwissen

Beispiel:
Susanne, eine beruflich erfolgreiche und gutsituierte Frau Ende dreißig, hat dennoch nur ein geringes Selbstwertgefühl. Denn sie verbrachte viele Jahre an der Seite eines sehr gut aussehenden Rechtsanwalts, der jedoch auf emotionalem Gebiet als unterkühlt zu bezeichnen ist. Inzwischen sieht sie sich selber nicht mehr als Frau, sondern als funktionierendes, stets vernünftig agierendes, Wesen. Dann geschieht, was niemand aus der Nachbarschaft des noblen Vorortes verstehen kann: Susanne verliebt sich in den äußerst unansehnlichen Kleinkriminellen Klaus. Er ist mittellos und lebt in den Tag hinein in seiner kargen Sozialwohnung. Er passt überhaupt nicht zu ihr und dennoch: Susanne kann sich nicht von Klaus trennen.

Was ist geschehen? Nach der Machttheorie von Emerson hat unser Kleinkrimineller Klaus Macht über Susanne, weil sie von ihm abhängig ist. Denn der unattraktive Klaus verfügt über eine Ressource, die Susanne unbedingt haben will. In diesem Fall handelt es sich um eine bestimmte Form von Zärtlichkeit, die Susanne bisher vollkommen fremd war. Für Klaus ist das nichts Besonderes, Susanne selber ist ihm vollkommen gleichgültig. Wenn sie da ist, ist es gut, wenn nicht, ist es auch gut. Hier besteht eine einseitige Beziehung mit einem Machtungleichgewicht. Klaus hat Macht über Susanne, weil er über eine Ressource verfügt, die nur er ihr (zumindest im Moment) geben kann. Diese Machtposition eröffnet ihm ein breites Feld an Manipulationsmöglichkeiten. Er kann sie nach seinem Willen steuern und lenken. Solange Susanne abhängig ist, wird sie alles für ihn tun.

Ausgehend von diesem Beispiel aus dem Privatleben von Susanne, können folgende Aussagen gemacht werden:

→ Je größer die Abhängigkeit Susannes von Klaus, desto geringer ist der Einfluss, den sie auf Klaus ausüben kann.
→ Die Abhängigkeit Susannes von Klaus ist umso größer, je wichtiger Susanne die Zärtlichkeiten sind, die Klaus kontrolliert.
→ Je weniger sie die Möglichkeit hat, Zärtlichkeiten von jemand anderem zu bekommen, desto größer ist ihre Abhängigkeit von Klaus.

→ Je größer ihre Abhängigkeit von Klaus, desto unbeschränkter der Einfluss, den Klaus auf Susanne ausüben kann.

→ Je stärker Susanne von Klaus abhängig ist, desto eher ist er in der Lage, Forderungen durchzusetzen, das heißt, den potentiellen Widerstand Susannes zu überwinden.

<small>Arme Susanne ...</small>

Wer jetzt wissen will, was Susanne tun kann, um ihre Abhängigkeit von Klaus zu reduzieren, den verweise ich kurz auf folgende Ausführungen:

Was kann Susanne tun, um ihre Abhängigkeit von Klaus zu vermindern?
Sie muss ihre eigene Macht über Klaus vergrößern. Das kann auf zwei Wegen erfolgen:

1. Sie arbeitet daran, ihre Abhängigkeit von Klaus zu reduzieren. Dafür sollte sie ihr Streben nach den Zärtlichkeiten von Klaus verringern, weil genau das es ist, womit Klaus sie kontrolliert. Sie könnte sich zum Beispiel alternative Quellen erschließen. Mit anderen Worten: Sie sucht sich einen weiteren Liebhaber als Zweitliebhaber. Oder sie könnte ihr Zärtlichkeitsbedürfnis auf andere Weise ausleben, zum Beispiel durch die Beschäftigung mit den Kleinkindern guter Freundinnen. Vielleicht genügt ja schon die Anschaffung eines Haustiers ...
2. Die Macht von Susanne gegenüber Klaus vergrößert sich, wenn eine Ressource, über die sie selber verfügt, für Klaus wichtig wird. Vielleicht verliebt Klaus sich ja doch noch in sie. Das wäre gut für Susanne und schlecht für Klaus. Gute Chancen hat Susanne auch dann, wenn Klaus in Not geraten sollte. Zum Beispiel wenn er keine Arbeitslosenhilfe mehr bekommt oder in Untersuchungshaft sitzt, wenn seine Freunde ihn im Stich lassen oder er sich der Trostlosigkeit seines Daseins bewusst wird. All das sind Situationen, in denen Susanne ihre Macht über Klaus ver-

größern kann und die bisher einseitige Machtkonstellation zu ihren Gunsten korrigiert wird.

Bevor Sie jetzt aber Mitleid mit Susanne bekommen, rufen Sie sich wieder ins Bewusstsein, dass Sie die Perspektive von Klaus anstreben! Also verwerfen Sie Ihr eventuell aufgekeimtes Mitgefühl zugunsten einer rhetorischen Distanz und folgender Frage:

Mitleid bringt Sie nicht weiter!

Was kann Klaus tun, um Susanne weiterhin in Abhängigkeit zu halten und seine Macht- und Einflussposition zu behalten?
Es sind vier Punkte, auf die Klaus achten muss:

1. Verhindern, dass Susanne sich anderen Männern zuwendet
2. Verhindern, dass Susanne sich andere Quellen von Zärtlichkeit erschließt (Kinder, Tiere, andere Männer …)
3. Distanz zu Susanne halten und vermeiden, dass er sich in sie verliebt
4. Unabhängig bleiben, auch was sonstige Aktivitäten und vor allem das finanzielle Umfeld betrifft, also in keinerlei Hinsicht selber etwas von ihr benötigen

Richtet er sein Verhalten nach diesen vier Punkten aus, dann übt er weiterhin einseitig Macht über Susanne aus. Er kann sie nach seinem Willen und Gutdünken entweder glücklich (gibt Zärtlichkeiten) oder unglücklich (verweigert Zärtlichkeiten) machen. Die Aussicht auf Zärtlichkeiten kann er auch an das Erfüllen bestimmten Bedingungen knüpfen. Damit macht er die Ressource »Zärtlichkeit« für Susanne erst dann zugänglich, wenn sie bestimmte Handlungen ausführt oder unterlässt. Hier eröffnet sich ein Spielfeld für Klaus ohne wahren Gegner, und einseitige Machtausübung kann lustvoll ausgelebt werden.

Wie funktioniert die Abhängigkeitstechnik?

Übertragen auf das berufliche Umfeld: Personen, die von Ihnen abhängig sind, bedeuten gesteigerten Einfluss. Sie verschaffen Ihnen Gewinn an Selbstwert ebenso wie Prestigezuwachs. Ähnlich wie im oben geschilderten Beispiel gelten folgende Grundsätze, um Personen in Abhängigkeit zu halten:

1. Verhindern, dass gegnerische Ressourcenquellen benutzt werden
2. Verhindern, dass alternative Ressourcenquellen als Surrogate fungieren
3. Einhalten von rhetorischer Distanz als Voraussetzung für langfristige Manipulation
4. Unabhängigkeit bewahren

Doch bevor Sie sich damit beschäftigen, wie Sie Abhängigkeiten erhalten, geht es zunächst darum, Abhängigkeiten zu schaffen und für sich zu nutzen.

1. Schritt: Auswahl der geeigneten Zielperson
2. Schritt Ressource anbieten – geben Sie Ihrem Opfer, was es braucht!
3. Schritt Ressource nehmen – nehmen Sie Ihrem Opfer weg, was es braucht!
4. Schritt Wirkungskontrolle

1. Schritt: Auswahl der geeigneten Zielperson

Beinahe jede Person kommt als Zielperson in Betracht. Jeder hat eine wunde Stelle, irgendetwas, was er dringend haben will, etwas, nach dem er sich sehnt und das nur Sie ihm bieten können. Grundsätzlich gibt es zwei Vorgehensweisen:

1. Sie entscheiden sich, die Abhängigkeitstechnik, egal an wem, auszuprobieren.

Wie funktioniert die Abhängigkeitstechnik?

2. Sie haben bereits eine bestimmte Person vor Augen und wollen genau diese von sich abhängig machen.

Im ersten Fall fragen Sie sich: Gibt es jemanden, von dem ich weiß, dass er dringend etwas braucht? Wenn ja, dann steht Ihre Zielperson fest. Im zweiten Fall wissen Sie bereits, wen Sie abhängig machen wollen, und suchen nach etwas, was er benötigt und Sie ihm bieten können. Wenn Sie diese Ressource entdeckt haben, dann sollten Sie auch folgende Fragen mit Ja beantworten können:

→ Kann die Person von niemanden sonst bekommen, was ich ihr geben kann?
→ Ist sie mir vollkommen gleichgültig?

Es herrscht ein vielfältiges Angebot an potentiellen Zielpersonen. Sie finden sie in der Hierarchie von oben nach unten (untergeordnete Mitarbeiter) oder von unten nach oben (übergeordnete Entscheidungsträger) oder auf gleicher Ebene (Kunde, Geschäftspartner, Kollege usw.).

Beispiel:
Sie haben einen neuen Kollegen bekommen, der Ihnen nun gegenübersitzt. Sie nehmen sich zum Ziel, diesen (als potentiellen Konkurrenten) von Anfang an kaltzustellen. Schnell bemerken Sie: Kollege Schulze kennt sich nicht im Geringsten mit einer bestimmten Software aus und benötigt dringend Hilfe bei der Einarbeitung. Beim vertraulichen Abendkaffee verplappert sich Schulze und gesteht, dass der Chef davon ausgehe, dass er sich mit der Software bereits auskenne. Um den Job zu bekommen, hatte er im Einstellungsgespräch an diesem Punkt ein wenig geflunkert. Nun kann er niemanden um Hilfe bitten, ohne als Lügner dazustehen. Sie freuen sich, das zu hören. Weil Sie sich mit der Software sehr gut auskennen und Schulze niemand anderen um Hilfe bitten kann, stellt er eine geeignete Zielperson für die Anwendung der Abhängigkeitstechnik dar.

2. Schritt: Ressource anbieten – geben Sie Ihrem Opfer, was es braucht!

Im zweiten Schritt geben Sie Ihrer Zielperson zunächst, was sie so dringend von Ihnen benötigt:

Beispiel:
Sie bieten dem Kollegen Schulze Ihre Unterstützung an. Schulze ist erleichtert.

Machen Sie Appetit auf mehr!

Dabei ist das Maß entscheidend: Sie geben gerade so viel von Ihrer Ressource, dass Ihre Zielperson »Appetit bekommt«. Wenn Sie zu viel geben, dann läuft die beginnende Abhängigkeit in Gefahr sich wieder in Unabhängigkeit zu verwandeln.

Beispiel:
Wenn Sie Kollege Schulze in einem Crash-Wochenendkurs die gesamte Software erklären, dann freut sich Schulze. Er hat nun die besten Voraussetzungen, im Job durchzustarten und Sie als bisherigen Konkurrenten hinter sich zu lassen. Also sollten Sie vorgeben, sehr beschäftigt zu sein und abends höchstens mal ein halbes Stündchen entbehren zu können, um Schulze bei der Einarbeitung zu helfen. Schulze bleibt nichts anderes übrig, als sich darauf einzulassen. Da es keinerlei Dokumentationen zu der Software gibt, ist er auf Sie angewiesen, und Sie geben gerade so viel, um Schulze unter Kontrolle zu halten.

Helfen Sie – aber nicht wirklich!

Eine hinterhältige Art Abhängigkeit zu schaffen, besteht darin, die Ressource in Aussicht zu stellen und schließlich doch nicht zu gewähren:

Beispiel:
Sie bieten Schulze an, ihm den Teil seiner Arbeit, den er nicht leisten kann (weil er sich mit der Software nicht auskennt), abzunehmen: »Komm, ich mach das für dich!« Schulze, unter Stress stehend, freut sich über das kollegiale Entgegenkommen. Nach Fertigstellung der Aufgabe steigt der Druck auf Schulze. Jetzt kann er noch viel weniger als vorher zugeben, dass er vom Umgang mit der Software keine Ahnung hat. Wie sonst hätte

er die Aufgabe so gut erledigen können? Die Abhängigkeit von Ihnen als einzigem eingeweihten Mitwisser und »Helfer in der Not« steigt.

Wenn auf diese Weise bereits eine Tendenz zur Abhängigkeit zu beobachten ist, dann sorgen Sie dafür, dass sich Ihrer Zielperson keine andere Ressource eröffnet. Verbinden Sie deshalb jede Zuwendung mit der *Taktik der Verhinderung*:

1. Verhindern Sie, dass gegnerische Ressourcenquellen benutzt werden.
Beispiel:
Geben Sie dem neuen Kollegen Schulze zu verstehen, dass es außer Ihnen keinen gibt, auf den dieser sich sonst verlassen könnte: »Mensch, ich an deiner Stelle würde aber niemandem verraten, dass du beim Einstellungsgespräch geschummelt hast ...«

2. Verhindern Sie, dass alternative Ressourcenquellen als Surrogate fungieren.
Beispiel:
Schulze kommt auf die Idee, den Chef zu bitten, ihn vorübergehend mit anderen Aufgaben zu betrauen. Klaus: »Das würde ich an deiner Stelle nicht tun. Dann fragt er womöglich noch, warum, was willst du dann sagen? Würde ich nicht versuchen ...«

3. Bewahren Sie bei Ihrem Vorgehen rhetorische Distanz.
Wenn Ihnen die Zielperson im Laufe der Zeit sympathisch werden sollte, dann schadet das. Sie geraten in moralischen Zweifel, gefährden das Erreichen Ihrer Ziele und schwächen Ihre Position.
Beispiel:
Wenn Schulze nicht Schulze, sondern eine junge hübsche Schulzin ist, dann wird es Ihnen vielleicht schwerer fallen, skrupellos vorzugehen. Hier heißt es: kühlen Kopf behalten und sein Ziel nicht aus den Augen verlieren.

4. Bewahren Sie Unabhängigkeit.

Conditio sine qua non: Ihre eigene Unabhängigkeit.

In diesem Zusammenhang soll noch einmal betont werden, was ausschlaggebend für das Schaffen und Erhalten einseitiger Abhängigkeiten ist: die Wahrung Ihrer eigenen Unabhängigkeit. Hier einige Leitlinien:

- Fragen Sie Ihre Zielpersonen niemals um Rat.
- Bitten Sie sie nicht um Hilfe.
- Erzählen Sie nichts aus Ihrem Privatleben.
- Verhalten Sie sich im Zweifel lieber distanziert als vertraulich.
- Seien Sie eher ernst denn zu lustig.
- Begründen Sie Ihr Verhalten nicht und wenn, nur lapidar.
- Geben Sie sich eher gönnerhaft als hilflos.
- Lieber arrogant denn unsicher.
- Laden Sie zum Essen ein, lassen Sie sich selber aber niemals einladen.
- Nehmen Sie eine Person in Ihrem Wagen mit, umgekehrt lassen Sie sich niemals mitnehmen.
- Halten Sie sich an den üblichen sozialen Kodex, stehen Sie nicht abseits, seien Sie aber auch nicht zu involviert.

3. Schritt: Ressource nehmen – nehmen Sie Ihrem Opfer weg, was es braucht!

Im dritten Anwendungsschritt beginnt der eigentliche Spaß. Jetzt entziehen Sie Ihrem Opfer allmählich die Ressource und beobachten, wie es sich verhält. Sie tun nichts anderes als das, was in der Wirtschaft so häufig passiert: Sie verknappen Ihr Gut und halten Waren zurück, um den Preis heraufzutreiben. Sie nutzen die Notlage Ihrer Opfer ebenso aus, wie Unternehmen die Abhängigkeit ihrer auf sie angewiesenen Kunden ausnutzen. Es gibt ja nichts Gemeines, außer man tut es.

Beispiel:
Zu Schulze: »Nee, du, leider kann ich dir jetzt im Moment nicht helfen. Aber später machen wird das, okay?« Schulze gerät unter Druck: Wie soll er jetzt weiterarbeiten?

Wie funktioniert die Abhängigkeitstechnik?

Nun haben Sie die Person, wo Sie sie haben wollten. Sie wird viel tun, mehr als gut für sie ist, damit sich ihr die Ressource wieder erschließt. Je angewiesener sie auf Sie oder das, was Sie ihr in Aussicht stellen, ist, desto größer Ihr Einfluss. Sie sind nun in der Lage, Bedingungen zu diktieren. Ihr Opfer kann nicht mehr aus freien Stücken entscheiden. Es ist abhängig. Es wird Ihnen folgen, weil es nicht anders kann. Ihr Ziel ist erreicht.

Bedingungen diktieren – aber bitte unter dem Deckmantel der Freundschaft.

Beispiel:
Zu Schulze:
→ »Sag mal, wenn ich dir nachher noch helfen soll, dann sorg du doch bitte dafür, dass diese Sachen hier überarbeitet sind.«
→ »Du, ich helf dir gern später, aber ich muss noch diesen Kunden drannehmen. Also, wenn du das erledigen würdest, wäre das prima.«
→ »Ich will dir wirklich gerne wieder helfen, aber dafür solltest du mir auch etwas entgegenkommen.«

Während Sie die Ressource zurückhalten, die Ihre Zielperson so dringend benötigt, beobachten Sie die Reaktionen. Wenn sie noch nicht ausreichend leidet, dann könnte sie vielleicht doch eine andere Quelle haben. Dann gehen Sie bitte zurück zum dritten Anwendungsschritt und überprüfen, ob Sie auch sorgfältig genug verhindert haben, dass sich Ihre Zielperson die Ressource woanders erschließt.

Beispiel:
Wenn Sie eines Nachmittags keine leisen Flüche über die verdammte Software mehr hören, sondern ruhiges Klappern der Tastatur, dann hat sich Schulze höchstwahrscheinlich eine weitere Ressourcenquelle erschlossen und gelernt, wie man die Software anwendet. Sie waren nicht achtsam genug. Jetzt ist Schulze, zumindest im Moment, als Zielperson für Sie verloren.

4. Schritt: Wirkungskontrolle
Wirkungskontrolle und angepasste Anwendung ergänzen sich. Wenn Sie zum Beispiel spüren, dass sich Ihre Zielperson

vermehrt anderen zuwendet, dann reagieren Sie mit der Taktik der Verhinderung. Gehen Sie aber vorsichtig damit um, damit nicht der Eindruck entsteht, als wollten Sie sie vereinnahmen. Das kann Widerspruch wecken und Unwohlsein der Zielperson zur Folge haben. Es ist stets ein dezentes Vorgehen erforderlich, unauffällig und im Hintergrund. Jeder, der bemerkt, dass er manipuliert werden soll, fällt sofort als Zielperson weg. Selbst wenn es den Anschein hat, als seien viele Anwendungsschritte erforderlich, dann bestehen diese doch meistens nur aus einer kleinen Bemerkung oder aus einer bestimmten Verhaltensausrichtung. Das sind keine großen Sachen, sondern alltägliche unauffällige Beiläufigkeiten, die Sie mit einer bestimmten Absicht bewusst ins Geschehen einstreuen.

Skala der ethischen Bedenklichkeit

Eine erfolgreiche Anwendung der Technik erfordert das Überdenken folgender Verhaltensweisen:
→ Arglosigkeit ausnutzen
→ Gleichgültigkeit angesichts des Leids anderer
→ Hinterlistig vorgehen
→ Lügen
→ Vertrauen missbrauchen
→ Menschen als Werkzeuge einsetzen

Aktualisierungstechnik

Ziele
→ Jemanden an mich binden
  - Weil es nützlich ist, von ihm geschätzt zu werden
→ Jemanden kontrollieren
  - Um beruflich aufzusteigen/Karriere zu machen
  - Um ihn für sich einzunehmen oder für ein Thema zu interessieren
  - Um Kontakt zu wichtigen Personen herzustellen
  - Um (weiterhin) Einfluss auf ihn ausüben zu können

Diese Ziele erreichen Sie
→ Indem Sie sich unauffällig im Bewusstsein einer Person einnisten

Besondere Voraussetzungen
→ Keine

Überblick:
Um bei wichtigen Entscheidungen nicht übergangen zu werden, sollten Sie schon frühzeitig mit der Beeinflussung beginnen. Die Aktualisierungstechnik dient dazu, präsent zu bleiben. Die Technik basiert auf Erkenntnissen der Neurobiologie, denen zufolge die Kapazität des menschlichen Bewusstseins gering ist. Von den vielen Eindrücken, die alltäglich auf einen Menschen einstürmen, bleiben nur wenige präsent. Um so entscheidender ist es, unauffällig darauf einzuwirken, nicht vergessen zu werden.

Hintergrundwissen

Was ist Aktualisierung?

Aktualisierung bezeichnet den Vorgang des Sich-wieder-in-Erinnerung-Rufens. Er macht sich die Struktur des Gehirns zunutze: Durch häufig ins Bewusstsein zurückkehrende Erinnerungen stabilisieren sich im menschlichen Gehirn neuronale Muster, was zur Folge hat, dass man sich beim nächsten Anlass rascher an eine bestimmte Begebenheit, an eine Person oder an ein Thema erinnert.

Erinnere dich woran du dich erinnern sollst!

Was bewirkt Aktualisierung?

Aktualisierung bewirkt, dass einer Person bestimmte Umstände präsenter sind als andere. Wenn Sie Aktualisierung zielgerichtet einsetzen, stellen Sie im Vorfeld sicher, dass im Nachhinein (zu einem späteren Zeitpunkt) die (vor-)bestimmte Reaktion der Erinnerung eintritt.

Von dieser Art der Manipulation machen Werbefachleute häufig Gebrauch. Sie wissen: Bevorzugt werden Produkte gekauft, die dem Käufer präsent sind. Und das sind diejenigen Produkte, die Verbrauchern ständig ins Bewusstsein gerufen werden, daher die häufigen Werbewiederholungen. Obwohl zu vermuten wäre, dass eine Wiederkehr des ewig Gleichen zur Ablehnung des beworbenen Produkts führt, ist das Gegenteil der Fall – ein Beweis für die außerordentliche Wirksamkeit der Aktualisierung als Beeinflussungstechnik.

Wie funktioniert die Aktualisierungstechnik?

Der Einsatz von Aktualisierung ist eine sensible Angelegenheit. Dosieren Sie zu gering, dann verlängern Sie den zeitlichen Aufwand bis zum Eintritt Ihres Erfolges. Überpowern Sie hingegen, scheitert der Beeinflussungsversuch und zieht zudem negative Folgen mit sich. Wenn jemand durch fehlerhafte Anwendung von Aktualisierung die manipulierende

Absicht bemerkt, kann eine Trotzreaktion eintreten. Er verhält sich dann konträr zu Ihrer Beeinflussungsabsicht (dieses Verhalten nennt man Reaktanz). Es ist nicht übertrieben, wenn man behauptet, dass diese Technik neben stringent verfolgtem Egoismus auch eine gewisse Kunstfertigkeit in ihrer Anwendung erfordert.

1. Schritt   Auswahl der geeigneten Zielperson
2. Schritt   Nähe herstellen
3. Schritt   Aktualisieren
4. Schritt   Wirkungskontrolle

1. Schritt: Auswahl der geeigneten Zielperson
Als Zielperson kommt jeder in Betracht, mit dem Sie auf irgendeine Art und Weise, wenn möglich regelmäßigen, Umgang haben. Ansonsten gibt es keine besonderen Voraussetzungen.

2. Schritt: Nähe herstellen
Suchen Sie häufigen Kontakt zu Ihrer Zielperson. Das Spektrum der Kontaktaufnahme kann von beinahe unbemerkt bis deutlich reichen. Wenn Sie der Zielperson bisher unbekannt waren, dann können Sie auf zwei Wegen Nähe im Sinne einer Aktualisierung herstellen:

1. Sie arrangieren sozialen Umgang, fallen Ihrer Zielperson aber nicht ausdrücklich auf.
2. Sie stellen ausdrücklichen sozialen Kontakt her, verzichten dann aber in den Folgesituationen auf die Inszenierung weiterer direkter Kontaktaufnahmen.

Beispiel:
Sie sind auf der Suche nach einem Businessangel. Sie können folgendermaßen vorgehen:

1. Sie besuchen regelmäßig die Gründertreffen seiner Region und erreichen auf diese Weise im Laufe der Zeit einen gewissen »Bekanntheitsgrad« (durch Sehen und Gesehenwerden). Das verschafft Ihnen den Vorteil, mehreren Businessangels »irgendwie bekannt« vorzukommen. Selbst wenn Sie von dem einen eine Absage erhalten, stehen die Chancen, bei dem anderen anzukommen, gut, weil Sie ihm bereits bekannt vorkommen.
2. Besuchen Sie einmalig ein Gründertreffen und sprechen Sie gezielt einen Businessangel an, der nach einer gründlichen Recherche im Vorfeld in Betracht kommt. Wenn Sie Erfolg haben, dann erübrigen sich weitere Aktualisierungen. In allen anderen Fällen suchen Sie unauffällig Gelegenheiten wie Fachtagungen, Messen, Fachvorträge, Firmenbesuche, gemeinsame Kundenveranstaltungen usw., um mit »Ihrem« Businessangel wieder »zufällig« zusammenzutreffen.

Arrangieren Sie Aktualisierungs-Settings!

Auf diese Art und Weise schaffen Sie Aktualisierungssettings in der Absicht, dass die Zielperson sich zu einem gegebenen Zeitpunkt an Sie bzw. an ein Thema von Ihnen erinnern soll. Dabei ist es keineswegs übertrieben, wenn Sie es beispielsweise so einrichten, dass Sie morgens »zufällig« gemeinsam mit Ihrer Zielperson das Gebäude betreten. Achten Sie sorgfältig darauf, dass es wirklich wie Zufall aussieht und die Absicht nicht erkennbar ist.

Beispiel:
»Du kommst ja morgens immer gleichzeitig mit dem Chef ins Büro ...«
»Ja, blöd, nicht? Aber mein Zug kommt eben zu dieser Zeit an. Mir ist das auch irgendwie peinlich ...«

Auch das »sich einfach so ergebende« Zusammentreffen mit Entscheidungsträgern (Projektleiter, Teamleiter, Kunden, Bevollmächtigte usw.), egal in welchem Kontext, sollte arrangierte Nähe sein mit dem Ziel, zu einem späteren Zeitpunkt daraus Vorteile zu erzielen (vgl. *Einschmeicheltechnik*).

Beispiel:
Erzählen Sie stets hinterher, dass Sie gestern auf einer Party waren, auf der auch der Chef mit seiner Frau war, oder dass Sie bei einem »sich spontan ergebenden« Treffen mit neuen Kunden zugegen waren oder es »leider versäumt haben«, Ihrer Kollegin Katrin mitzuteilen, dass nach Dienstschluss noch ein informelles Zusammensein stattfand. Es wäre unklug, Konkurrenten an Aktualisierungen teilhaben zu lassen.

3. Schritt: Aktualisieren

Jedes Mal wenn Sie von Ihrer Zielperson wahrgenommen werden, kommt es – physiologisch bedingt – zu einer Aktualisierung. Meist ist es gar nicht notwendig, die Nähe künstlich herzustellen, wenn Sie sowieso mit Ihrer Zielperson häufigen sozialen Umgang pflegen. Immer aber kommt es darauf an, so geschickt zu aktualisieren, dass Ihre Absicht, sich in Erinnerung zu rufen, unentdeckt bleibt. Unbedingt zu vermeiden ist der Eindruck, Sie seien jemand, der »immer im Mittelpunkt stehen will«, »sich nur einschleimt«, »sich wichtig tun will« oder Ähnliches. Selbstverständlich tun Sie das und natürlich ist es Ihre Absicht, entsprechenden Personen aufzufallen, damit Sie später bei wichtigen Entscheidungen (zum Beispiel bei der Verteilung von Aufgaben) bevorzugt berücksichtigt werden. Diese Absicht darf jedoch nie deutlich werden. Damit verlieren Sie Vorteile, die dann bestehen, wenn Sie anerkannt sind und positiv auffallen (vgl. *Attraktivitäts-* oder *Einschmeicheltechnik*).

Beispiel:
Vom ersten Tag an verfolgen Sie Ihr Ziel, im Unternehmen aufzusteigen, stringent. Sie wenden dafür Aktualisierung an: Sie melden sich häufig zu Wort, sagen Ihre Meinung, auch ohne danach gefragt zu werden, machen von sich aus Verbesserungsvorschläge, fassen Ergebnisse zusammen und rekapitulieren geschickt die Gedankengänge der Kollegen, wobei Sie für sich Lob verbuchen, während die schweigsamen Kollegen sich wundern. Auf der anderen Seite ist Ihnen bewusst, dass Sie nur dann auch die Kollegen für Ihre Zwecke ausnutzen können, wenn Sie sich mit Ihnen gut stellen. Deswegen würzen Sie Ihre Aktionen mit humorvollen Anmerkungen, schaffen eine positive Atmosphäre und sind (nach außen hin) stets

hilfsbereit. Damit erarbeiten Sie sich das Wohlwollen Ihrer Kollegen und schalten diese unauffällig als mögliche Konkurrenten aus. Ihre Präsenz aktualisiert Sie bei entscheidenden Personen, Ihr kollegialer Umgang bewahrt Sie davor, als Taktierer entlarvt zu werden.

Aktualisierung ist noch erfolgversprechender, wenn Sie sie mit Selbstdarstellungstechniken verknüpfen (vgl. *Impression Management-Technik*). Wer seine eigene Leistung (ob tatsächlich vorhanden oder nicht) immer wieder betont, betreibt karrierefördernde Aktualisierung.

Beispiele:
→ »Ich habe heute schon wieder drei neue Wagen verkauft!«
→ »Ich finde meine Aufgaben spannend!«
→ »Klar bringe ich einen hohen Einsatz!«
→ »Natürlich bin ich hochmotiviert!«

4. Schritt: Wirkungskontrolle
Wenn Sie rascher befördert werden als die Kollegen, wenn Sie in kurzer Zeit zu einem »Elite-Netzwerk-Meeting« eingeladen oder für besondere Aufgaben ausgewählt werden, dann hatten sie offensichtlich Erfolg mit der Aktualisierungstechnik. Zwar können Sie nicht ins Gehirn Ihrer Zielpersonen blicken und erfahren auch nicht, ob es nun genau diese Technik oder eine andere war, die zu Ihrem Erfolg führte. Sicher ist aber, wenn Sie sich gar nicht ins Gespräch bringen und keiner sich an Sie erinnert, dann werden Sie übergangen.

Skala der ethischen Bedenklichkeit

Eine erfolgreiche Anwendung der Technik erfordert das Überdenken folgender Verhaltensweisen:
→ Arglosigkeit ausnutzen

Assoziationstechnik

Ziele
→ Jemanden in eine bestimmte Stimmung versetzen
  • Um ihn anschließend leichter beeinflussen zu können
→ Jemanden kontrollieren
→ Jemanden unter Druck setzen
  • Um zu erreichen, dass dieser in seiner Leistungsfähigkeit gemindert wird
→ Jemanden verunsichern
  • Um Einstellungen/Meinungen zu ändern
  • Um zu erreichen, dass dieser in seiner Leistungsfähigkeit gemindert wird

Diese Ziele erreichen Sie
→ Indem Sie Worte bzw. Wortfiguren einsetzen, die vorhersagbare Emotionen hervorrufen

Besondere Voraussetzungen
→ Keine

Überblick
Die Assoziationstechnik stützt sich auf neurobiologische Untersuchungen, die vermuten lassen, dass Nervenzellen des neuronalen Netzwerks, die einem bestimmten Wort wie zum Beispiel »Blume« entsprechen, sich gleichzeitig aktiven Zellen verschiedener anderer Großhirnregionen assoziieren, z. B. mit Zellen der Sehrinde oder der benachbarten höheren Assoziationsareale. Es entsteht ein relativ fest verkoppeltes Netzwerk, dessen Zellen über weite Teile des Großhirns verteilt sind. Auch hat die Bildwirkungsforschung herausgefunden, dass bildhafte Sprache assoziative Vorgänge hervorruft, die dazu führen, dass Inhalte tiefer verarbeitet werden. Dies erhöht die Wahrscheinlichkeit, mit einer Beeinflussung erfolgreich zu sein.

Hintergrundwissen

Was ist eine Assoziation?
Der Begriff Assoziation setzt sich zusammen aus *ad* mit der lateinischen Bedeutung *zu, an* und *sociare* mit der Bedeutung *vereinigen, verbinden*. Eine Assoziation ist also eine *Vereinigung, Verknüpfung*, ein *Zusammenschluss*.

Was bewirkt eine Assoziation?
Das Beeinflussungspotential der assoziativen Sprache war bereits Rhetorikern der griechischen Antike bekannt. Sie entwickelten eine Reihe von Wortfiguren, das sind Kombinationen von Worten in einer bestimmten Reihenfolge, um assoziative Wirkungen hervorzurufen oder zu verstärken. Den zielgerichteten Einsatz der inneren Vorstellungsbilder (Assoziationen) bezeichnet die antike Rhetorik mit dem Begriff *Hypotyposis*.

Die römischen Rhetoriker rühmten die Wirkungsmöglichkeiten der assoziativen Sprachverwendung. Sie erkannten, dass konkrete visuelle Eindrücke (zum Beispiel der Eindruck einer Schlacht) eine stärkere Wirkung auf den Menschen ausüben als nur sprachlich-abstrakte Ausführungen. Der Rhetoriker Quintilian bemerkt dazu: »Großen Eindruck macht es, wenn man zu den wirklichen Vorgängen noch ein glaubhaftes [sprachliches] Bild hinzufügt, das den Zuhörer gleichsam gegenwärtig in den Vorgang zu versetzen scheint.« *Quintilian*

> Das Wort hat nichts Absolutes: Wir wirken mehr auf das Wort, als es auf uns wirkt; seine Kraft kommt aus den Vorstellungen, die wir erworben haben und nun hineinlegen.
> *Honoré de Balzac*

Wie funktioniert die Assoziationstechnik?

Die Assoziationstechnik ist eine zwar wirkkräftige, aber auch subsidiäre Technik, die vorwiegend in Kombination mit anderen Techniken dieses Lexikons anzuwenden ist. Das Hervorrufen bestimmter Emotionszustände kann Selbstzweck sein. Meist stellen sie aber eine Art Zwischenstufe dar, um daran anknüpfend weitere Ziele durchzusetzen (zum Beispiel »verunsichern«, um zu erreichen, dass jemand seine Aufgaben schlechter erledigt, oder »positive Stimmung erzeugen«, um zu erreichen, dass jemand übermütig wird). Vielleicht genügt es Ihnen, eine Person lediglich in eine bestimmte Stimmung versetzen zu können. Wahrscheinlich geht es Ihnen aber darum, sie dadurch nach Ihren Vorstellungen zu steuern. Ein bisschen Übung gehört zu dieser mit Begriffen spielenden Technik, die zu den ureigensten rhetorischen Beeinflussungstechniken gehört. Es ist eine Technik für Sprachliebhaber, für Ästheten.

1. Schritt   Auswahl der geeigneten Zielpersonen
2. Schritt   Fundus an Assoziationsworten/Wortfiguren aneignen bzw. Methoden zu ihrer Generierung kennen
3. Schritt   Anwenden von Assoziationsworten/Wortfiguren
4. Schritt   Wirkungskontrolle

1. Schritt: Auswahl der geeigneten Zielperson
Die Wirkung von Assoziationsworten stellt sich bei jedermann ein, da der Mechanismus ein physiologischer ist und insoweit nicht kontrollierbar. Jeder kann Ihre Zielperson sein.

2. Schritt: Fundus an Assoziationsworten/Wortfiguren aneignen bzw. Methoden zu ihrer Generierung kennen
1. Assoziationsworte
Manche Worte, wie zum Beispiel die Worte *Rose, Eiche, Geige,* lassen in uns sofort ein Bild entstehen. Nicht alle Worte können das bewirken. Die so genannten Funktionswörter (zum Beispiel *bei, schon, es, weil* usw.) sind nicht in der Lage, Bilder im Geist hervorzurufen. Worte, die Bilder erzeugen, nennt man auch visuelle Worte.

Neben dem Hervorrufen von Bildern besitzen Worte aber noch mehr Potential. Sie können Gerüche, Geschmacksempfindungen, Hörerlebnisse und Wahrnehmungen anderer Modalitäten hervorrufen. Das geschieht durch die Aktivierung von Nervenzellen in bestimmten Regionen unseres Gehirns. So können Sie in anderen eine Assoziation, einen Geruch oder einen Klang allein durch das Aussprechen eines bestimmtes Wortes hervorrufen.

Beispiele:
Blume, Schnee, Orchester, Blumenwiese, Heuernte, Tauchen, frisch gebackene Kekse, knusprig paniertes Wiener Schnitzel, Misthaufen usw.

Wie es zu dieser Verknüpfung in den neuronalen Netzwerken des Gehirns kommt, kann folgendermaßen erklärt werden: In der Sprachentwicklung haben wir als Kind gelernt, dass manche Worte häufig in bestimmten Reizzusammenhängen benutzt werden. Ein Wort wie Blume wird besonders häufig geäußert, wenn gerade eine Blume betrachtet, berührt, gerochen oder gepflückt wird. Das Auftreten der Lautfolge *Blume* dürfte deshalb stark mit dem Auftreten spezifischer Reize verbunden sein. Mehr oder weniger alle Eltern bringen ihren Kindern das Sprechen auch auf diese Art und Weise bei. Sie hören Klaviermusik, deuten auf das Klavier im Zimmer und sagen: »Klavier!« Dann wenden Sie sich dem Fenster zu, zeigen darauf und wiederholen: »Fenster!« Wenn Schnee liegt, lassen Sie Ihr Kind mit seinen Händchen den Schnee berühren, während Sie das Wort »Schnee« sagen. Diese Verknüpfung, sowohl taktiler als auch visueller oder akustischer Art, bleibt ein Leben lang bestehen.

Um Erfolge durch den Einsatz von Assoziationsworten zu erzielen, ist vor allem wichtig: nicht zu übertreiben. Verwenden Sie die Worte sparsam. Wählen Sie sie sorgfältig aus und achten Sie darauf, zum richtigen Zeitpunkt die Worte zu verwenden, von denen Sie sich die größte Wirkung versprechen.

Wörter sind Laternen. Steckt ein Licht hinein und sie geben einen guten Schein.
Emanuel Geibel

Beispiel:
Sie stellen fest, dass unter den Kollegen miese Stimmung herrscht. Alle werden mit ihren Aufgaben nicht fertig und sind gestresst. Nur Sie haben, was niemand richtig mitbekommen hat, Ihren Teil bereits fertig gestellt. Um mit Ihrer Leistung später noch deutlicher hervorzustechen (vgl.

Wie funktioniert die Assoziationstechnik?

Kontrasttechnik), schließen Sie sich dem allgemeinen Geschimpfe der Kollegen mit starken Assoziationsworten an, um auf diese Weise zu erreichen, dass diese das zu Erledigende noch schlechter in den Griff bekommen (negative Verstärkung):
- »Ist doch alles *Hundescheiße*. War nur Glück, dass ich die leichteste Aufgabe bekommen habe.«
- »Das Projekt ist *stinkender Käse* und wie ein *haushoher Misthaufen*. Das wird niemals gut beendet werden können.«
- »Wie auf *glitschigem Dreck* muss man ausrutschen, wenn man hier Aufgaben übernommen hat.«

Achten Sie darauf, dass die Wahl der Assoziationsworte zu Ihrer bisher verfolgten Linie der Selbstpräsentation passt: Von einem korrekten Kollegen aus dem Controlling erwartet man eine andere Wortwahl als vom Auslieferungsfahrer.

Unangenehme Situationen gibt es viele. Viele Möglichkeiten also für Sie, durch negative Assoziationen die Leistungsfähigkeiten anderer zu schwächen.

Beispiel:
Zu Ihrer Freude sehen Sie Kollegin Marianne mit einer langwierigen Aufgabe hadern, die sie eins zu eins nach den Vorgaben des Chefs ausführen soll. Es tut Ihnen gut, dass es auch einmal die Richtige trifft und Sie verstärken – vordergründig mitfühlend – durch Assoziationen ihre Stimmungslage:
»Also, was du da machst, das würde mich echt *zu Tode langweilen*. Du kannst dich ja gar nicht selbst einbringen. Ich käme mir vor wie ein kleines Kind, das noch die Hilfe der Eltern braucht, ... du Arme.«

Beispiel:
Einen unliebsamen Kollegen können Sie in seiner Unsicherheit stärken, indem Sie bemerken:
»Wenn ich den Vortrag morgen halten müsste, würde ich mir ja total *in die Hose machen*. Bist du tapfer!«

Durch die Verwendung von Assoziationsworten beeinflussen Sie die Erzeugung negativer, aber auch positiver Stimmungslagen. Auch Letztere kann nützlich sein:

Beispiel:
Maria schwärmt ihrer Kollegin unter Verwendung der schönsten Assoziationsworte etwas von »starken Mannsbildern« vor, um sie in eine positive Stimmung zu versetzen. Diese will sie anschließend ausnutzen, um einen »kleinen« Gefallen zu erbitten. Der Kollegin fällt es unmittelbar nach einer persönlichen und intimen gemeinsamen Schwärmerei schwerer, »Nein« zu sagen.

Beispiel:
Als Vorgesetzter haben Sie Ihre fünf Mitarbeiter längere Zeit hochmotiviert und kreativ an einem Projekt arbeiten lassen. Jetzt haben Sie aber entschieden, die Richtung zu ändern, und wollen das Projekt fallen lassen. Um möglichst überzeugend zu sein, arbeiten Sie (auch) mit einer bildhaften Sprache.

→ »Sicher könnten wir uns in diesem Projekt *unendlich weit ausbreiten*. Aber eine kreative Phase muss auch in einer *Form* bleiben und den Gesetzen von Angebot und Nachfrage gehorchen.«
→ »Jeder *Baum* muss dann und wann gestutzt werden, damit er nicht *wild wuchert*. So schön es ist, sich nach allen Seiten entfalten zu können, so notwendig ist aber auch eine *Kanalisierung der Energien* in eine nachfrageorientierte Richtung.«

Beispiel:
Harmlos scheint es nur, wenn Sie die Freizeittendenzen Ihres Kollegen Müller assoziativ fördern. Je häufiger er nämlich nicht im Betrieb ist, desto freier ist die Bahn für Sie.

→ »Es wär doch jetzt viel schöner, *Ski fahren* zu gehen oder abends *schön auszugehen* oder schön beim *Kaffee* zusammenzusitzen und über Belanglosigkeiten zu schwätzen ...«
→ »Also jetzt *Bergsteigen* und *Wandern*, ich weiß auch nicht, warum ich mein Leben hier in dieser öden Firma verbringe.«
→ »Also mir ist jetzt auch überhaupt nicht mehr nach mühseliger, geistloser Arbeit, sondern danach, in den *Baggersee* zu springen, zu *grillen* und *Bier* zu trinken.«

Der Wurm muss dem Fisch gefallen und nicht dem Angler!

Passen Sie die Worte der jeweiligen Zielperson an. Denn die Wirkung von Assoziationsworten ist eng mit der individuellen Sozialisation verbunden, also dem sozialen Hintergrund und den Lebenserfahrungen.

Beispiel:
Bei Herrn Pütz stellt sich eine kalkulierbare Stimmung ein, wenn Sie im Gespräch mit ihm Begriffe wie *Wasser, Fische, Boote, Schaum, gleiten, blau, spiegelnd* verwenden. Denn Sie wissen, dass er ein begeisterter Taucher ist.

Beispiel:
Bei Herrn Eckart erzeugen Sie mit so etwas keinen veränderten Gemütszustand. Allerdings wecken Sie in ihm Assoziationen, wenn Sie Worte wie *klare Luft, steinige Wege, imposante Landschaft, Wolken, Thermik, Auf- und Abwind, Regen, gleiten, schneiden, fliegen* usw. in das Gespräch einfließen lassen. Denn Sie wissen, dass er seit vielen Jahren in seiner Freizeit Gleitschirm fliegt.

2. Assoziations-Neologismen

Zielführende Assoziationsworte können Sie auch selber erfinden. Wortneuschöpfungen (Neologismen) sind rasch gefunden: Erstellen Sie eine Liste mit drei Spalten. Setzen Sie am Anfang ein neutrales Themenwort und verknüpfen Sie es mit etwas Schrecklichem oder etwas Schönem – je nach Absicht.

Beispiel:
Angenommen, Ziel Ihrer Manipulation ist es, (Ziel-)Personen dazu zu veranlassen, Angst vor der Konkurrenz zu haben. Dann legen Sie eine Liste nach folgendem Muster an:

Themenwort	Assoziationswort	Assoziations-Neologismus
Konkurrenten	Tsunami	Konkurrententsunami
Konkurrenz	Lawine	Konkurrenzlawine
Konkurrenten	Strom	Konkurrentenstrom
Konkurrenten	Goliath	Konkurrentengoliath

Die auf diese Weise neu erfundenen Assoziationsworte können Sie dann pointiert einsetzen:

→ »Da rollt dann auf uns so ein Konkurrententsunami los und wohin dann?«

→ »Wenn die Konkurrenzlawine erst mal ins Rollen gerät, dann helfe uns Gott!«
→ »Der zähe Konkurrentenstrom will und will nicht aufhören zu fließen. Noch stehen wir auf den Füßen. Aber wie lange noch?«

Stimmungen taktisch erzeugen! Diese Art der Zusammensetzung funktioniert mit allen Themen. Schreiben Sie auf die Liste links Ihr Themenwort auf. Das kann alles Mögliche sein: *Computer, Frau, Konkurrenz, Maschine, Medien* usw. Auf der rechten Seite notieren Sie sich Assoziationsworte. Je nach Ihrer Zielrichtung können das angenehme oder unangenehme sein. Angenehme wären zum Beispiel: *Blume, Wiese, See, Musik* oder unangenehme: *Steinschlag, Erdbeben, Hölle, Schmerzen, Leid*. Dann verknüpfen Sie: Von *Computerwiese* über *Mediensee* bis zu *Vorgesetzter der Hölle* oder *Medienleid* kann alles dabei sein.

Beispiele:
→ »Wir wollen ja schließlich nicht von einer *Konkurrenzlawine* überrollt werden. Deswegen heißt es, rechtzeitig Katastrophenschutz zu mobilisieren.«
→ »Wir werden in ihren Ausführungen als *Konkurrententsunami* dargestellt. Dabei haben wir ja noch nicht einmal das Potential für ein leichtes Plätschern ...«
→ »Ich weiß, es ist verwirrend, so viele neue Herausforderungen mit so unterschiedlicher Software. Aber was Ihnen jetzt noch als bunte *Computerwiese* vorkommt, wird schon bald eine übersichtliche Arbeitserleichterung für Sie darstellen.«

3. Metaphorik

Besonders intensive Emotionen können Sie durch den Einsatz von Metaphorik erzielen. Der Begriff setzt sich aus den altgriechischen Wörtern *meta* mit der Bedeutung *nach ... hin* und *pherein*, also *tragen*, zusammen. Gemeint ist die Verknüpfung eines Sachverhaltes mit einem sprachlichen Bild, das zwar aus einem ähnlichen, aber doch nicht gleichen Kontext stammt. Sie spielen dabei mit Ähnlichkeiten und lenken dadurch die Gedanken. Denn nur die Differenz zwischen

Wie funktioniert die Assoziationstechnik?

Gleichem und dem Ähnlichen ist es, die Ihnen den Spielraum zur Beeinflussung eröffnet. Gleiches mit Gleichem zu veranschaulichen wäre nicht manipulativ.

Beispiel:
Ihre Firma hat eine Niederlage einstecken müssen. Der Auftrag ging ganz unerwartet an einen Konkurrenten, der zwar eine Kampfansage gemacht hat, aber niemand hat so richtig geglaubt, dass er auch den Auftrag bekommen würde. Nun wenden Sie Metaphorik an, um Ihre Mitarbeiter wieder zu motivieren und Kampfgeist zu wecken:
»Hört mal, das ist doch im Grunde nur ein Hündchen, das uns anpinkelt. Wir wissen, dass die Konkurrenz langfristig nicht auf dem Markt bestehen kann. Okay, an das Gekläffe haben wir uns jetzt gewöhnt. Aber wie lange wollen wir uns noch anpinkeln lassen?«

Mit dieser Metapher bringen Sie Folgendes zum Ausdruck:
→ Der Konkurrent ist eigentlich kein wahrer Gegner.
→ Unsere Firma ist stärker und hat größeres Potential.
→ Die Auftragsvergabe an ihn bedeutet lediglich den Beginn eines Wettbewerbs.

Wenn die Struktur feststeht, können Sie beliebige Metaphern erfinden. Wichtig ist, dass das Bild den Größenunterschied und die mangelnde Ernsthaftigkeit des »Angriffs« des Konkurrenten zum Ausdruck bringt:
→ »Wer lässt schon zu, dass einem ein Vogel ständig auf die Karosserie kackt? Wollen wir ihn nicht abschießen?«
→ »Wen juckt es schon, wenn eine Ameise über seinen Fuß läuft?«
→ »Eins zu null. Das Spiel beginnt.«

Verwenden Sie Metaphorik innerhalb einer längeren Rede. Einzeln und losgelöst vom Ganzen entfaltet sie nicht die gesamte Wirkkraft. Kombinieren Sie z.B. mit Elementen aus der *Vernichtungs-* oder der *Sprachmanipulationstechnik*.

Beispiele:
→ »Und wenn schon *getrampelt* wird, dann sollte man doch zumindest das *Trompeten* unterlassen.«
→ »Wenn wir nur auf *Zehenspitzen zu tänzeln* wagen, werden wir niemals die Konkurrenz erschrecken.«

→ »Die Personaleinsparungen sind ja nur der *erste Schluck aus der Flasche* zur Überwindung der Durststrecke.«
→ »Man sollte nicht die bestrafen, die den *Karren aus dem Dreck* ziehen, sondern die, die ihn *hinein gefahren haben*.«
→ »Was ich hier vorfinde, sind nur *geplünderte* Kassen.«

3. Schritt: Anwenden der Assoziationsworte und Wortfiguren bei der Zielperson

Assoziationsworte und Wortfiguren sollten stets taktisch eingesetzt werden. Beachten Sie, dass es nicht den Anschein haben darf, als seien Sie ein in emphatischen Worten schwelgender Mensch. Das kann besonders im beruflichen Umfeld dazu führen, dass Sie nicht mehr ernst genommen werden (außer Sie sind Germanistikprofessor). Die Kunst besteht darin, zu wissen, zu welchem Zeitpunkt man die Assoziationstechnik bei wem anwendet. Gehen Sie grundsätzlich sparsam damit um und setzen Sie wenige gezielte Worte oder Wortfiguren ein genau zu dem Zeitpunkt, in dem es Ihnen zupass kommt, dass die Zielperson eine bestimmte gedankliche Wahrnehmung haben soll.

Ehe man ein schönes Wort anwendet, muss man ihm einen Platz bereiten.
Joseph Joubert

Beispiel:
Präsentieren Sie Ihr Produkt beim Kunden, dann kann es sinnvoll sein, möglichst anschaulich mit allen Regeln der Assoziationstechnik über die Vorteile dieses Produkts zu sprechen. Aber Vorsicht, der Kunde erwartet, dass Sie verkaufen wollen. Übertreiben Sie also nicht. Gehen Sie sparsam mit Worten und Wortfiguren um.

Als berühmte Ausnahme gilt die Anwendung dieser Technik im privaten Bereich, also in Liebesdingen. Hier verhält es sich anders. Da gibt es kein Zuviel. Greifen Sie in die volle Assoziationskiste und werfen Sie üppig die schönsten Wortfiguren ins Gespräch. Es ist sozial anerkannt, dass Liebende und Werbende um die Zuneigung des oder der Begehrten buhlen. Es gewinnt nicht selten derjenige, der mit den schönsten Worten die angenehmsten Gefühle in dem anderen hervorrufen kann. Ob Ihre Absicht ehrlich ist – das bleibt Ihnen über-

Uneigennützig Gutes tun bringt Sie nicht weiter!

lassen. Als Rhetoriker sollte es Ihnen allerdings darum gehen, Ihr Opfer rumzukriegen und ihm nicht einfach nur so schöne Gefühle zu verschaffen.

4. Schritt: Wirkungskontrolle
Sie merken rasch, ob Sie mit der Assoziationstechnik erfolgreich sind. Beobachten Sie nur die Reaktionen Ihres Opfers. Lächelt es, dann hat es ein angenehmes Bild vor Augen. Schaut es ängstlich, angewidert oder unwohl drein, dann haben Sie ihm erfolgreich ein schlechtes Gefühl verschafft. Vielleicht treten Sie dann als Retter auf oder Sie überlassen Ihr Opfer seiner schlechten Stimmung.

Skala der ethischen Bedenklichkeit

Eine erfolgreiche Anwendung der Technik erfordert das Überdenken folgender Verhaltensweisen:
→ Arglosigkeit ausnutzen

Attraktivitätstechnik

Ziele
- Jemanden an mich binden
  - Um diesen später hintergehen zu können und dadurch Vorteile zu erlangen
- Jemanden beeindrucken
  - Um die Glaubwürdigkeit zu erhöhen
  - Um ihn dazu zu bringen, Sympathie zu empfinden
- Jemanden dazu bringen, Sympathie zu empfinden
  - Weil dieser Vorteile verschaffen kann
- Jemanden hintergehen
- Jemanden täuschen
  - Um die Glaubwürdigkeit zu erhöhen
  - Um ihn dazu zu bringen, Sympathie zu empfinden

Diese Ziele erreichen Sie
- Indem Sie jemanden so beeinflussen, dass er Sie für attraktiv hält

Besondere Voraussetzungen
- Keine

Überblick

Wer will, dass er von jemandem gemocht wird, der macht sich am besten für diesen bzw. diese attraktiv. Dafür müssen Sie nicht schön sein. Es genügt vollkommen, rhetorisch vorzugehen.

Hintergrundwissen

Was ist Attraktivität?
Der Begriff Attraktivität stammt von dem lateinischen Wort *attrahere* und bedeutet wörtlich *heranziehen*. Attraktive Menschen sind Menschen, die anziehend wirken. Schöne Menschen wirken anziehend, das ist eine allbekannte Tatsache. Wenn Sie von Natur aus oder durch harte Arbeit in zahlreichen Fitnessstunden den durchschnittlichen Standards eines schönen Menschen entsprechen, dann herzlichen Glückwunsch. Aus rhetorischer Sicht aber geht es um eine andere Form von Attraktivität. Hier geht es um Ähnlichkeiten, die durch verbale Strategien einer Person vorgetäuscht werden, in der Absicht, diese dazu zu bringen, Sie zu mögen.

Was bewirkt Attraktivität?
Die meisten Menschen empfinden Zuneigung zu denjenigen Personen, die ihnen selber ähnlich sind. Denn sie bestätigen auf diese Weise die Weltsicht einer Person und geben ihr indirekt zu verstehen, dass sie die »richtige« Auffassung vertritt. Das steigert das Selbstbewusstsein und man fühlt sich gut.

Wie funktioniert die Attraktivitätstechnik?

1. Schritt	Auswahl der geeigneten Zielperson
2. Schritt	Attraktionsförderer einsetzen
3. Schritt	Attraktionsfördernd agieren
4. Schritt	Wirkungskontrolle

1. Schritt: Auswahl der geeigneten Zielperson
Zielperson kann jeder sein. Besondere Voraussetzungen gibt es nicht.

2. Schritt: Attraktionsförderer einsetzen

Es gibt grundsätzlich zwei Möglichkeiten, eine Person dazu zu bringen, Sie zu mögen. Entweder Sie wenden die allgemeinen oder die individuellen Attraktionsförderer an.

1. Allgemeine Attraktionsförderer

Die Wissenschaftler Aronson und Piontkowski haben sich viel mit Attraktivität und deren Entstehung befasst. Sie stellten fest, dass Attraktion durch bestimmte Merkmale ausgelöst wird. Diese nennt man »attraktionsfördernde Merkmale«, hier kurz »Attraktionsförderer«. Experimentieren Sie damit und wenden Sie den einen oder anderen an. Das ist nicht weiter nachteilig, denn es schadet einer Person nicht, wenn Sie sich darum bemühen, dass diese Sie nett findet. Ihre dahinterstehende Ego-Absicht, also der Grund, wieso Sie die Mühe auf sich nehmen, kennt sie ja nicht.

> Die Gefahr kommt von denen, die nach eurem Geschmack sein wollen.
> *Demosthenes*

→ **Ähnlichkeit in Werten und Einstellungen**
   Personen mit ähnlichen Werten und Einstellungen stellen eine angenehme Umgebung für ein Individuum dar. Mit ihnen sind die meisten lieber zusammen als mit Personen, die ganz konträre Ansichten haben. Denn ähnlich denkende Personen vermitteln einem das Gefühl innerlicher Stärkung, man ist sozusagen auf gleicher Wellenlänge.

→ **Ähnlichkeit in Personenmerkmalen**
   Personen, die einem selber in äußeren Merkmalen ähneln, wie zum Beispiel im Alter, in der Kleidung, der Herkunft usw., wirken attraktiver.

→ **Räumliche Nähe**
   Ein weiteres attraktionsförderndes Merkmal ist die räumliche Nähe. Je häufiger Personen miteinander zu tun haben, desto eher werden Sie, sofern die räumliche Nähe nicht konfliktbehaftet ist, als attraktiv eingestuft (vgl. *Aktualisierungstechnik*).

→ **Komplementarität**
   Die Bedürfnisbefriedigung spielt eine zentrale Rolle für ein Individuum. Deshalb sind Personen, die in der Lage

sind, die Bedürfnisse der Interaktionspartner zu befriedigen, attraktiv.

→ **Fähigkeiten**
Personen mit hoch einzuschätzenden Fähigkeiten oder Experten werden als attraktiv wahrgenommen. Inkompetente Menschen sind dagegen weniger beliebt. (Vgl. *Impression Management-, Autoritäts-, Charisma-* sowie die *Freunde-Technik*)

→ **Erwünschtes Verhalten**
Personen, die sich sozial erwünscht verhalten, werden attraktiver eingeschätzt als Personen mit sozial nicht erwünschtem Verhalten. Deren Gesellschaft wirkt dagegen oft unangenehm, peinlich oder verletzend.

→ **Respekt**
Von einem Individuum werden die Personen als attraktiv empfunden, die ihm Zuneigung und Achtung entgegenbringen. Fühlt ein Individuum sich von einer Person geschätzt, so ist diese Person attraktiver als andere Personen, bei denen das Individuum nicht beliebt ist.

→ **Selbstevaluation**
Personen, die dazu beitragen, dass das Individuum sich selbst richtig einzuschätzen lernt, die somit die Wahrnehmung der eigenen Fähigkeiten fördern, sind attraktiv. (Vgl. *Einschmeicheltechnik*)

→ **Selbstwert**
Personen mit hohem Selbstwertgefühl sind für das Gegenüber angenehmer und somit beliebter als Personen mit geringem Selbstwertgefühl. (Vgl. *Autoritäts-* und *Charisma-Technik*)

2. Individuelle Attraktionsförderer
Ähnlichkeit in Werten und Einstellungen bedeutet nicht, dass Sie Ihrer Zielperson im Gespräch nach dem Munde reden sollten. Im Gegenteil, das könnte diese langweilen und bei ihr den Verdacht erwecken, Sie hätten vielleicht ein niedriges Selbstwertgefühl. Und Personen mit niedrigem Selbstwertgefühl werden als eher unattraktiv eingestuft.

Similes simili gaudet (Man freut sich an dem, der einem ähnlich ist). *Lateinisches Sprichwort*

Also beginnen Sie Schritt 2 mit einer Analyse. Hören Sie zu, wenn sich Ihre Zielperson entweder zu Ihnen oder zu anderen äußert. Beobachten und analysieren Sie insgeheim:

→ Welche Meinung hat meine Zielperson zu diesem oder jenem Thema?
→ Was findet sie gut, was schlecht?

Beispiel:
Angenommen, Sie sind neu und wollen von Ihren Kollegen anerkannt werden. Dann hören Sie die ersten Tage zu und registrieren Sie die Themen: Ist Fußball ein Thema? Oder teure Statussymbole? Wird über die Arbeit gesprochen? Wenn ja, worüber genau? Anschließend eignen Sie sich zu diesen Thema Wissen an, damit Sie das nächste Mal eine Bemerkung zum letzten Länderspiel, zum neuesten Wagen des Chefs oder über die leidige Software machen können.

Wenn Sie wollen, dass eine einzelne Person Sie attraktiv findet, dann checken Sie sie ab. Beginnen Sie mit der Beantwortung folgender Fragen:

→ Welcher sozialen Schicht entstammt meine Zielperson?
→ Welcher Sprachcode herrscht dort?
→ Welchen Bildungshintergrund hat sie?
→ Welche politische Einstellung?
→ Welche Weltsicht, Werte, Normen?

Nachdem Sie derart ein Profil erarbeitet haben, wählen Sie die am einfachsten herzustellenden Ähnlichkeiten aus. So ist es nicht immer leicht, in der Sprache eines anderen zu sprechen. Wie sehr das danebengehen kann, zeigen missglückte Versuche von Talk-Show-Moderatorinnen, die sich der Jugendsprache der Gäste anzupassen versuchen. Also verwirklichen Sie das, was Ihnen am einfachsten erscheint.

Wie funktioniert die Attraktivitätstechnik?

Beispiel:
Nehmen wir an, Sie wollen, dass Kollege Tom Sie nett findet. Er ist ein kluger Kollege, der zudem den Schichtplan verantwortet. Es kann also nicht schaden, sich mit ihm gut zu stellen, auch wenn Sie meinen, dass er ein langweiliger Kerl ist. Nach einiger Zeit haben Sie ihn so weit gecheckt, dass Sie nun wissen: dass er die Familie für das Wichtigste hält, die SPD schon lange nicht mehr ist, was sie früher einmal war, und überhaupt nichts über ein Bier nach dem Dienst geht. Um zu erreichen, dass dieser Sie als attraktiven Kollegen einstuft, genügt es, ihm kumpelhaft kurz vor Dienstschluss ein Bier auf den Tisch zu stellen, zu bemerken, dass die SPD es auch bei der anstehenden Landtagswahl mal wieder nicht schaffen wird, und zu betonen, dass Ihre beiden Töchter inzwischen schon eine Lehrstelle gefunden haben. Damit stellen Sie Ähnlichkeiten her, die Tom glauben machen, dass Sie ihn verstehen und sich auf gleicher Wellenlänge mit ihm befinden.

3. Schritt: Attraktionsfördernd agieren

Nachdem Sie durch Analyse ein Profil Ihrer Zielperson entworfen haben, gehen Sie nun dazu über, sich attraktiv zu machen. Sie täuschen Gemeinsamkeiten vor und schaffen somit Nähe zu Ihrem Opfer.

Wer Sie mag, kann Ihnen von Nutzen sein!

Beispiel:
Sie möchten Kollegin Susanne gefallen und nehmen sich vor, durch Ähnlichkeit Sympathie zu erwecken. Also beobachten Sie Susanne und achten auf jedes ihrer Worte, jede ihrer Bemerkungen. Nach einiger Zeit haben Sie ein Profil von ihr entworfen: Sie mag die türkische Küche, wünscht sich eine Familie mit Kindern und hat einen kleinen Goldhamster. Wenn Sie das nächste Mal ins Gespräch mit ihr kommen, dann schneiden Sie also genau diese Themen an.

In der Politik findet die Attraktivitätstechnik täglich ihre Anwendung.

Beispiel:
»Wenn ein Arbeiter zwölf Monate arbeiten geht, dann ist er falsch beraten. Es wäre nämlich klüger, wenn er nur sechs Monate arbeitet, und den Rest geht er stempeln, Steuer holt er sich dann über Jahresausgleich.

Mit der Arbeitslosenunterstützung hat er 30 Prozent mehr verdient als der Kollege, der ein Jahr tätig ist.«

Tipp: »Trainieren« Sie sich attraktiv!

Verwenden Sie Ihnen Unbekannte als Übungsopfer!

Um eines Tages ein routiniertes Attraktivitätsverhalten spontan bei jedermann anwenden zu können, beginnen Sie mit Übungsopfern. Suchen Sie sich Ihre Zielpersonen zum Beispiel während der Wartezeit in der U-Bahn, am Flughafen oder am Busbahnhof aus. Nehmen Sie eine Person, die Sie offen anblickt und kommunikationsbereit erscheint. Wählen Sie ein tagesaktuelles Thema, beispielsweise den immer wieder diskutieren Umgang mit Sexualstraftätern.

Beginnen Sie mit einer kleinen Bemerkung und fördern Sie dann das Gespräch. Muntern Sie Ihre Zielperson auf, mehr zu sprechen. Verwenden Sie offene Fragen:

- »Was halten Sie denn davon?«
- »Furchtbar, wie würden Sie denn mit solchen Tätern umgehen?«
- »Die armen Eltern, aber was kann man zum Schutz der Kinder unternehmen?«

Schon nach den ersten Antworten werden Sie wissen, ob Ihr Gesprächspartner eher einfach strukturiert ist und sich herrschenden Meinungen anschließt oder – als weniger geeigneter Kandidat – zu differenzierten Äußerungen neigt. Bei den einfacher Gestrickten verwenden Sie typische **Schlagzeilen-Argumente**:

- »Die werden ja alle zu früh rausgelassen. Und dann passiert es wieder.«
- »Die muss man für immer einsperren und nie mehr rauslassen!«
- »Und für die muss man auch noch Steuergelder zahlen.«

Wie funktioniert die Attraktivitätstechnik?

Wenn Sie Ihre Zielperson richtig eingeschätzt haben, werden Sie mit dieser Technik so attraktiv für Ihr Opfer sein, dass es Sie gleich in die nächste Kneipe zum Bier einlädt. Spätestens dann sollten Sie den Versuch abbrechen ...

Tipp: Nähe durch Vorurteile
Vorurteile bieten zum einen notwendige Orientierungshilfen in einer vielschichtigen und oft schwer zu begreifenden Wirklichkeit, sie sind zum anderen aber auch stereotype Aussagen, die, weil sie jeder sagt und immer wieder sagt, von vielen für wahr genommen und keineswegs revidiert werden. Das Einstimmen in Vorurteile stellt Zustimmung und Gemeinsamkeit her und ist daher bei vielen unterschiedlichen Zielpersonen einsetzbar:

<small>Vorurteile machen attraktiv!</small>

- »Es wird immer Kriege geben, denn das gehört zur Natur des Menschen.«
- »Frauen können einfach besser mit Kindern umgehen als Männer.«
- »Man kann es nicht jedem recht machen.«
- »Wer zu gutmütig ist, der wird ausgenutzt.«

4. Schritt: Wirkungskontrolle

Die erfolgreiche Anwendung der Attraktivitätstechnik verschafft Ihnen, wenn Sie alles richtig gemacht haben, eine Vertrauensstellung beim Opfer. Dies ist eine gute Ausgangslage für die Anwendung weiterer Manipulationen. So könnten Sie darauf hinwirken, dass Sie in Erinnerung bleiben (vgl. *Aktualisierungstechnik*) oder sich nun in der *Falsche Argumente-Technik* versuchen. Eine weitere Möglichkeit, die derart erzeugte Nähe zu nutzen, bietet die Anwendung der *Hypnosetechnik*. Sie sehen, eine Vertrauensbeziehung durch bewusst geschaffene Nähe eröffnet zahlreiche Varianten, diese zu missbrauchen. Viel Vergnügen!

Skala der ethischen Bedenklichkeit

Eine erfolgreiche Anwendung der Technik erfordert das Überdenken folgender Verhaltensweisen:
→ Arglosigkeit ausnutzen
→ Hinterlistig vorgehen
→ Lügen
→ Zuneigung vortäuschen

Autoritätstechnik

Ziele:
- Jemanden dazu bringen, gegen seine Interessen zu handeln
  - Um dadurch einen Vorteil zu erlangen
- Jemanden kontrollieren
  - Um (weiterhin) Einfluss auf ihn ausüben zu können
  - Um beruflich aufzusteigen/Karriere zu machen
- Jemanden unter Druck setzen
  - Um zu erreichen, dass dieser etwas sagt oder tut
- Macht ausüben
  - Um bereits erlangte Vorteile zu sichern

Diese Ziele erreichen Sie:
- Indem Sie erlerntes Unterordnungsverhalten ausnutzen

Besondere Voraussetzungen:
- Zu beeinflussende Person sollte eine Tendenz zur Subordination aufweisen

Überblick:
Autorität und Gehorsam sind bestehende Elemente des Gemeinschaftslebens. Die Verhaltenstendenz »Anweisungen einer Autorität muss ich gehorchen!« ist in den meisten durch Erziehung, Schulzeit und Beruf tief verankert. Wunderbar! Nutzen Sie diesen Gehorsamkeitsmechanismus aus!

Hintergrundwissen

Was ist Autorität?

Der Begriff Autorität leitet sich aus dem lateinischen *auctoritas* ab und bedeutet *Vollmacht, Ansehen, Einfluss, Glaubwürdigkeit*. Häufig wird der Begriff mit dem der Macht in Verbindung gebracht. Eine Machttechnik wäre als an dieser Stelle ebenso denkbar gewesen. Allerdings ist Autorität wirkungsvoller in Bezug auf die Einflussnahme auf Personen als reine Machtausübung. Macht kann durch Zwang durchgesetzt und aufrechterhalten werden. Autorität dagegen benötigt keinen Zwang. Sie setzt, im Gegensatz zur Macht, die Anerkennung des ausgeübten Einflusses voraus und bedeutet akzeptierte Folgeleistung, die über ein bloßes Sich-fügen-Müssen hinausgeht. Mit Autorität beherrschen Sie Ihre Opfer nicht, sondern beeinflussen sie, »freiwillig« ein gefordertes Verhalten zu zeigen.

Was bewirkt Autorität?

Autoritäre Einflussnahme kennt keine Grenze. Wenn Sie bestimmte Randbedingungen bei der Manipulation beachten, dann können Sie durch Ausnutzen dieser Verhaltenstendenz eine nicht geringe Zahl von Personen derart beeinflussen, dass diese tatsächlich alles für Sie tun. Wie weit das gehen kann, zeigt das berühmte Milgram-Experiment. In den 60er Jahren wurde an der Yale-University unter der Leitung des Psychologen Stanley Milgram ein Experiment durchgeführt, an dem mehr als tausend Teilnehmer beteiligt waren. Die Versuchsanordnung war folgende: Eine (freiwillige Versuchs-) Person kommt in ein psychologisches Laboratorium und erhält den Befehl, eine andere Person, die hinter einer Glasscheibe sitzt, auf Anordnung des Versuchsleiters mit Stromstößen wachsender Stärke für ein angebliches Fehlverhalten zu bestrafen. Die Kernfrage war, wie lange sich die Versuchsperson den Anordnungen des Versuchsleiters fügt, bevor sie sich weigert, die geforderten Handlungen auszuführen. Das Ergebnis: Über die Hälfte der Versuchspersonen verweigerte

Der Glaube an Autoritäten ist die Quelle des Gewissens: Es ist also nicht die Stimme Gottes in der Brust des Menschen, sondern die Stimme einiger Menschen.
Friedrich Nietzsche

den Gehorsam sogar dann nicht, wenn sie annehmen mussten, einem anderen Menschen einen tödlichen Stromstoß zu versetzen. Von 40 (Versuchs-)Personen waren 26 so gehorsam, dass sie ohne Vorliegen einer besonderen Ausnahmesituation (Krieg oder Notstand) auf Befehl der Autoritätsperson (Versuchsleiter im weißen Kittel) bereit waren, zu töten. Das Experiment hat damals großes Aufsehen erregt. Viele waren entsetzt angesichts der hohen Gehorsamsbereitschaft. Zahlreich wurde das Milgram-Experiment wiederholt, immer mit ähnlichem Ergebnis. Heute wird es vor allem in Schulen und Universitäten als Warnung und Aufforderung zum Entwickeln von Zivilcourage thematisiert. Aber an dieser Stelle interessiert uns das Gegenteil: Nämlich wie sich Gehorsamsmechanismen nutzen lassen und Zivilcourage unterdrücken lässt.

Wie funktioniert die Autoritätstechnik?

1. Schritt Auswahl der geeigneten Zielperson
2. Schritt Autorität aneignen
3. Schritt Autorität (aus-)nutzen
4. Schritt Wirkungskontrolle

1. Schritt: Auswahl der geeigneten Zielperson

Im Zusammenhang mit dem oben beschriebenen Milgram-Experiment wurde einmal eine Befragung unter Studenten, Psychologen und Erwachsenen aus der Mittelschicht durchgeführt. Nachdem man ihnen zuerst das Experiment beschrieb, wurden sie anschließend gebeten, das Verhalten der Versuchspersonen einzuschätzen. Alle waren der Meinung, dass sie den Gehorsam verweigern würden. Nur etwa 1 Prozent, so wurde angenommen, käme vielleicht als »pathologische Randgruppe« in Betracht, die auch den Befehl, einen tödlichen Stromschlag zu erteilen, befolgen würden. Wie Sie wissen, fiel das Ergebnis anders aus. Obwohl also die meisten

Perfekt: Personen mit Subordinationsneigung!

glauben, dass nur wenige Personen derart folgsam sind, sind es in Wirklichkeit beinahe alle. Um aber dennoch kein Risiko einzugehen, ist es für den Erfolg der Technik ratsam, Personen auszuwählen, bei denen es erkennbar ist, dass sie den Gehorsamsmechanismus tief internalisiert haben. Es gibt Anhaltspunkte für eine besondere Subordinationsneigung. Sehen Sie sich in dem Personenkreis um, aus dem Sie eine oder mehrere Zielpersonen auszuwählen vorhaben, und analysieren Sie beobachtend:

→ Wie verhält sich wer, wenn Anweisungen vom Chef kommen?
→ Wer hat ein ausgeprägtes Kindverhalten im Verhältnis zu Vorgesetzten?
→ Wie wird von wem wann und wozu Kritik geäußert? In Gegenwart von Vorgesetzten oder nur hinter deren Rücken?
→ Wer erledigt die Anweisungen vom Chef immer besonders gründlich und sorgfältig?
→ Wer strahlt, wenn er gelobt wird? Wer ist niedergeschlagen, wenn vom Chef keine Anerkennung kommt?

Sie können auch in Gesprächen vorsichtig versuchen herauszufinden, ob eine hohe Subordinationsneigung vorliegt:

Beispiel:
»Es gibt ja diese sich selbst organisierenden Arbeitsgruppen. Was hältst du denn davon?«
Wer so etwas gut findet, ist ein selbständiger Geist und weniger geeignet. Wer dagegen von der Idee nicht so begeistert ist, weil es doch »immer einen geben muss, der die Richtung vorgibt und Ergebnisse koordiniert«, der kommt schon eher als Zielperson in Betracht.

Selbstdenker meiden!

Widerspenstige Zeitgenossen, Querdenker, Einzelgänger und sozial inkompatible Personen, die sich nicht »einfügen«, sind nicht geeignet.

Wie funktioniert die Autoritätstechnik?

Beispiel:
Kollege Müller, der Ihnen im Büro gegenübersitzt, verfügt über eine quietschende Thermoskanne, die jedes Mal nach dem Öffnen und Schließen minutenlang wimmert. Er weiß genau, dass Sie das beim Arbeiten stören muss. Einmal freundlich darauf angesprochen öffnet und schließt er sie noch häufiger als bisher. Hier wissen Sie sofort: Kollege Müller sieht Sie nicht als Autoritätsperson und verhält sich Ihnen gegenüber in offener Konfrontation. Für Sie kommt er, zumindest im Moment, als Zielperson nicht in Betracht.

Aber auch Müller können Sie mit anderen Techniken »packen«, unter anderem zum Beispiel mit der *Abhängigkeits-, Sündenbock-, Gerüchte-* oder *Intrigentechnik*.

Um zu entscheiden, wer sich als Zielperson eignet, führen Sie einen Test durch. Nehmen Sie ein unbedeutendes Thema zum Anlass und registrieren Sie, wie Ihre Kollegen (wenn Ihre Zielperson denn aus diesem Personenkreis stammen soll) reagieren.

Beispiel:
Schaffen Sie sich ein Trainingssetting, um festzustellen, wie hoch Ihre Führungskompetenz ist und wer Sie grundsätzlich als Führungsperson akzeptiert. Dafür suchen Sie sich Personen aus dem Kollegenkreis, um an Ihnen die Reichweite Ihres Einflusses zu testen. Überlegen Sie sich dafür einen belanglosen Anlass, beispielsweise das (freiwillige) Erarbeiten neuer Formulare, um einen Arbeitsablauf zu vereinfachen. Der Grund ist überzeugend, erfordert aber von den anderen dennoch einigen Zeitaufwand. Wenden Sie sich einzeln an Ihre Kollegen und fragen Sie: »Du, sag mal, was hältst du davon, wenn wir uns abends die nächsten Wochen regelmäßig zusammensetzen und die neuen Formale ausarbeiten? Ich hätte da so einige Ideen, wie wir das vereinfachen könnten ...« Wer abwiegelt und keine Zeit hat, den klammern Sie als Zielperson aus. Erhalten Sie aber Antworten wie: »Ja, für gute Ideen bin ich immer zu haben!«, dann haben Sie bald eine Trainingsanhängerschaft. Jetzt eröffnet sich Ihnen ein Setting, das ermöglicht, Einfluss und Autorität auszuüben, Grenzen auszuloten und Wirkungskontrollen durchzuführen. Achten Sie darauf, dass Sie als Initiator nicht von einem aus Ihrer Anhängerschaft überholt werden. Wenn Sie nicht von Anfang an Führung bieten und Strukturen und Regeln des Vorgehens

in der Hand behalten, macht das ein anderer und schnappt Ihnen die Führungsrolle weg. Bei einem Training ist das nicht weiter schlimm.

2. Schritt: Autorität aneignen

Andere beeinflussen zu können setzt voraus, dass Ihnen Autorität von Ihren Zielpersonen zugesprochen wird. Sie können drei unterschiedliche Autoritätsformen annehmen:

→ Amtsautorität
→ Personale Autorität
→ Funktionale Autorität

Amtsautorität
Eine Autoritätsstellung wird Ihnen zugeschrieben, weil Sie ein bestimmtes Amt ausüben. Amtsautorität wird durch den Glauben der Untergebenen an die Legitimität Ihrer Position begründet. Sie beruht auf gemeinsamen Werten von Untergebenen und Vorgesetzten.

Dass ein Arzt, ein Richter, ein Polizist, der Firmenchef und ähnliche Personen über Amtsautorität verfügen, ist evident. Interessant wird es, wenn Sie sich als Mitarbeiter in einem großen Unternehmen fragen, wie Sie sich Amtsautorität aneignen können und ob das überhaupt möglich ist. Angenommen, Sie nehmen sich vor, eine Führungsposition einnehmen zu wollen, weil sie besser bezahlt wird und weil Sie das Gefühl lieben, zu sehen, wie andere Ihren Anweisungen folgen müssen. Dann ist zu prüfen, ob und wie das für Sie möglich ist. Der erste Schritt in diese Richtung heißt: Auffinden und gegebenenfalls Erfinden eines Macht- und Führungsvakuums. Betrachten Sie Ihr alltägliches (Arbeits-)Umfeld:

→ Was könnte ich tun, um eine Position zu erlangen, die mir es gestattet, »etwas zu sagen zu haben«?
→ Gibt es eine Möglichkeit, mich als Führungsperson ins Spiel zu bringen? Ist eine Führungsposition im Unternehmen für mich greifbar?

Wie funktioniert die Autoritätstechnik?

→ Oder ist es möglich, künstlich ein Problem zu schaffen und sich als Problemlöser zu präsentieren und dadurch eine Autoritätsstellung zu erreichen?

Zur Verdeutlichung des Vorgehens ein Beispiel, das einen Einzelfall darstellt, aber in seiner Struktur übertragbar ist:

Beispiel:
Stellen Sie sich vor, Sie sind Mitarbeiter eines Unternehmens, das Bleistifte produziert. Ihr Ziel ist es, eine Führungsposition einzunehmen. Aber alle Posten sind bereits besetzt.
Eines Tages fällt Ihnen auf, dass die Bleistifte alle unangespitzt aus der Maschine kommen. Die Kunden, so Ihre Beobachtung, greifen in den Verkaufsregalen aber eher zu angespitzten als unangespitzten Bleistiften. Jetzt nehmen Sie sich vor, diese Beobachtung dazu zu verwenden, um im Unternehmen den Bedarf an einer neuen Führungskraft zu schaffen.
Wie gehen Sie vor? Folgende Wege bieten sich an:

1. Verbesserungsvorschlag
Sie könnten einen Verbesserungsvorschlag einreichen. Sie bekämen eine Prämie und eine Gehaltserhöhung und würden vielleicht Mitarbeiter des Jahres, aber Amtsautorität würde Ihnen nicht eingeräumt. Im Gegenteil: Neben lobendem Schulterklopfen vom Chef haben Sie sich mehr Arbeit aufgeladen, und wenn alles kommt, wie es kommen muss, dann erhält Ihr Chef später das Lob für diese Idee. Denn er war es, der dafür gesorgt hat, dass die Idee eines Mitarbeiters aufgegriffen wurde und dem Unternehmen höheren Gewinn gebracht hat. Dieser Weg ist für Sie also wenig erfolgversprechend.

2. Zum Chef vom Chef gehen
Sie könnten aber auch direkt zum Chef vom Chef gehen und sagen: »Wir sollten angespitzte Bleistifte verkaufen, dann machen wir höheren Umsatz!« Allerdings besteht der Nachteil dieses Vorgehens darin, dass Sie Ihren direkten Vorgesetzten übergangen haben. Wer so etwas tut, missachtet die Hierarchie und wird als Störenfried betrachtet. Das ist also auch kein zielführender Weg.

3. Rhetorisches Vorgehen
Schließlich fassen Sie den Plan, Manipulationstechniken zum Einsatz zu bringen, um zu einer führenden Position im Unternehmen zu gelangen.

Zuerst bahnen Sie sich mit *Aktualisieren* und *Einschmeicheln* den Weg zum Chef vom Chef. Dann schaffen Sie sich mit der *Impression Management-Technik* einen guten Stand bei ihm. Und erst dann sagen Sie eines Tages in vertrauter Atmosphäre zum Chef vom Chef: »Eigentlich ein Skandal, dass unsere Bleistifte noch immer nicht angespitzt sind. Da wäre mehr Gewinn zu machen! Kunden greifen, dass zeigen die Verkaufszahlen der Konkurrenz, zu angespitzten Bleistiften!« Wenn nun alles gut gelaufen ist, dann reagiert der Chef vom Chef folgendermaßen: »Prima Idee. Nimm das doch mal in die Hand und mach mir ein paar Vorschläge!« Damit bietet sich die Möglichkeit, das Projekt als Führungskraft zu übernehmen. Geduld gehört zu diesem Vorgehen und zähes Aushalten. Nicht immer lässt sich auf diese Art der Kontakt zum Chef vom Chef erarbeiten. Aber wenn sich die Chance dazu bietet, dann nehmen Sie sie wahr!

Das auch auf andere berufliche Konstellationen übertragbare Vorgehensmodell ist folgendes:

→ Feststellung 1: Ich verfüge über unzureichende Amtsautorität.
→ Feststellung 2: Im derzeitigen Unternehmensgefüge ist keine Amtsautorität für mich zu erzielen.
→ Feststellung 3: Also wecke ich Bedarf und präsentiere mich selber als Lösung.
→ Feststellung 4: Ich gehe immer zum Chef vom Chef, nie zum Chef.

Wem das Streben nach Amtsautorität zu mühsam und zu langwierig ist, dem bleibt der einfachere Weg zur Beeinflussung: Sie können sich entweder bei einem anderen Unternehmen direkt auf eine Führungsposition bewerben oder Amtsautorität vortäuschen.

Die Versuchspersonen im Milgram-Experiment fragten nicht lange nach der Qualifikation der »Männer im weißen Kittel«. Ihnen genügten die darauf hindeutenden Zeichen: der institutionelle Zusammenhang, die klassische Kleidung für Wissenschaftler und deren selbstverständliches Auftreten. Diese verkürzte Wahrnehmung, die aus wenigen äußerlichen Kennzeichen Schlüsse zieht, kann man sich zunutze machen (vgl. *Impression Management-Technik*). Um den Effekt zu überprüfen ist es ausreichend, sich einen gut sit-

Wie funktioniert die Autoritätstechnik?

zenden Anzug oder ein Businesskostüm überzuziehen. Gut frisiert und zurechtgemacht beobachten Sie die Reaktionen. Umgekehrt funktioniert es natürlich auch: Wer sich in einer gutsituierten Wohngegend in einem fleckigen Jogginganzug, mit wirren Haaren und ungepflegtem Dreitagebart zeigt, provoziert die Gefahr, seine Autorität (zumindest bei der Nachbarschaft) einzubüßen.

Selbstverständlich ist das Wissen um die Wirkung von Aussehen und Machtinsignien nicht neu. Obwohl bestens bekannt, spielen aber die wenigsten damit. Um sich in Manipulation zu üben, sollten Sie diese Effekte bewusst einsetzen. Wechseln Sie dafür die Umgebung. In einer fremden Großstadt können Sie leicht Rollen wechseln und beobachten, wie andere auf Sie reagieren. Damit legen Sie sich ein Repertoire zu, auf das Sie im Ernstfall zurückgreifen können.

Die Macht soll handeln und nicht reden.
Johann Wolfgang Goethe

Personale Autorität

Personale Autorität beruht auf Eigenschaften, die »im umgebenden System« geschätzt werden. Am Arbeitsplatz sind das meist Eigenschaften wie wohlrasiert (bei Männern), gut frisiert (bei Frauen), früh am Arbeitsplatz sein, lange am Arbeitsplatz sein, scheinbar niemals pausemachend, immer geschäftig, pünktlich, höflich, dienstbar und engagiert im höchsten Maße. Wenn Sie sich personale Autorität aneignen möchten, dann versuchen Sie, so zu erscheinen. Spielen Sie damit, aber geraten Sie nicht in Versuchung, tatsächlich so zu werden, denn dann verlieren Sie die rhetorische Distanz, die zur Verfolgung Ihrer Ziele notwendig ist. Beachten Sie, dass personale Autorität auch aus anderen Eigenschaften bestehen kann: Coolness, Angriffslust, kriminelle Verdienste wären Eigenschaften, die personale Autorität in einem kriminellen Umfeld begründen. Um personale Autorität zu erlangen, analysieren Sie zunächst das soziale Umfeld. Welche Eigenschaften gelten als wünschenswert? Was wird respektiert? Dann schlüpfen Sie in eine rhetorische Rolle und geben vor, genau diese Eigenschaften zu besitzen.

Beispiel:
Um sich zu üben, fangen Sie klein an: bei Kindern. Beobachten Sie Kinder einer bestimmten Altersgruppe und analysieren Sie, was diese an Erwachsenen mögen und von ihnen erwarten. Anschließend suchen Sie den Umgang mit Kindern (leihen Sie sich dafür ruhig die von Freunden aus) und trainieren sich darin, sich so zu geben, wie eine bestimmte Zielgruppe es von Ihnen erwartet. Es ist aber nicht notwendig, dass Sie allzu taktisch an die Sache herangehen. Nutzen Sie einfach Gelegenheiten, wenn sie sich Ihnen bieten, um sich im Vorspielen von Eigenschaften zu üben.

Bitte seien Sie an dieser Stelle realistisch: Es geht nicht darum, ein perfekter Schauspieler zu werden, sondern darum, sensibilisiert zu sein für die Anforderungen, die ein Umfeld an eine Autorität stellt. Jeder verfügt im richtigen Umfeld über entsprechende personale Autorität. Wenn Sie es sich einfach machen wollen, dann drehen Sie das Szenario einfach um: Suchen Sie sich also nicht zuerst Zielpersonen aus, bei denen Sie sich Autorität erarbeiten müssen, sondern beeinflussen Sie dort, wo Sie bereits als Autorität anerkannt sind.

Funktionale Autorität
Funktionale Autorität können Sie sich »aneignen«. Denn diese kommt Ihnen zu, wenn Sie über Fachwissen verfügen. Falls Sie das Gefühl haben, über keine oder zu wenig Autorität im Betrieb zu verfügen, dann ist Weiterbildung und Qualifizierung ein Weg, um dahin zu gelangen.

3. Schritt: Autorität (aus-)nutzen
Nachdem Sie es geschafft haben, eine dieser Autoritätsformen auszufüllen, eröffnet sich für Sie nun das Spielfeld für vielfältige Manipulationen. Sie sollten jetzt einige Punkte beachten, um erlangte Autorität und damit die Ausgangslage für Beeinflussungen aufrechtzuerhalten.

Opponenten eliminieren
Die Gehorsamsbereitschaft von Personen nimmt drastisch ab, wenn sich Ihnen Widerständler, so genannte Opponenten,

Dulden Sie keine Widerrede!

Wie funktioniert die Autoritätstechnik?

in den Weg stellen, die Ihre Anordnungen kritisieren. Stanley Milgram stellte fest, dass in einem solchen Fall der Anteil der bedingungslos Gehorchenden um 10 Prozent abnahm.

Beispiel:
»Frau Müller, fangen Sie bitte direkt mit dem Sichern der Daten auf die externe Festplatte an.« Mitarbeiter Meier macht die Bemerkung: »Auf die externe Festplatte? Ist das nicht unnötig? Morgen kommt doch schon der neue Computer.«
Kollege Meier kritisiert also Ihre Anordnung. Das ist eine heikle Situation. Wenn Sie ihm zustimmen, dann geben Sie nach und stärken die Position von Meier. Er ist auf jeden Fall als Opponent zu betrachten. Wenn er häufiger auf diese Art Ihre Autorität in Frage stellt, dann sollten Sie etwas dagegen tun.
Kritik von Opponenten äußert sich in verschiedenen Varianten. Die einen formulieren direkt und ohne Umschweife, so wie Herr Meier. Andere kleiden ihre Kritik in sehr höfliche Formulierungen wie zum Beispiel: »Wenn ich dazu etwas sagen darf – ich schlage zur Vereinfachung des Vorgehens vor, dass alle Daten einheitlich auf dem neuen Computersystem, das morgen kommt, gespeichert werden.« Diese höfliche Formulierung bringt Sie eher dazu, zuzustimmen; dann werden Sie vielleicht nicht bemerken, wie der Opponent sich zurücklehnt und seinen Kollegen siegesbewusst anlächelt, weil er Ihnen eins ausgewischt hat.

Seien Sie immer darauf bedacht, eine einmal erlangte Autoritätsstellung zu behaupten. Lassen Sie Kritik niemals unerwidert stehen. Kritik, selbst konstruktive, die in Gegenwart von anderen Untergebenen geäußert wird, ist immer (auch) ein Angriff auf Ihre Autorität.

Beispiel:
Reagieren Sie sofort harsch auf die Kritik des Opponenten Meier: »So, der Herr Meier meint also, es sei dann heute Abend kein Backup notwendig, weil ja schließlich morgen ein neuer Computer kommt?« Herr Meier beißt sich auf die Lippen und zieht den Kopf ein – der Punkt geht an Sie.

Opponenten lauern hinter jeder Ecke. Reagieren Sie rechtzeitig auf Angriffe, um weiterhin Ihre Position zu behaupten.

Wenn Zweideutigkeiten aufkommen, schaffen Sie sofort Klarheit:

Beispiel:
»Herzlichen Glückwunsch an das Team, Sie haben wirklich eine tolle Leistung gezeigt!« Müller pfeift herablassend durch die Zähne. »Herr Müller fühlt sich offensichtlich durch mein Lob nicht angesprochen?« Alle Blicke richten sich auf Kollege Müller. Er ist überrascht und erstaunt, dass seine Reaktion überhaupt bemerkt wurde, und geht schnell wieder auf Kurs: »Ich? Oh, doch, doch.«

Manipulierend anweisen

Es gibt Faktoren, die Gehorsam fördern:

→ Höflichkeit
→ Versprechen einfordern
→ Verantwortlichkeit nur für Handlungsabschnitte
→ Anordnungen nicht begründen

Höflichkeit

Höflich – aber distanziert!

Formulieren Sie Anweisungen stets höflich. Dabei ist es nicht nötig, freundlich zu sein. Sie sollten sich nicht anbiedern, sondern sich im Gegenteil Ihrer übergeordneten Position bewusst sein. Das wird von Ihnen erwartet.

Beispiele:
→ »Frau Müller, erstellen Sie die Konzepte bitte bis zum 30.1.!«
→ »Frau Meier, würden Sie bitte die Preisliste für das Düsseldorf-Projekt bis heute Abend fertig machen?«
→ »Herr Meier, wenn Sie so nett sind und uns das Konzept für die Gussform der Handygehäuse bis zum 30.1. vorstellen!«

Versprechen einfordern

Verpflichten Sie Ihre Mitarbeiter!

Wer einmal eine Zusage gemacht hat, fühlt sich meist daran gebunden. Diese Neigung des Menschen thematisiert die Sozialpsychologie unter dem Begriff des *Commitment*. Nutzen Sie diese Neigung aus und fordern Sie Versprechen ein.

Wie funktioniert die Autoritätstechnik?

Beispiele:
- »Frau Meier, kann ich hier mit Ihrer Unterstützung rechnen?«
- »Herr Müller, können wir uns jetzt auf Sie verlassen?«
- »Herr Becker, werden Sie uns dabei behilflich sein, die Unterlagen bis morgen früh fertig gestellt zu haben?«

Zielpersonen (nur) für Handlungsabschnitte einsetzen

Die Geschichte des Naziregimes zeigt, dass die Bereitschaft von untergeordneten Personen, Mit-Urheber von Verbrechen zu sein, beinahe grenzenlos ist, wenn eine strenge Befehlskette und strikt abgegrenzte Aufgabengebiete ihnen das Gefühl geben, nur ein unbedeutendes Rädchen in einem unüberschaubar großen Getriebe zu sein. Es ist ein typischer Gehorsamsmechanismus, in engen technischen Aspekten einer Aufgabe aufzugehen und den Überblick über umfassende Konsequenzen (bewusst oder unbewusst) aus den Augen zu verlieren. Befehlsempfänger übernehmen so keine Verantwortung für das Ganze oder das Ergebnis, weil Sie sich lediglich als Zwischenglied in einer Kette von Aktionen sehen.

Mitarbeiter wollen und sollen auch nicht das Ganze überblicken!

Beispiel:
Stellen Sie sich vor, Sie sind Unternehmer und machen Ihren Gewinn damit, schlecht funktionierende Computer in ein Land der Dritten Welt zu verkaufen. Eines Tages werden Ihre Mitarbeiter auf den unethischen Aspekt dieses Gewinnstrebens angesprochen. Mitarbeiter Müller erwidert darauf: »Ich weiß nichts davon, ich arbeite nur an der Pforte. Was die da oben machen, keine Ahnung ...« und Mitarbeiter Schulze: »Ich bin im Einkauf. Ich kaufe die Ware ein und verkaufe sie nicht. Was die dann in der Aufbereitung machen, weiß ich nicht.« Schließlich Mitarbeiterin Deggendorf: »Ich arbeite als Sekretärin, das ist mein Aufgabengebiet. Ich habe mit dem Verkauf nichts zu tun und werde auch nicht in die Transaktionen mit dem Ausland eingeweiht.«

Anordnungen nicht begründen

Begründen Sie Ihre Anweisungen nur, wenn es sich nicht vermeiden lässt. Behandeln Sie, besonders wenn Sie Chef in einem kleinen Betrieb sind, Ihre Angestellten als Angestellte und nicht als Vertrauenspersonen, zumindest wenn Sie sie kraft Ihrer Autorität langfristig beeinflussen möchten. Denn Begründungen enthalten Argumente und diese sind Anknüpfungspunkte für Diskussionen. Eine Diskussion wiederum setzt gleichberechtigte Kommunikatoren voraus – und so etwas unterminiert Ihre hierarchiehöhere Position.

Beispiel:
»Ich schlage vor, dass Thorsten die Einarbeitung von Susanne übernimmt.« Thorsten nickt. »Dann bitte Maria, die Zusammenstellung der Kundenliste, bis morgen früh zehn Uhr?« Maria nickt ebenfalls. »So, dann Klaus, Michael und Tom, wenn Sie dann weiter am Design arbeiten und uns in der morgigen Sitzung um zwölf Uhr Ihre Ergebnisse präsentieren, dann wären wir für heute fertig.« Alle nicken.

Ergebnis:
Alle tun, was Sie sagen. Schlecht wäre, wenn Sie Ihre Anweisungen begründet hätten:

→ »Ich schlage vor, dass Thorsten die Einarbeitung von Susanne übernimmt, weil Thorsten ein besonderes pädagogisches Geschick hat.«
Zumindest eines der Teammitglieder würde sich still fragen: »Wieso der denn? Habe ich etwa kein besonderes pädagogisches Geschick? Ich kann das doch viel besser als der ...«
Damit keimt Unzufriedenheit auf. Unzufriedenheit ist ein Grundstein für Kritik. Kritik wiederum hemmt Sie, effizient Ziele mithilfe eines Teams zu erreichen. Je sparsamer Sie Ihre Anweisungen begründen, desto effektiver für Sie.

→ »Dann bitte Maria, die Zusammenstellung der Kundenliste, bis morgen früh um 10 Uhr? Dann kann ich nämlich damit anfangen, die Kunden durchzutelefonieren, und anfragen, wer denn überhaupt Interesse an unserem Produkt hat.«
Damit erläutern Sie Ihre Vorgehensweise und machen sich angreifbar. Von hierarchiehöheren Personen erwarten Untergebene ein besonderes Vorgehen, etwas, das sie selber nicht so gut können. Erfahren Sie aber, dass Sie im Grunde das tun, was sie selber ebenso durchführen könnten, dann nimmt Ihre einmal erreichte Autoritätsstellung Schaden. Maria könnte zu dem Schluss kommen: »Na, ich stell hier die Liste zusammen und das Interessante, die Verhandlungen, die macht er selber. Dabei kann ich das genauso gut, wenn nicht besser ...«

→ »Klaus, Michael und Tom, wenn Sie dann bitte weiter am Design arbeiten, von dem ich selber nämlich überhaupt keine Ahnung habe. Aber das ist ja das, wofür der Kunde uns in erster Linie bezahlt.«
Wenn Sie so formulieren, dann fragen sich Klaus, Michael und Tom, wieso sie eigentlich nicht selber eine kleine Medienagentur gründen sollten. Ihnen wird ihr geringes Gehalt im Vergleich zu ihrem Marktpotential auffallen und schon in einem halben Jahr haben Sie die drei verloren und möglicherweise einen starken Konkurrenten gewonnen, der mit Insiderwissen Ihre Firma aushebelt. Also bitte: So viel begründen wie unbedingt nötig zur Ausführung der Anweisungen und so wenig wie möglich.

Unterstützende Anwendung der Feindbildtechnik

Wenn Sie Ihre Autoritätsposition dazu nutzen möchten, ethisch zweifelhafte Handlungen ausführen zu lassen, dann ist es ratsam, zur Absicherung Ihrer Anordnungen die *Feindbildtechnik* heranzuziehen. Damit reduzieren Sie möglichen Widerstand.

Beispiel:
Wenn Sie einen Ihrer Fahrer dazu bringen wollen, heimlich die Sperrmüllreste Ihres Antiklagers im Wald abzuladen, dann präsentieren Sie den Leidtragenden dieser Aktion als Feind: »Die Gemeinde erhebt Entsorgungsgebühren, die Kleinunternehmer zugrunde richten sollen! Wie soll denn die Firma weiter bestehen, wenn die so hohe Gebühren verlangt, dass es unmöglich ist, den Betrieb weiterzuführen. Man muss denen einen Denkzettel verpassen, sonst kapieren die nicht, dass das so nicht geht! Also, Horst, in den Wald damit! Die werden schon sehen, was die davon haben.«

Auch die Schaffung einer **Kampf- und Kriegssituation** kann förderlich sein, wenn es darum geht, dass Ihre Handlungsanweisungen ausgeführt werden.

Beispiel:
»Ich hab auf der Messe gesehen, dass die Konkurrenz Ideen aufgegriffen hat, die wir schon lange vor ihnen hatten. So etwas darf uns nicht noch

einmal passieren. Wir müssen auf der Hut sein, damit die uns nicht die großen Fische wegschnappen. Wer hat Ideen, unser Vorgehen betreffend?« Müller meldet sich: »Ich hab gehört, dass sie jetzt am Produkt Omega arbeiten ...« »Prima, Müller, also, wie nutzen wir dieses Wissen?« Meier: »Ich könnte als interessierter Kunde auftreten und so herausfinden, was Omega zu bieten hat ...« »Gute Idee, Meier, sehr strategisch gedacht.« Dann Susanne: »Wir müssten herausbekommen, wieso sie an Omega arbeiten und welchen Bedarf sie ermittelt haben ... Dann sollten wir in Erfahrung bringen, welchen Kundenkreis sie mit dem Produkt ansprechen, vielleicht sind ja auch einige von unseren Kunden darunter ...« »Gut, Maria. Es heißt also, die strategische Ausrichtung des Konkurrenten erforschen und eine geeignete Taktik entwickeln, wie wir diesen mit unseren vorhandenen Mitteln und Möglichkeiten aushebeln können .«

Rechtfertigungserklärungen »moralistischer Widerständler« unterstützen

Nachdem eine Person eine moralisch möglicherweise zweifelhafte Anweisungen befolgt hat, kann es sein, dass sie ihr schlechtes Gewissen plagt. Sie handelte zwar auf Ihren Befehl, aber dennoch findet sie es in der Zwischenzeit nicht mehr richtig, was sie tat. Das kann zu einem psychischen Ausnahmezustand führen, der so genannten kognitiven Dissonanz (vgl. *Dissonanztechnik*). Die normale Reaktion Ihrer Untergebenen wird es dann sein, sich wieder ins Gleichgewicht zu reden: »Ich hab ja nur getan, was man von mir verlangt hat« oder »Der hat es aber auch nicht anders verdient« oder »Ich hab den Wagen nur gefahren, sonst hab ich nichts getan«. Unterstützen Sie solche Rechtfertigungsstrategien, indem Sie die Person in dem Geschehen immer wieder positiv bestätigen.

Beispiel:
Susanne plagen jetzt Gewissensbisse, weil Sie heimlich einen Blick in das Fahrtenbuch der Konkurrenz geworfen und das Wissen Ihrem Chef mitgeteilt hat. Hier heißt es, auf der einen Seite das Verhalten von Susanne immer wieder zu bestätigen und sich gleichzeitig aus der eigenen Verantwortlichkeit als Auftraggeber zu stehlen. Denn Sie müssen ver-

Wie funktioniert die Autoritätstechnik?

meiden, als Anstifter oder Mittäter zur Verantwortung gezogen zu werden: »Man kann ja nicht sagen, dass Sie absichtlich in das Fahrtenbuch gesehen haben. Aber wenn die es aufgeschlagen im Wagen liegen lassen, dann passiert schon mal, dass man etwas mitbekommt.« Oder: »Wenn Sie als tüchtige Mitarbeiterin auf eigene Initiative hin etwas tun, was dem Unternehmen nutzt, dann ist das eine anerkennenswerte Leistung, die von uns entsprechend gewürdigt wird.«

4. Schritt: Wirkungskontrolle

Die Wirkungskontrolle der Autoritätstechnik kennt zwei Varianten:

Sie waren dann erfolgreich, wenn Sie Personen dazu gebracht haben, Ihnen Autorität zuzugestehen. Sie waren aber auch dann erfolgreich, wenn Sie mit bestehender Autorität Personen dazu gebracht haben, zu tun, was Ihnen nützt. Dass die Ausführenden selber einen Nutzen haben (zum Beispiel eine sichere Anstellung, Chance auf Beförderung und Anerkennung), ist nur insofern relevant, als dass Sie damit rechnen können, dass diese Ihnen auch in Zukunft als Zielpersonen zur Verfügung stehen werden.

Skala der ethischen Bedenklichkeit

Eine erfolgreiche Anwendung der Technik erfordert das Überdenken folgender Verhaltensweisen:
→ Arglosigkeit ausnutzen
→ Hinterlistig vorgehen
→ Lügen

Bad Guy/Good Guy-Technik

Ziele
→ Jemanden dazu bringen, gegen seine Interessen zu handeln
→ Jemanden täuschen
  - Um zu erreichen, dass dieser mir zu Gefallen etwas sagt oder tut
  Jemanden unter Druck setzen
  - Um zu erreichen, dass dieser etwas sagt oder tut

Diese Ziele erreichen Sie
→ Indem Sie einer Person vortäuschen, auf ihrer Seite zu stehen

Besondere Voraussetzungen
→ Keine

Überblick
Bad Guy/Good Guy ist eine Psychotechnik, die auf dem Modell der Transaktionsanalyse beruht. Damit bauen Sie in kurzer Zeit Vertrauen auf, um es anschließend sofort für Ihre Zwecke zu missbrauchen. Das ist effektiv und zeitsparend.

Hintergrundwissen

Was bedeutet Bad Guy/Good Guy?

Die Idee des »Bad Guy/Good Guy« beruht auf Modellen der Transaktionsanalyse. Psychologen haben herausgefunden, dass sich in Gesprächen mit mehreren Personen drei verschiedene Handlungsweisen der Beteiligten typisieren lassen. Da gibt es meist jemanden, der die Rolle des Opfers einnimmt, dann einen, der als Retter auftritt, und schließlich die Person, die die Rolle des Täters übernimmt.

→ **Opfer** lassen sich gerne von anderen helfen
→ **Retter** verteidigen gerne jemanden vor den Angriffen anderer
→ **Täter** spielen gerne den Überlegenen

Diese Rollenverteilung ist ganz natürlich. Die Rolle des Opfers ist jedem bekannt, der von anderen einmal (verbal) angegriffen wurde. Wer freut sich dann nicht über das Auftreten eines hilfreichen »Retters«, der einen vor allen anderen verteidigt. Ebenso ist wohl niemandem, der jemals einem anderen Vorwürfe gemacht hat, die Täterrolle fremd.

Beispiel:
Während des Meetings hören Sie, wie Thomas Susanne vorhält, nicht rechtzeitig Informationen besorgt zu haben: »Ich habe auf deine Infos gewartet, aber irgendwie kam da nichts.« Susanne zieht den Kopf ein und versucht sich zu rechtfertigen: »Ich hab ja auch noch anderes zu tun.« Weil Sie Susanne gut leiden mögen, bemerken Sie: »Vorwürfe bringen uns jetzt nicht weiter. Susanne kann die Infos ja nachliefern. Sollten wir nicht lieber den Entwicklungsplan für die nächste Woche fertig stellen?«

Tipp:
Ihr Auftritt als Retter sollte niemals ungenutzt bleiben. Rhetorische Chancen lässt man sich nicht entgehen. Selbst wenn Sie aus Sympathie jemandem beigestanden haben, sollten Sie zumindest danach aus der dadurch erlangten vorteilhaften

Position Vorteile für sich ziehen. Greifen Sie zum Beispiel anschließend zur *Reziprozitätstechnik*.

Was bewirkt Bad Guy/Good Guy?
Sie beeinflussen mit dem Bad Guy/Good Guy-Trick eine Person derart, dass diese Ihnen gegenüber Zugeständnisse macht. Für die Person ist das ein Nachteil. Sie tut etwas oder sagt etwas, was sie sonst nicht getan hätte. Aber sie ist weich geworden und glaubt sogar in dem Moment, vernünftig zu handeln. Schließlich vertraut sie Ihnen und hat das Gefühl, dass Sie auf seiner Seite stehen. Naivität zahlt sich eben nicht aus.

Wie funktioniert die Bad Guy/Good Guy-Technik?

Es wird vermutet, dass bei dem Bad Guy/Good Guy-Trick die Reziprozitätsregel (vgl. die gleichnamige Technik in diesem Buch) zum Tragen kommt. Diese gesellschaftliche Norm schreibt vor, dass wir uns für Gefälligkeiten zu revanchieren haben. Viele fühlen sich deswegen, nachdem ihnen ein Gefallen erwiesen wurde, zu einer Gegenleistung verpflichtet. Damit lässt sich hervorragend spielen. Drängen Sie jemanden absichtlich in eine Opferrolle, um ihm anschließend als Retter helfend aus der (scheinbar) misslichen Lage zu befreien.

1. Schritt   Auswahl der geeigneten Zielperson
2. Schritt   Anwendung mit einem Partner
3. Schritt   Anwendung ohne Partner
4. Schritt   Wirkungskontrolle

1. Schritt: Auswahl der geeigneten Zielperson
Die Bad Guy/Good Guy-Technik kann nur dann funktionieren, wenn eine Person bereits die Erfahrung gemacht hat, dass ihr in misslichen Lagen ein »Retter« zu Hilfe kam. Bei Menschen, die es nicht gewohnt sind, dass ihnen beigestan-

Wie funktioniert die Bad Guy/Good Guy-Technik?

den wird, die Situationen kaum kennen, in denen sie verteidigt werden, greift die Technik ins Leere. Suchen Sie sich deswegen bevorzugt Personen aus, mit denen es das Leben bisher gut gemeint hat. Also solche, für die es keine Ausnahme darstellt, dass einer für den anderen einsteht und jemand ihnen zu Hilfe kommt.

Die nur Gutes kennen, sind herrliche Opfer!

2. Schritt: Anwendung mit einem Partner

Wie die Anwendung mit einem Partner funktioniert, wird Ihnen sofort klar, wenn Sie sich in folgende Opferrolle hineinversetzen:

Beispiel:
Sie betreten das Büro des Chefs. Der Leiter der Verkaufsabteilung ist ebenfalls dort. Es geht um die in letzter Zeit sehr schlecht bestückten Regale im Verkaufsraum. Man bittet Sie, Platz zu nehmen. Der Chef beginnt: »Wir haben Sie hergerufen, weil uns die schlecht aufgeräumten Regale aufgefallen sind. Was ist los?« Sie verteidigen sich: »Nichts, ich finde, die sind wie immer.« Der Leiter der Verkaufsabteilung schaltet sich ein: »Na hör'n Sie mal, Sie sind doch nicht blind. Die Waren – vollkommen unsortiert auf einmal. Wer von Ihren Mitarbeitern ist denn dafür verantwortlich?« Sie wissen genau, dass es der Müller ist, wollen ihn aber aus Loyalität schützen. »Ich hab keine Ahnung.« Der Verkaufsleiter reagiert sauer: »Na hör'n Sie mal, das nimmt Ihnen doch keiner ab! Wissen Sie, wie die Verkaufszahlen in letzter Zeit durch diese Schlamperei gesunken sind? Wir können in drei Monaten dichtmachen, wenn Sie uns nicht endlich sagen, wer dafür verantwortlich ist!« Die Angriffe des Verkaufsleiters gehen noch eine Weile so weiter. Schließlich schaltet sich der Chef wieder ein: »Nun mal mit der Ruhe. Also, jetzt mal ganz ehrlich. Auch Loyalität hat ihre Grenzen, so lobenswert sie sonst ist. Ich habe Sie immer als verantwortungsvoll kennen gelernt. Wollen Sie mich jetzt enttäuschen und die ganze Abteilung wegen eines Einzelnen im Stich lassen?« Der Chef glaubt offensichtlich nach all den Vorwürfen des Verkaufsleiters noch immer an Ihr Verantwortungsbewusstsein und scheint Sie überdies vor dem wütenden Verkaufsleiter in Schutz zu nehmen. Da können Sie einfach nicht anders als schwach werden. Sie geben den Namen preis.

Überprüfen Sie:
Hätten Sie ebenso reagiert, wenn der Chef Sie hereingerufen hätte und sofort begonnen mit: »Also, jetzt mal Tacheles. Wer ist für die Zustände am Regal verantwortlich?«

Jetzt wollen wir einmal den Spieß umdrehen und von der Opferrolle in die des Täters schlüpfen. Die Vorgehensweise dabei ist folgende:

1. Was will ich von einer Person (Zielperson) wissen?
2. Wen nehme ich als Komplizen (vgl. Verkaufsleiter) dazu?
3. Zielperson unter Druck setzen.
4. Anschließend als »Retter« auftreten und die Information einfordern.

Denken Sie bei aller Anwenderfreude aber daran, dass diese Technik eine »Danach-ist-Schluss«-Technik ist. Keiner reagiert erfreut, wenn er merkt, dass er absichtlich unter Druck gesetzt wurde, um danach nur ausgenutzt zu werden. Daher kommen nur zwei Situationen in Betracht, in denen Sie damit hantieren können:

1. Sie sind in einer hierarchiehöheren Position (Vorgesetzter, Chef, Teamleiter usw., vgl. obiges Beispiel).
2. Sie haben hinterher nichts mehr mit Ihrem Opfer zu tun.

Vermeiden Sie es, vertrauen zu müssen!

Die Anwendung dieser Technik mit einem Partner hat einen Vorteil und einen Nachteil. Der Vorteil besteht darin, dass das Vorspielen mit einem Komplizen für jemanden so realistisch sein kann, dass der Manipulationserfolg mit hoher Wahrscheinlichkeit eintritt. Der Nachteil ist, dass Sie einen Komplizen haben. Vertrauen ist gut, aber nicht vertrauen ist besser. Jeden Einblick, den Sie einem Verbündeten erlauben, schwächt Sie. Er hat dann eine Machtposition inne, die er gegen Sie verwenden kann. Das macht Sie angreifbar.

Zur Wahrung Ihrer Unabhängigkeit halten Sie, wenn Sie schon mit einem Komplizen arbeiten wollen, rhetorische

Wie funktioniert die Bad Guy/Good Guy-Technik?

Distanz ein. Behandeln Sie ihn genauso distanziert wie Ihre Zielperson. Nutzen Sie seine Dienste, solange Sie damit weiterkommen. Legen Sie ihn ab, wenn er Ihnen nicht mehr nützlich ist. Verwenden Sie Manipulationstechniken gegen ihn, bevor er es tut (mögliche Techniken gegen einen Komplizen: *Abhängigkeits-, Attraktivitäts-, Autoritäts-, Charisma-, Feindbild- und Sündenbocktechnik*).

Sehr viel günstiger ist es für Sie in vielerlei Hinsicht, wenn Ihnen der »Komplize Zufall« zu Hilfe kommt. Damit ersparen Sie sich die Bindung an einen in Ihre Ziele Eingeweihten. Behalten Sie also Ihre Absicht im Hinterkopf und spekulieren Sie mit dem Zufall. Schaffen Sie erhöhte Wahrscheinlichkeiten und wenden sie dann die Good-Guy-Methode ein, wenn jemand anderes für Sie (unwissentlich) die Bad-Guy-Rolle übernommen hat.

Beispiel:
Eines Ihrer Teammitglieder, Tom Müller, weiß zu viel, ist zu motiviert und fachlich zu gut. Er wird Ihnen gefährlich, denn Sie haben wenig Kontrolle über ihn, und er hätte das Zeug, Sie eines Tages zu überflügeln. Damit das nicht geschieht, wollen Sie ihn dazu bringen, freiwillig aus dem Team zu scheiden. Sie warten auf Ihre Chance. Im Team hat er keinen guten Stand. Er gilt als arroganter Einzelgänger. Während einer Teamsitzung kommt es zum Konflikt. Man wirft ihm vor, zu wenig Rücksicht auf die anderen zu nehmen und damit den Ablauf zu blockieren. Sie nutzen die sich durch Zufall ergebende Bad-Guy-Situation und übernehmen nach diesen Angriffen die Retterrolle (Good Guy): »Jetzt hacken wir mal nicht alle auf Herrn Müller herum, sondern fassen uns an die eigene Nase.« Nach der Sitzung bitten Sie Herrn Müller zu sich und meinen: »Wie Sie gemerkt haben, haben Sie einen schweren Stand im Team. Was halten Sie davon, in die Marketingabteilung zu wechseln, wo Ihre Fähigkeiten stärker gefragt sind und Sie die Wertschätzung für Ihre Leistungen erfahren, die Ihnen ja zweifellos zusteht.« Noch unter dem Eindruck des Geschehens, wird Herr Müller, wenn er nicht eine außerordentliche Kämpfernatur ist, Ihren (scheinbar) gut gemeinten Vorschlag nun eher ernsthaft in Erwägung ziehen als zu einem anderen Zeitpunkt. Wenn alles klappt, sind Sie ihn los.

> Die Kleinen schaffen, der Große erschafft.
> Marie von Ebner-Eschenbach

3. Schritt: Anwendung ohne Partner

Wenn man nicht auf »Komplize Zufall« warten will, dann kann man den Zufall auch konstruieren. Sie erfinden dafür eine Bad Guy-Geschichte. Zur Verdeutlichung ein kleiner Ausschnitt aus dem Roman *Great Expectations* von Charles Dickens:

In der Eröffnungsszene wird der junge Pip eines Nachts von einem Strafgefangenen überrascht, der plötzlich aus dem Nebel auftaucht. Er hat Ketten an den Füßen und will den kleinen Pip dazu überreden, aus der Stadt eine Feile zu besorgen. Doch wie ihn davon überzeugen? Wie ihn dazu bringen, ihn nicht zu verraten und ihm die Feile zu besorgen? Er versuchte es folgendermaßen: »Weißt du, Pip, ich mag dich sehr und ich würde niemals etwas tun, um dich zu verletzen. Aber ich muss dir sagen, dass da draußen ein Freund von mir wartet und der ist gewalttätig und ich bin der Einzige, der ihn kontrollieren kann. Wenn ich diese Ketten nicht wegkriege – wenn du mir nicht hilfst, sie loszuwerden – dann wird dich mein Freund vielleicht verfolgen. Deswegen hilf mir bitte. Verstehst du?«

Hier das Vorgehen:
1. Was will ich von einer Person (Zielperson) wissen bzw. was soll diese tun?
2. Bad-Guy-Geschichte erfinden
3. Zielperson damit unter Druck setzen
4. Sich selber als »Retter« präsentieren und die Information/Handlung einfordern

Beispiel:
Die Kollegen Ihrer Abteilung wollen gegen den neuen Mitarbeiter Müller vorgehen. Nach Auffassung der meisten passt er nicht ins Team. Da er für Sie einen unmittelbaren Konkurrenten darstellt, freuen Sie sich über diese Absicht. Aber noch immer sind einige Kollegen neutral und haben noch keine eindeutige Position gegen Müller eingenommen. Um einen dieser »Neutralen« auf Ihre Seite zu ziehen, erfinden Sie eine Bad-Guy-Geschichte: »Ja, ja, ich denke auch, dass die Teams sich im Laufe der Zeit verkleinern werden. Die sollen ja nur so groß sein, dass sie effektiv arbeiten können (Bad-Guy-Geschichte Teil 1). Ich finde übrigens, dass du ziemlich gute Leistungen bringst, deine Präsentation gestern fand ich beeindruckend (Vertrauen aufbauen).« Dann lassen Sie das Gespräch weiterlaufen, es geht

über Aufgabenstellungen und Ziele, vielleicht gleitet es auch mal ab zu Small Talk, – aber dann flechten Sie ein: »Du, Müllers Beiträge halten sich ja auch in Grenzen. Versteh mich nicht falsch, der Müller ist ja ein netter Mensch, aber manchmal vielleicht zu nett … . Der ist ja ähnlich wie du qualifiziert, wenn der dann deine Aufgaben übernimmt, fänd' ich das nicht richtig (Bad-Guy-Geschichte Teil 2). Wir wollen mal mit dem Teamleiter sprechen und fragen, ob nicht eine Neustrukturierung (gemeint ist ohne Müller) möglich ist. Bist du mit dabei?« (Reziprozität einfordern). Wenn er zustimmt, waren Sie mit dieser Masche erfolgreich. Glückwunsch!

Die Bad-Guy-Geschichte muss nicht immer schreckeinflößend sein. Sie soll eine Person gerade so viel unter Druck setzen, dass diese sich dadurch zu dem von Ihnen beabsichtigten Zugeständnis bewegen lässt. Dazu sind auch nicht immer ausschmückende Schilderungen notwendig, vielmehr können schon geschickte Hinweise und vielsagende Andeutungen auf ein unangenehmes Ereignis Wirkungen entfalten.

4. Schritt: Wirkungskontrolle

Sie merken sehr bald, ob Ihre Zielperson tut, was Sie von Ihr verlangen. Wenn Sie die Technik mit einem Komplizen anwenden und Sie feststellen, dass er seine Rolle nicht ausfüllt, verschwenden Sie keine weitere Zeit mit ihm. Wechseln Sie ihn aus.

Skala der ethischen Bedenklichkeit

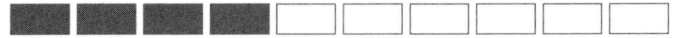

Eine erfolgreiche Anwendung der Technik erfordert das Überdenken folgender Verhaltensweisen:
→ Arglosigkeit ausnutzen
→ Hinterlistig vorgehen
→ Lügen
→ Zuneigung vortäuschen

Charisma-Technik

Ziele:
- Eigene Position innerhalb einer Gruppe stärken
- Jemanden kontrollieren
- Jemanden an mich binden
  - Damit Mitarbeiter zu meinen Bedingungen Leistungen erbringen
  - Weil es nützlich ist, von ihm geschätzt zu werden
- Jemanden beeindrucken
  - Um respektiert zu werden
  - Um von der eigenen »außergewöhnlichen« Persönlichkeit zu überzeugen
- Jemanden dazu bringen, gegen seine Interessen zu handeln
- Jemanden täuschen
  - Um die Glaubwürdigkeit zu erhöhen
  - Um zu erreichen, dass dieser mir zu Gefallen etwas sagt oder tut
  - Um zu erreichen, dass dieser tut, was ich will
- Macht ausüben

Diese Ziele erreichen Sie:
- Weil andere Ihre »charismatische Ausstrahlung« faszinierend finden

Besondere Voraussetzungen:
- Keine

Überblick:
Die Führungspsychologie belegt vielfach, dass ein charismatischer Führer (*leader*) mit unmittelbarem Gehorsam seiner Gefolgsleute rechnen kann. Wenn Sie andere auch so weit bringen wollen, dann machen Sie sich an die Arbeit. Legen Sie sich Charisma zu!

Hintergrundwissen

Was ist Charisma?
Der Begriff Charisma leitet sich aus dem altgriechischen *charizesthai* ab, was so viel wie *gern geben, schenken* bedeutet. Eine charismatische Person handelt (scheinbar) uneigennützig und erfährt aus diesem Grunde Bewunderung.

Charisma unterscheidet »normale« Menschen von »besonderen«. Der Glaube daran, dass es besondere Menschen gebe, also solche mit »besonderen« Fähigkeiten, »besonderer« Ausstrahlung und »geheimnisvollen« Kräften, scheint wie der Aberglaube nicht ausrottbar zu sein. Selbst in der modernen Arbeitswissenschaft spricht man gerne davon, dass es »besondere Persönlichkeiten« gibt. Zum Beispiel solche, die es (aus scheinbar ganz unerklärlichen) Gründen schaffen, ein Unternehmen aus der Krise zu managen. Unternehmensgründer werden glorifiziert und ihnen werden »besondere« Unternehmereigenschaften zugesprochen. All diesen »besonderen« Menschen wird eine charismatische Ausstrahlung zugesprochen, die sie zu wertvolleren, kompetenteren und erleseneren Persönlichkeiten macht. Es scheint geradezu so zu sein, als ob die »ganz gewöhnlichen« Menschen auf charismatische Gestalten zu warten scheinen. Beste Voraussetzungen also, um sich selber als »besonders« zu präsentieren und den »gewöhnlichen« Menschen zu zeigen, dass sie sogar noch gewöhnlicher sind, als sie es selbst annehmen.

Wie entsteht Charisma?
Moderne Führungstheorien gehen davon aus, dass Charisma durch die Zuschreibung der Geführten (Gefolgschaft) entsteht. Diesen Attributionsprozess in Gang zu setzen und Personen dazu zu bewegen, Ihnen Charisma zuzuschreiben, ist Ihre Aufgabe. Das kommt auf Sie zu, wenn Sie zu diesen außergewöhnlichen Führungspersönlichkeiten gehören möchten, die Massen in ihren Bann ziehen, Eigenwillen brechen und über gefügige Werkzeuge herrschen, wenn Sie als Hei-

land, Erneuerer, Transformator und magischer Verwandler des Bestehenden zum Besseren gelten wollen.

Wie funktioniert die Charisma-Technik?

Die Charisma-Technik ist eine Methode der Selbstinszenierung mit dem Ziel, Personen dazu zu veranlassen, Sie als charismatische Persönlichkeit anzuerkennen. Sie geht von der Annahme aus, dass eine solche Zuschreibung durch eine geplante Verhaltensänderung bewirkt werden kann. Charisma kann man sich erarbeiten.

1. Schritt   Auswahl der geeigneten Zielpersonen
2. Schritt   Charisma bescheinigt bekommen
3. Schritt   Erhalt der Anhängerschaft
4. Schritt   Wirkungskontrolle

1. Schritt: Auswahl der geeigneten Zielpersonen

Der erste Schritt zur charismatischen Persönlichkeit erfolgt durch die Auswahl geeigneter Personen. Diese ersten Opfer sind es, die Sie als Grundstein für Ihre charismatische Führung, zur Präsentation Ihrer vorgegebenen Einmaligkeit und als Beleg Ihrer Außergewöhnlichkeit brauchen. Legen Sie besonderen Wert auf die Auswahl dieser Personen. Nehmen Sie sich Zeit für diesen ersten Schritt, denn ohne Anhänger kein Charisma. Achten Sie darauf (Sie werden gleich merken, warum), dass Ihre Opfer sich ähnlich sind. Sie sollten derselben sozialen Schicht entstammen und einen vergleichbaren Tagesablauf, ähnliche familiäre und finanzielle Rahmenbedingungen haben.

Da die Neigung, sich charismatischen Führern anzuvertrauen, in Krisen steigt, sollten Ihre Opfer sich überdies in einer persönlichen Krise befinden. Das kann eine finanzielle Notlage sein (das bietet sich besonders dann an, wenn Sie unter Ausnutzung Ihres Charismas die letzten Ersparnisse

Ihrer Opfer in Ihre eigene Tasche umleiten wollen), günstigere Voraussetzungen bietet aber eine persönliche Krise (Midlife-Crisis, Langeweile in der Ehe, Scheidung, Sinnfindungskrise, Trauerfall und Ähnliches). Um ihre Arbeitsplätze fürchtende und daher besonders willfährige Mitarbeiter sowie von Status- und finanziellen Verlustängsten gebeutelte Vorstände bieten beispielsweise eine perfekte Ausgangssituation für jeden Krisenmanager, der als Interimsmanager zu Hilfe gerufen wird: Ein ideales Spielfeld, um sich als charismatischer Retter aus der Not zu verkaufen.

2. Schritt: Charisma bescheinigt bekommen
Wie bei allen anderen Techniken wird eine gewisse Fähigkeit zur Schauspielerei vorausgesetzt. Wirklich erfolgreiche charismatische Personen schauspielern mit der Zeit so gut, dass sich die Grenzen zwischen Rolle und Wirklichkeit auflösen. Das ist nicht unbedingt von Vorteil: Wer dann glaubt, er besäße wirklich »besondere« Eigenschaften, verliert seine rhetorische Distanz, die Voraussetzung ist, um flexibel zu beeinflussen.

Sieben Verhaltensweisen sind notwendig, um charismatisch zu werden:
1. Außergewöhnliche Handlungen
2. Unabhängigkeit von der Meinung anderer
3. Neue Gebote verkünden
4. Regelfremdes Denken
5. Ablehnen von Bürokratie
6. Als Überzeugungstäter erscheinen, dem das Geld egal ist
7. Kein Geld annehmen, außer für die Umsetzung der »guten« Sache

1. Handeln Sie »ungewöhnlich«
Niemand sagt über einen anderen, er sei etwas »Besonderes«, wenn der sich ebenso gewöhnlich verhält wie man selbst. Das Alltägliche ist gewöhnlich. Außeralltäglich sind alle die Verhaltensweisen, die Ihre Zielpersonen so bezeichnen würden. Gehen Sie bei der Bestimmung dessen, was ungewöhnlich ist,

also nicht von sich selber aus, denn sich selber brauchen Sie von Ihrem Charisma schließlich nicht überzeugen.

Beispiel:
Für Ihren Arbeitskollegen ist es unüblich, dass Sie sich einen größeren Wagen als er selber, ein besseres Haus, eine schönere Freundin, einen besseren Sport als er selber leisten. Für die anderen Arbeitskollegen ist es außergewöhnlich, wenn Sie als Einziger im Anzug im Büro erscheinen, einen norddeutschen Dialekt sprechen, mit dem Chef per Du sind.

Fragen Sie sich, wie der Alltag Ihrer Zielpersonen aussieht. Welche Routinen haben sich eingeschlichen, was würden viele gerne einmal ändern, wenn sie nicht zu phlegmatisch wären? Denken Sie am Anfang noch nicht an große Veränderungen, sondern beginnen Sie im Kleinen. Testen Sie die Reaktion der Zielpersonen und entwickeln Sie ein Gespür dafür, welche Aktivitäten Bewunderung hervorrufen.

Beispiel:
Eine Unternehmensberatung führte in einem großen Unternehmen, in dem seit vielen Jahrzehnten Konflikte unausgesprochen blieben, einen Kummerkasten ein. Anonym konnte sich nun jeder Mitarbeiter über Missstände beschweren. Der externe Manager wurde daraufhin wegen seiner »außergewöhnlichen« Methoden bekannt.

2. Pfeifen Sie demonstrativ auf die Meinung anderer

Gründe deine Meinung nicht auf den Ansichten anderer. Unabhängig für sich selbst zu denken, ist ein Zeichen von Furchtlosigkeit.
Mahatma Gandhi

Platzieren Sie sich als stark und unabhängig. Geben Sie sich ungerührt von dem, was andere über Sie sagen und denken. Bitte beachten Sie: Selbstverständlich können Sie betroffen sein und tief im Inneren keineswegs unabhängig von der Meinung anderer, nur dürfen Sie sich das niemals, wirklich niemals anmerken lassen. Rhetoriker sind keine »Menschen«, sie spielen eine Rolle.

Beispiel:
Wenn Sie ein Konzept zum Business-Reengineering vorschlagen, dann kümmert es Sie nicht, wie viele Opponenten es gibt. Wenn Sie ein Marketingkonzept haben, dann sind Sie überzeugt von dessen Wirksamkeit. Wenn Sie eine Neuerung einführen, dann ist es Ihnen gleichgültig, wie sehr Sie von anderen belächelt werden.

3. Verkünden, schaffen, fordern Sie neue Gebote

Neuerungen wecken Erstaunen. Charismatisch wird häufig mit visionär assoziiert. Vor dem geistigen Auge erscheint ein gut gekleideter Geschäftsmann, den Blick himmelwärts gerichtet. Dieses Bild wird gerne vermarktet und in die eigene Unternehmensphilosophie eingebaut. Der Vorteil für Sie: Eine Unzahl von Marketingkampagnen hat zahlreiche gewöhnliche Menschen davon überzeugt, an die Besonderheit so genannter Visionäre zu glauben. Wenden Sie sich also diesen bereits bestehenden Zielgruppen zu und bieten Sie ihnen etwas an. Dass es wirklich neu sein muss, ist nicht nötig. Hauptsache, Ihre Zielpersonen glauben es.

Beispiel:
Zu Übungszwecken versuchen Sie, von verschiedenen Bankfilialen einen Kredit für eine neue Geschäftsidee zu bekommen. Das ist ein gutes Feld, um sich im Verbreiten von Visionen zu üben. Verkünden, schaffen und fordern Sie Unterstützung für Ihre Geschäftsidee. Beginnen Sie mit realistischen Visionen. Nach ersten Erfolgen steigern Sie sich dann bis zu ganz absurden Geschäftsideen. Wenn Sie auch dafür einen Kredit eingeräumt bekommen, dann beherrschen Sie einen wichtigen Aspekt, der zur Zuschreibung von Charisma führt.

4. Fallen Sie durch unkonventionelles Denken auf

Unkonventionelles Denken ist mutig, bedeutet Unabhängigkeit und kündigt einen Wechsel der Führerschaft an. Fallen Sie dadurch auf, bleiben Sie aber immer im Rahmen des Bestehenden. Es geht darum, bei Zielpersonen bewundernde Reaktionen zu ernten. Es geht nicht darum, wirklich zu revoltieren.

Beispiel:
Unkonventionelles Denken ist, wenn Sie im naturwissenschaftlichen Umfeld geisteswissenschaftliche Ansätze propagieren, wenn Sie als Theologe naturwissenschaftlich argumentieren oder wenn Sie als Verkaufsleiter Erkenntnisse der Evolutionstheorie einbringen.

5. Behaupten Sie, jegliche Bürokratie abzulehnen

Bürokraten gelten als engstirnig, kleine Korinthenkacker, die den Blick für das Ganze verloren haben. Als zukünftiger Charismatiker geben Sie vor, solche Beschränkungen anderen zu überlassen, denn Sie sehen das große Ganze. Sie sind ein Macher und keiner, der aufschreibt und kontrolliert, was gemacht wird.

Beispiel:
Bemerken Sie in einem zähflüssig sich dahinziehenden Meeting: »Jetzt ist es kurz vor zwölf und ihr sitzt immer noch da und diskutiert über Formalitäten. Nur eins zählt aber im Moment: zu retten, was zu retten ist. Also Schluss mit den Formalitäten und ran an die praktische Sofortlösung. Aus meiner Sicht muss Folgendes stattfinden: ...«

6. Handeln Sie immer aus Überzeugung, nie kleinlicher Vorteile wegen

Wer im Verdacht steht, nur seine eigenen Vorteile zu verfolgen, dem wird bestimmt kein Charisma zugeschrieben. Der Schein des Selbstlosen gehört zum Charisma dazu. Wer sich für seine Überzeugungen aufopfert zum Wohle anderer, der wird gerne gesehen. Also, geben Sie sich selbstlos.

Beispiel:
Seit Jahren scheint es, als stünden Sie leidenschaftlich hinter Ihrer Abteilung. Sie kämpften für Privilegien und setzten neue Ideen um. Anscheinend uneigennützig, bis Ihr Engagement mit einer neuen Position belohnt wurde. Selbstverständlich ging es Ihnen niemals wirklich um das Wohl der Abteilung, sondern darum, im Unternehmen aufzusteigen – mit Erfolg.

7. Nehmen Sie kein Geld an, außer es dient der Umsetzung Ihrer Ideen

Halten Sie den Schein von Selbstlosigkeit aufrecht. Nehmen Sie Geld nur dann an, wenn es um die Verwirklichung der Ideen geht, wenn es für die Organisation, für die Firma, für die Menschheit, für die Kinder, für die Alten usw. ist.

Beispiel:
Wenn Sie ein Konzept zur Steigerung der Verkaufszahlen vorschlagen, dann tun Sie das selbstverständlich nicht, weil Sie als Projektleiter auf ein höheres Gehalt hoffen; wenn überhaupt von Geld gesprochen wird, dann lediglich von Investitionen zur Ermöglichung des Projekts und von den dadurch zu erzielenden Gewinnen.

Wenn Sie durch Training der einzelnen Verhaltensweisen imstande sind, alle Aspekte auf einmal zu erfüllen, dann besteht eine hohe Wahrscheinlichkeit, dass Ihre Zielpersonen Ihnen Charisma zuschreiben. Übung gehört dazu sowie der unbedingte Wille, durch Charisma Personen zu manipulieren. Das Wissen allein, wie man zu Charisma gelangt, begründet keines. Die Umsetzung unterscheidet den an Manipulation lediglich Interessierten von dem die Manipulation anwendenden Rhetoriker.

3. Schritt: Erhalt der Anhängerschaft

Nachdem Sie Ihren Zielpersonen derart aufgefallen sind, besteht die hohe Wahrscheinlichkeit, dass Ihnen Charisma zugesprochen wird. Wenn Sie das erreicht haben, geht es um die Sicherung der einmal erlangten Position. Das ist kein einfaches Geschäft. Von Ihnen wird erwartet, dass Sie Ihre Rolle täglich spielen, jeder Schritt wird beobachtet, jede Regung dokumentiert. Nutzen Sie das als Bühne. Um die erreichte charismatische Position zu behaupten, bieten sich zur Ergänzung folgende Techniken an: *Abhängigkeits-, Claqueur-, Intrigen-, Feindbild-, Vernichtungs-, Gruppen-, Lügen-, Sprachmanipulations-, Sündenbocktechnik.*

Tipp: Märtyrer-Verteidigungsstrategie

Es besteht ein direkter Zusammenhang zwischen Stärke und der Achtung, die man in den Augen anderer genießt.
Unbekannt

Ihre Position als charismatische Persönlichkeit bleibt bestehen, solange Sie Erfolge aufweisen. Bleiben die Erfolge einmal aus, dann besteht Gefahr, dass man Ihnen Ihre charismatischen Fähigkeiten abzuerkennen versucht. Schlimmstenfalls fordert man Sie zum Rücktritt auf. Dann heißt die erste Maxime: Gesicht wahren. Unlösbar mit einer charismatischen Persönlichkeit verbunden ist der feste Glaube der Anhängerschaft an das »Besondere« Ihrer Person. Geben Sie folglich zu keinem Zeitpunkt zu, dass Sie lediglich ein geschickter Manipulierer sind. Geben Sie niemals zu, geflunkert, die anderen ausgenutzt und in die eigene Tasche gewirtschaftet zu haben. Gestehen Sie keinem Menschen, erst recht nicht solchen, denen Sie vertrauen zu können glauben, dass Sie alles geplant und gezielt umgesetzt haben. Ganz im Gegenteil: Auch in der aussichtslosesten Situation behaupten Sie vehement, dass Ihre Entscheidungen richtig waren. Damit erschaffen Sie das Bild vom Fels in der Brandung, vom Verkannten, vom unschuldig Beschuldigten, der es gut gemeint hat und nun von seinen Gegnern angegriffen wird. Diese Märtyrer-Verteidigungsstrategie ermöglicht es Ihnen, auch zu einem späteren Zeitpunkt wieder auf Ihre Gefolgsleute zurückzugreifen und ein Comeback zu feiern.

Beispiel:

→ »Es ist eine historische Tatsache, dass in Österreich Leute an der Macht bleiben, die stehlen, betrügen, die vor Gericht lügen; aber jene, die die historische Wahrheit sagen, die werden zum Rücktritt gezwungen.«
(J. Haider zitiert nach Czernin (Hg.) (2000): Der Westentaschen-Haider, Czernin Verlag, Wien)

→ »Hab ich mich für Euch nicht eingesetzt? Euch alle meine Zeit geopfert? Bin ich nicht zu den Entscheidern gegangen, um für Euch zu sprechen? Und jetzt, da wir dem Ziel so nahe sind, wollt Ihr mich verlassen? Ich sage Euch: haltet durch. Wir sind dem Ziel nah.«

Aus dem Zusammenhang gerissen muten diese Worte pathetisch an. Sie werden aber merken, dass es meist von Erfolg gekrönt ist, wenn Sie die emotionale Seite Ihrer Zielpersonen ansprechen.

4. Schritt: Wirkungskontrolle
Die Anwendung der Charisma-Technik war dann erfolgreich, wenn Sie eines Tages Sätze wie diese über sich lesen:

»Als VW-Chef Piech den Manager Ignacio Lopez von Opel abwarb, ging diesem ein, vorsichtig gesagt, bizarrer Ruf voraus. Seine hagere Erscheinung passte perfekt zu seinem Spitznamen »Großinquisitor«, er nannte seine Untergebenen »Krieger«, forderte sie auf, täglich große Mengen Wasser zu trinken – und verlangte, dass sie als Zeichen ihrer Ergebenheit ihre Armbanduhr am rechten Handgelenk trugen.« (Welt am Sonntag online, 10.2.2002)

Skala der ethischen Bedenklichkeit

Eine erfolgreiche Anwendung der Technik erfordert das Überdenken folgender Verhaltensweisen:
→ Arglosigkeit ausnutzen
→ Hinterlistig vorgehen
→ Lügen

Claqueurtechnik

Ziele
→ Jemanden an mich binden
- Um von der eigenen Führungspersönlichkeit zu überzeugen

→ Jemanden beeindrucken
- Um Entscheidungsträger von der eigenen Leistung zu überzeugen
- Um die eigene Glaubwürdigkeit zu erhöhen
- Um respektiert zu werden
- Um von der eigenen »außergewöhnlichen« Persönlichkeit zu überzeugen

Diese Ziele erreichen Sie
→ Indem Sie Ihr eigenes Publikum mitbringen

Besondere Voraussetzungen
→ Keine

Überblick

Beeinflussung durch den Einsatz von Claqueuren ist eine durch und durch taktische Angelegenheit. Sie beruht auf der Erkenntnis, dass Menschen eine Art Herdenmentalität besitzen. Wenn viele etwas tun, dann muss das seinen Grund haben, also tue ich es auch.

Diese Verhaltensweise hat sich im Laufe der Entwicklung des Menschen bewährt und basiert auf der Erfahrung, dass einem Einzelnen weniger Gefahr droht, solange er tut, was alle tun.

Hintergrundwissen

Was ist ein Claqueur?

Als Claqueure bezeichnet man bezahlte Jubler und Applausspender bei Theateraufführungen. Sie sollen das Publikum animieren, ebenfalls zu klatschen oder zu jubeln. Man findet Claqueure bereits in der römischen Antike. Kaiser Nero, der seine eigenen Theaterstücke aufführen ließ, hielt sich eine eigene Jublergruppe, die so genannten Plausores. Ihre einzige Aufgabe bestand darin, so laut als möglich zu applaudieren.

Am Anfang des 19. Jahrhunderts tauchte die Claque (franz. Klaps) in Paris auf. Es heißt, dass zwei Herren namens Sauton und Porcher, beide Stammgäste des Pariser Opernhauses, um 1820 die Idee hatten, Applaus auf Bestellung anzubieten. Danach wurde es zu einer festen Einrichtung in den Theatern. Da gab es Lacher und Heuler, Johler, Klatscher und Zugabenschreier. Hector Berlioz schreibt in seinem Buch »Abendunterhaltungen im Orchester« über die echten Claqueure:

»Meister der Claque verachten Amateure, die applaudieren, ohne das Geheimnis des richtigen Applauses zu verstehen. Das Publikum hat keine Ahnung von gutem Applaus. Die Claqueure sind wahre Fachleute geworden. Ihr Beruf hat sich zu einer wahren Kunst entwickelt.«

Was bewirkt ein Claqueur?

Ein Claqueur animiert andere dazu, in eine Handlung einzustimmen. Weil er etwas vormacht (Klatschen, Lachen, Weinen, Rufen, Zustimmen, Ablehnen usw.), schließen sich die Personen in der näheren Umgebung meist ohne lange zu überlegen an. Wenn Sie sich wie Kaiser Nero eine Schar Claqueure zulegen, dann steigt die Wahrscheinlichkeit, dass »alle« tun, was Ihre Plausores vormachen.

Unterschätzen Sie nicht den Erfolg, den Sie durch Claqueure erzielen können. Selbst wenn immer noch einige denken, dass es für den beruflichen Aufstieg auf Inhalte oder gar Leistung ankomme, dann verabschieden zumindest Sie sich von dieser naiven Vorstellung. Leistung ist nur sekundär. Primär wird das berufliche Fortkommen durch die Anwendung der verschiedenen manipulierenden Tricks gesichert. Nichts anderes versteckt sich unter dem Mantel des Begriffs »soziale Kompetenz«. Eine dieser Techniken ist diese Claqueurtechnik, die Sie bei anderen sicher schon beobachtet haben. Nun wenden auch Sie sie an.

Nicht wer viel leistet, sondern wer andere für seine Zwecke verwendet, ist erfolgreich
Ein wissenschaftliches Experiment zweier Psychologen aus dem Jahr 1979 verdeutlicht, dass man mit Plausores weiter kommt als mit jedem noch so gut ausgearbeiteten Konzept:
Ein Schauspieler las Namen aus dem Hamburger Telefonbuch vor. Zwei Versuchsgruppen bekamen die Bildaufzeichnung dieses Vortrags vorgeführt. Die eine Gruppe hörte sich die Darbietung in der Form, wie sie aufgezeichnet wurde, in ziemlicher Ratlosigkeit an. Die andere Versuchsgruppe bekam die Aufzeichnung ebenfalls vorgespielt, aber mit einer Lach- und Beifallskulisse unterlegt, die von einer elektronischen Lachmaschine produziert wurde. Diese Versuchsgruppe lachte mit, und zwar, wie gesagt, über den Vortrag aus dem Hamburger Telefonbuch!
Ein noch so gutes Konzept zur Bewältigung einer komplizierten Aufgabe bringt Ihnen nichts ein, wenn Sie nicht andere dazu bringen, dieses als gut zu bewerten. Dazu ist es hilfreich, sich mit Personen zu umgeben, die von Anfang an auf Ihrer Seite stehen. Diese loben Ihr Konzept, heben Passagen hervor, ziehen positive Schlussfolgerungen oder nicken einfach nur zustimmend während Ihrer Präsentation. Da kann Ihr Konzept noch so schlecht sein, wenn die Claqueure begeistert sind, dann steigt die Wahrscheinlichkeit, dass die Entscheidungsträger es ebenfalls sind.

Wie funktioniert die Claqueurtechnik?

1. Schritt Auswahl der geeigneten Zielperson
2. Schritt Claqueure um sich scharen
3. Schritt Claqueure gezielt einsetzen
4. Schritt Wirkungskontrolle

Sie bestimmen zunächst Ihre Zielperson, also die Person, die beeinflusst werden soll. Das Mittel Ihrer Beeinflussung sind die Claqueure, die wiederum mit ihrem Verhalten unmittelbaren Einfluss auf Ihre Zielperson ausüben. Ihr direktes Agieren bezieht sich also auf die Claqueure, Ihr indirektes, verborgenes, auf die Zielperson.

Beispiel:
Um die Vorgesetzte Müller von Ihren Ideen zu begeistern, setzen Sie die Kollegen Meier, Schulze und Becker als Claqueure ein. Diese stimmen Ihnen zu, ergänzen Ihre Ausführungen durch Beispiele und betonen die Bedeutung Ihrer Ideen.

Die Claqueurtechnik wird bereits von vielen Leuten angewendet. Da bilden sich Gruppen und Cliquen, die Ideen aus ihrer Mitte protegieren, während sie andere mies machen. Diese Dynamik sollte Sie nicht vereinnahmen. Im Gegenteil, nutzen Sie sie für Ihre Zwecke. Überzeugen Sie so selbstverständlich wie immer durch Argumentation, erzielen Sie aber in Wirklichkeit den Erfolg durch ein im Vorfeld von Ihnen geplantes Arrangement der Claqueure. Investieren Sie Zeit in das Anwerben von Personen, die für Sie sind. Umschmeicheln Sie sie, kaufen Sie sie, setzen Sie sie notfalls unter Druck – aber Vorsicht, machen Sie sie sich nicht zu Feinden. Denn Claqueure sollen Fürsprecherfunktion ausüben.

1. Schritt: Auswahl der geeigneten Zielperson
Als Zielperson können Sie jede Person auswählen, die von etwas überzeugt werden soll. Das kann eine Idee sein, ein

Verkaufskonzept, ein bestimmtes Vorgehen, ein Themenvorschlag.

2. Schritt: Claqueure um sich scharen

Gute Claqueure findet man entweder sofort oder man zieht Sie sich systematisch heran.

Die erste Sorte kommt meistens ganz von alleine. Solche Claqueure »entstehen« durch Sympathie und Zuneigung: Kollegen, mit denen Sie sich auch privat gut verstehen, oder Kunden, zu denen Sie einen guten Draht haben. Pflegen Sie einfach den guten Kontakt und die Claque stellt sich beinahe von alleine ein. Wenn man die Wahl hat, dann mag es jeder lieber harmonisch als disharmonisch. Also unterstützen Sie einen guten Kollegen, wenn er eine Idee hat, auch dann, wenn Sie selber sie nicht so gut finden. Aber Sie tun ihm eben einen Gefallen. Dann sind Sie Claqueur. Und warum auch nicht? Umgekehrt wird Ihnen selber dann auch beigestanden, wenn's drauf ankommt – und wenn Sie Glück haben. Verlassen Sie sich aber nicht darauf. Es gibt kein Gesetz, das Gegenseitigkeit vorschreibt. Wenn Sie sich für einen Kollegen stark machen, dann heißt das noch lange nicht, dass er es auch für Sie tun wird. Wenn Sie auf Loyalität hoffen, dann sind Sie selber schuld. Auch Loyalität will gesteuert sein. Das heißt in diesem Fall:

Wenn Sie spüren, dass jemand Sie persönlich mag, der Ihnen auch beruflich nutzen könnte, dann ergreifen Sie diese Chance. Das bedeutet keineswegs, ein vertrauensvolles Freundschaftsverhältnis zu ihm aufzubauen. Aber es bringt Ihnen Vorteile, wenn Sie ihn glauben machen, dass ein solches entsteht bzw. vorhanden ist. Nur wenn Sie die rhetorische Distanz zu ihm einhalten, können Sie ihn als Claqueur planmäßig verwenden.

Die Freunde nennen sich aufrichtig, die Feinde sind es.
Arthur Schopenhauer

Beispiel:
Sie merken, dass Herr Müller Sie sympathisch findet. Er erzählt offenherzig von seiner Freizeit und vertraut Ihnen im Laufe der Zeit so einige Details aus seinem Privatleben an. Nun kalkulieren Sie: Nutzt er Ihnen mehr als

Wie funktioniert die Claqueurtechnik?

Freund oder aber als Netzwerker, der Sie durch seine guten Geschäftskontakte weiterbringen könnte. Wenn Sie ihn als bloßen Freund wollen, dann ist das nicht rhetorisch gedacht. Denn er bringt Ihnen nur dann etwas ein, wenn Sie von ihm profitieren. Sie profitieren dann von ihm, wenn jener glaubt, dass Sie ihn »auch« mögen. Also lassen Sie ihn das glauben.

Wenn sich Claqueure nicht wie von selbst einstellen, dann müssen Sie sich diese eben erarbeiten.

Um Zuneigung von Personen zu erlangen, können Sie die *Attraktivitäts-*, *Einschmeichel-* oder *Aktualisierungstechnik* einsetzen.

Eine ganz andere Möglichkeit besteht darin, Personen auszuwählen, die sich von Ihnen Vorteile versprechen.

Beispiele:
- → Mitarbeiter Müller schleicht schon die letzten Monate um Sie herum. Er verspricht sich durch einen guten Kontakt mit Ihnen Zugang zu einer höheren Position. Er wäre ein geeigneter Claqueur, wenn es um Fragen geht, bei denen auch seine Meinung wichtig ist. Zum Beispiel bestimmte fachliche Themen.
- → Die junge Assistentin der Geschäftsführung flirtet Sie heftig an. Das nutzen Sie sofort aus, um sie zu verwenden. Es ist fast immer vorteilhaft, sexuelle Neigung oder Gefühle von Liebe, die andere Ihnen entgegenbringen, auszunutzen. Schließlich wollen diejenigen, die Sie mögen, dass es Ihnen gut geht.
- → Mitarbeiter Meier hat eine schlechte Statistik. Er schielt auf Ihre Erfolge und versucht, sich mehr oder weniger unauffällig von Ihnen etwas abzugucken. Auch das ist ein geeigneter Claqueur, der Ihnen auch öffentlich bei vielerlei zustimmt, weil er damit seine eigenen egoistischen Ziele verfolgt. Solche Claqueure sind berechenbar, da sie ähnlich wie Sie motiviert sind.

Achten Sie bei der Auswahl der Claqueure auch auf deren Verfügbarkeit. Ein Claqueur, der an entscheidenden Teamsitzungen nicht teilnehmen darf, weil er nicht dazugehört, bringt Ihnen gar nichts.

Ihre Plausores müssen Sie sich nicht unbedingt langwierig

heranziehen. Sie können auch zeitnah geschaffen werden. Zum Beispiel wenden Sie sich kurz vor einer Teamsitzung vertraulich an die einzelnen Teammitglieder und checken deren Positionen ab:

→ Wer vertritt was?
→ Wer steht auf meiner Seite?
→ Wer ist gegen mich?

Gruppieren Sie sich dann mehr oder weniger unauffällig zu denen, die Ihre Ansicht teilen. Stimmen Sie in einen Kanon ein, erörtern Sie Argumente, die Ihre Auffassung stärken. Und generieren Sie sich dann als Sprecher dieser Truppe. In der Stunde der Wahrheit haben Sie eine Schar Gleichgesinnter neben und hinter sich.

3. Schritt: Claqueure gezielt einsetzen
Je besser es Ihnen gelingt, Ihre Claqueure an sich zu binden, desto flexibler sind die Einsatzmöglichkeiten. Wie ein Stab, der Sie begleitet, scharen Sie um sich die Plausores. Damit potenziert sich Ihr Einfluss. Personen, die mit Gefolge auftreten, erscheinen gewichtiger. Vergessen Sie dabei nicht, Ihre Claqueure auch zu pflegen. Geben Sie Ihnen in kleinen Portionen, was diese sich von Ihnen erhoffen (Zuneigung, Sympathie, sonstige Vorteile). Geben Sie sich gegebenenfalls freundschaftlich, seien Sie aber niemals vertraulich. Arbeiten Sie mit der *Reziprozitätstechnik* und halten Sie unbedingt den Grundsatz der rhetorischen Distanz ein. Wenn Sie eines Tages keine Verwendung mehr für sie haben, dann entledigen Sie sich ihrer. Vergewissern Sie sich aber vorher, dass Sie auch wirklich niemals mehr auf sie zurückgreifen müssen.

4. Schritt: Wirkungskontrolle
Wenn Sie für sich selber den Effekt Ihrer Bemühungen einschätzen wollen, dann nehmen Sie die Zeit als Vergleich, als Sie sich noch nicht bewusst um den Einsatz von Claqueuren

gekümmert haben. Wenn Sie meinen, nun erfolgreicher zu sein, dann herzlichen Glückwunsch.

Zum Schluss aber noch ein Hinweis zur Behandlung von Claqueuren. Sobald Sie bemerken, dass einer Ihrer Claqueure über sein Ziel hinausschießt, weisen Sie ihn in die Schranken. Mit anderen Worten: Claqueure dürfen niemals mehr tun, als Ihre Aktionen positiv zu fördern. Allerdings besteht immer die Gefahr, dass die Claqueure Sie wiederum dazu benutzen, um sich selber in ein positives Licht zu rücken.

Beispiel:
Sie haben Frau Deggendorf als Claqueurin gewonnen. Während einer Sitzung bewertet diese Ihre Ausführungen jedoch nicht nur positiv, sondern nimmt das zum Anknüpfungspunkt, um einen eigenen Vorschlag zu unterbreiten. Dieser erweckt dann größeres Interesse als Ihr Vorschlag.

Hier also bitte wachsam sein, damit Ihr Claqueur nichts anderes tut, als höchstens die Kernelemente Ihrer Aussage zu wiederholen. Nur dann findet eine positive Multiplikation Ihrer Aussage statt.

Skala der ethischen Bedenklichkeit

Eine erfolgreiche Anwendung der Technik erfordert das Überdenken folgender Verhaltensweisen:
→ Arglosigkeit ausnutzen
→ Hinterlistig vorgehen
→ Lüge

Dissonanztechnik

Ziele
→ Jemanden in Sicherheit wiegen
  - Um einfach nur seine Ruhe zu haben
  - Um nicht weiter vereinnahmt zu werden
→ Jemanden verunsichern

Diese Ziele erreichen Sie
→ Indem Sie jemanden in innere Widersprüche treiben oder bestehende abschwächen

Besondere Voraussetzungen
→ Keine

Überblick

Es sind die kleinen Bemerkungen am Arbeitsplatz, die dazu führen, dass sich jemand gut oder schlecht fühlt. Es ist gut zu wissen, wie man derartige Stimmungen hervorrufen, bestärken oder abschwächen kann. Experimentieren Sie damit und loten Sie Ihre Grenzen aus. Viel Spaß!

Hintergrundwissen

Was ist Dissonanz?

Jeder Mensch ist bestrebt, sich eine Art inneres Gleichgewicht zu erhalten. Wenn Sie sich für eine von zwei Handlungen entscheiden, dann können Sie, das liegt in der Natur der Sache, nur eine von den beiden ausführen. Wenn Sie danach dann erfahren, dass die andere Handlungsalternative aber viel vorteilhafter für Sie gewesen wäre, dann gerät Ihr inneres Gleichgewicht durcheinander. Sie fühlen sich unangenehm. Diesen Zustand nennt man kognitive Dissonanz.

→ Kognitiv = erkenntnisbezogen
→ Dissonanz = Nichtübereinstimmung

Beispiel:
Sie haben sich für eines von zwei Jobangeboten entschieden. Hinterher erhalten Sie positive Informationen von dem anderen Job. Sie ärgern sich und fühlen sich dissonant.

Übersteigt dieser Zustand ein gewisses Maß, kommen automatisch »Selbstheilungsprozesse« in Gang, die dieses unangenehme Gefühl beseitigen oder reduzieren sollen. In der Sozialpsychologie nennt man das Dissonanzreduktion.

Beispiel:
Wenn Sie nach einigen Monaten erfahren, dass eine Bekannte genau den Job angenommen hat, den Sie ausgeschlagen haben, und dass diese inzwischen bei gleicher Qualifikation das Doppelte verdient, dann fühlen Sie sich schlecht. Sie ärgern sich umso mehr, als Sie mit dem, was Ihre Bekannte jetzt verdient, die Hypothek Ihrer Eigentumswohnung doppelt so schnell abbezahlen könnten. Schließlich halten Sie diesen Zustand nicht mehr aus. Sie besprechen sich mit Freunden und suchen nach Rechtfertigungsgründen, die Sie beruhigen. Alles, was Sie wollen, ist, bestätigt zu bekommen, dass es so, wie es jetzt ist, richtig ist. Sie wollen wieder Konsistenz empfinden, wieder das innere Gleichgewicht herstellen.

Wie entsteht Dissonanz?

Kognitive Dissonanz entsteht, wenn Elemente des Bewusstseins (kognitive Elemente), z.B. Kenntnisse, Meinungen, Werte und Verhaltensweisen, nicht miteinander vereinbar (dissonant) sind. Solche Dissonanzen können durch Information erzeugt und verstärkt werden. Kognitive Dissonanzen sind gute Rahmenbedingungen für Beeinflussungen, denn Personen mit Dissonanzen sind verunsichert. Sie suchen nach neuen Lösungen, um Dissonanzen zu verringern. Hier setzen Sie an. Sie bieten neue Lösungen an.

Wie funktioniert die Dissonanztechnik?

1. Schritt Auswahl der geeigneten Zielperson
2. Schritt Dissonanzen erzeugen
3. Schritt Bestehende Dissonanzen (in böser Absicht) abschwächen
4. Schritt Wirkungskontrolle

1. Schritt: Auswahl der geeigneten Zielperson

Es eignen sich unsichere Menschen und Personen, die immer alles richtig und es jedem recht machen wollen. Wenn es Ihnen gelingt, diese Personen in dissonante Zustände zu versetzen, dann geraten diese allmählich in eine psychisch labile Verfassung. Durch ständige Selbstvorwürfe werden sie abgelenkt und erbringen schlechtere Leistungen.

2. Schritt: Dissonanzen erzeugen

Dissonanzen lassen sich durch kleine Bemerkungen ganz nebenbei erzeugen. Es ist so einfach, dem anderen ein ungutes Gefühl zu verschaffen.

Beispiele:

→ »Hast du schon mitbekommen, dass Kollegin Meier die Position bekommen hat, auf die auch du dich beworben hast?«

Wie funktioniert die Dissonanztechnik?

- »Der Chef hat sich in die junge Eckart verliebt, dabei dachten eigentlich alle, dass du genau sein Typ seiest ...«
- »Schade, dass du nicht mitgekommen bist. Jeder von uns hat gute Kontakte geknüpft und viele Einladungen bekommen. Na ja, das nächste Mal!«
- »Du machst deine Arbeit immer so genau. Find' ich prima, obwohl Kollege Müller mit seinem Durchmauscheln ja viel erfolgreicher zu sein scheint.«
- »Hast du gehört, wir sollen alle auf PowerPoint präsentieren. Aber die Folien, die du gemacht hast, sind sicher auch okay ...«

Wenn eine Person sich bereits für eine Handlungsalternative entschieden hat, dann wird es sie besonders treffen, wenn Sie beiläufig die Vorteile der verschmähten Alternative erwähnen.

Beispiele:
- »Du hast also den Flug gebucht? Das ist sicher okay, obwohl ich jetzt herausgefunden habe, dass du mit dem Wagen schneller dort gewesen wärst ...«
- »Hast du das jetzt alles abgeschrieben? Was für eine Arbeit du dir gemacht hast. Hättest du doch bei Frau Müller nachgefragt, die hat von jedem und allem immer eine Kopie im Computer ...«
- »Aha, du hast jetzt Windows XP gekauft? Sehr gut, obwohl die meisten Laptops das ja bereits dabeihaben ...«
- »Ah, du hast dem Chef gesagt, dass du alles kopieren willst? Das ist bestimmt in Ordnung so, obwohl er es ja lieber hat, wenn man die Originale doppelt anfertigt ...«

Wenn Sie offen agieren, auch wenn es nur kurze scheinbar nebensächliche Aussagen sind, dann merkt Ihre Zielperson, dass Sie ihr nicht wohlgesinnt sind. Sie machen sich damit unsympathisch, was nicht immer zielführend ist. Überlegen Sie daher, ob Sie es sich leisten können, einen offensichtlichen »Feind« zu haben, oder nicht lieber mit anderen Techniken verborgener agieren.

3. Schritt: Bestehende Dissonanzen (in böser Absicht) abschwächen

Besonders unauffällig schaden Sie Ihrer Zielperson, wenn Sie bereits in ihr bestehende Dissonanzen abschwächen. Nach außen scheint es dann so, als ob Sie Gutes tun, in Wirklichkeit schaden Sie. Ihre Absichten reichen von bewusst Schaden zufügen bis einfach nur seine Ruhe haben wollen.

Beispiele:
- »Ich sollte vielleicht doch mal aufhören zu rauchen.« (= bestehende Dissonanz)
»Ach ja, vielleicht wenn du nicht mehr so viel Stress hast. Ich denke, es muss sowieso erst mal klick im Kopf machen, bevor man damit aufhören kann.« (= scheinbar gut gemeinter Rat, der aber innerlich das Ziel verfolgt: Der bzw. die soll weiterrauchen und sich ruhig damit schaden)
- »Das hätte ich vielleicht doch nicht kaufen sollen.« (= bestehende Dissonanz)
»Warum denn, ich finde das ganz prima. Es passt so gut zu dir.« (= scheinbar gut gemeint, aber in Wirklichkeit eine Lüge mit dem Ziel, keine weiteren Diskussionen darüber führen zu müssen)
- »Jetzt heißt es, dass es viel bessere Geräte gibt.« (= bestehende Dissonanz)
»Es gibt immer bessere Geräte, aber überleg, dass du es günstig bekommen hast, und freu dich doch auch einmal an dem, was du hast!« (= Art gut gemeinter mütterlicher/väterlicher Einwand mit dem Ziel, rasch seine Ruhe zu haben und möglichst schnell wieder Harmonie herzustellen, in dem Wissen, dass es wirklich bessere Geräte gibt)
- »Wir hätten vielleicht doch gründlicher recherchieren sollen.« (= bestehende Dissonanz)
»Wieso denn, wir haben doch wirklich so vieles berücksichtigt, mehr geht nicht.« (= Bemerkung mit dem Ziel, sich nicht mehr Arbeit zu machen als nötig)

4. Schritt: Wirkungskontrolle

Es ist nicht immer einfach, gemein zu sein. Das ist ein Lernprozess, der durch die Erkenntnis initiiert wird, dass die lieben und guten Menschen nicht die erfolgreichsten sind. Wer sich nicht wehrt und gleiche Methoden anwendet, der wird Opfer bleiben. Üben Sie sich darin, gemein zu sein, und werden Sie Meister, indem Sie noch hinterhältiger als die anderen vorgehen.

Skala der ethischen Bedenklichkeit

Eine erfolgreiche Anwendung der Technik erfordert das Überdenken folgender Verhaltensweisen:
→ Arglosigkeit ausnutzen
→ Hinterlistig vorgehen
→ Lügen

Einschmeicheltechnik

Ziele
- Jemanden an mich binden
  - Weil es nützlich ist, von ihm geschätzt zu werden
- Jemanden dazu bringen, Sympathie zu empfinden
  - Weil dieser Vorteile verschaffen kann
- Jemandem etwas Gutes tun
  - Damit auch ich zu gegebener Zeit ein bestimmtes Verhalten »einfordern« kann

Diese Ziele erreichen Sie
- Weil Sie wissen, wie effektiv gutes »Schleimen« ist

Besondere Voraussetzungen
- Keine

Überblick

Sich bei einer bestimmten Person einzuschmeicheln, weil Sie wollen, dass diese Sie mag, ist nichts Besonderes. Aber sich bei ihr einzuschmeicheln nur mit der Absicht, dadurch Vorteile zu erzielen, ist eine ganz andere Sache. Denn dann geht es um den Einsatz einer rhetorischen Taktik, der *insinuatio*.

Hintergrundwissen

Was ist Einschmeicheln?

Einschmeicheln ist eine alte rhetorische Technik, die vor allem in der antiken Gerichtsrede angewandt wurde. In rhetorischer Terminologie wird sie als *Insinuatio* bezeichnet, was von dem lateinischen *se insinuare* stammt, also *unbemerkt in das Innere eindringen, sich einschleichen*. Wenn zur Zeit der römischen Kaiser in einem Gerichtsverfahren ein Fall aussichtslos war und der Angeklagte so unsympathisch, dass alles verloren schien, dann war die *Insinuatio* häufig die letzte Möglichkeit, die Richter doch noch umzustimmen. Raffiniert wurde darauf hingewiesen, dass man aufgeregt sei, vor so angesehenen Richtern sprechen zu dürfen, dass man fürchte, die Richter zu verärgern, und deswegen so manches nicht angesprochen habe, dass man es kaum wagen dürfe, noch weitere Aufmerksamkeit zu erwarten.

Wenn man Einschmeicheln definieren will, dann am besten so: Äußerungen und Verhaltensweisen, die eine Wertschätzung des anderen zum Ausdruck bringen, obwohl diese nicht oder nicht im geäußerten Ausmaß vorhanden ist, in der Absicht, dadurch Vorteile zu erzielen.

Was bewirkt Einschmeicheln?

Die Effektivität des Einschmeichelns resultiert aus der Tatsache, dass eine Person, die meint, dass eine andere Person sie mag, dazu tendiert, diese im Gegenzug ebenfalls zu mögen.

Psychologen behaupten, dass Sympathie wiederum Sympathie erzeugt. Denn Menschen bevorzugen stabile Gleichgewichtszustände. Ein solches Gleichgewicht bestünde aber nicht, wenn eine Person eine andere mögen würde, ohne dass dieses Gefühl erwidert wird. Sie manipulieren eine Person also, indem Sie ihr durch Schmeicheleien vortäuschen, sie zu mögen. Im Gegenzug, der ja in Wirklichkeit kein Gegenzug ist, weil Sie diese Person nicht ausstehen können, wird sie Sie »auch« mögen. Damit verschaffen Sie sich eine äußerst günstige Position: Das Opfer mag Sie und wird aus diesem Grund

Der Schmeichelei gehen auch die Klügsten auf den Leim. (Même les plus sages tombent en proie à la flatterie.)
Molière

geneigt sein, Ihnen den einen oder anderen Gefallen zu erweisen. Ihnen dagegen ist Ihr Opfer vollkommen gleichgültig, solange es nur tut, was Sie von ihm wollen. Das ist eine hervorragend verdeckt-hierarchische Ausgangsposition, die Sie als Manipulator auszeichnet.

Wie funktioniert die Einschmeicheltechnik?

Die Einschmeicheltechnik arbeitet mit Schmeicheleien, Komplimenten und weiteren wirkungsvollen Schleimereien zur Beeinflussung und Steuerung von Zielpersonen. Vorsicht: Sie ist nur für berechnende Rhetoriker geeignet. Achten Sie auf rhetorische Distanz. Sie ist nicht für diejenigen geeignet, die sich ehrlich einschmeicheln wollen. Denn Ehrlichkeit ist keine Kategorie der verbotenen Rhetorik.

1. Schritt   Auswahl der geeigneten Zielperson
2. Schritt   Individuell einschmeicheln
3. Schritt   Effektive Einschmeichelmethoden einsetzen
4. Schritt   Wirkungskontrolle

1. Schritt: Auswahl der geeigneten Zielperson
Wirkungsvolles Einschmeicheln setzt einen hierarchischen Kontext voraus. Denn die *Insinuatio* gehört zu den wenigen zur Verfügung stehenden Möglichkeiten, um hierarchiehöhere Personen (Vorgesetzte, Personalentscheider, Autoritätspersonen usw.) zu beeinflussen.

2. Schritt: Individuell einschmeicheln
Eines muss unter allen Umständen beim taktischen Einschmeicheln vermieden werden: Als Schleimer aufzufallen und abgestempelt zu werden. Die Nachteile, die Ihr soziales Umfeld Sie spüren lässt, könnten sich für Ihr konsequentes Vorgehen störend auswirken. Jeder weiß im Grunde, dass geschicktes Einschmeicheln eine erfolgreiche Beeinflussungs-

methode darstellt. Aber sie ist anrüchig. Sie wird als anbiedernd oder als erniedrigend bewertet. Dass sie in Wirklichkeit eine rhetorische Tradition hat und als politische Komplimentierkunst wahre Meister im Einschmeicheln hervorbrachte, ist kaum bekannt. Um aber weiterhin von den anderen akzeptiert zu sein, sollten Sie Schmeicheleien stets so vorbringen, dass Sie damit nicht oder nur wenig auffallen.

Dazu sollten Sie folgende Grundsätze befolgen:

Nicht in Gegenwart anderer schmeicheln
Das ist auch gar nicht nötig, denn eine Schmeichelei zeigt die gleiche Wirkung, wenn Sie mit einer Person alleine sind. Denken Sie an die Hierarchie: Wenn jemand von oben nach unten schmeichelt, das typische Beispiel ist Lob, dann schadet es nichts, wenn andere zugegen sind. Niemals ist der Chef ein Schmeichler, nur weil er einen Mitarbeiter für getane Arbeit lobt. Umgekehrt sieht das anders aus. Wenn Mitarbeiter Müller vor allen seinen Chef lobt, dann wird das entweder als Impertinenz oder als Schleimerei aufgefasst. Also verschieben Sie Ihre Schmeichelei auf einen Moment, in dem Sie mit Ihrem Schmeichelopfer unter vier Augen sind. Wenn Sie dann möglicherweise das rechte Maß nicht einhalten und etwas übertreiben, dann schadet das nicht weiter. Garnieren Sie Ihr Schmeichelmenü sicherheitshalber mit etwas Schüchternheit und gehöriger Bewunderung.

Beispiele:
→ »Sie haben die Japaner aber ganz schön um den Finger gewickelt.«
→ »Ich weiß nicht, wie Sie das alles schaffen. Von morgens bis abends in der Firma und dann sehen Sie immer noch so perfekt aus.«
→ »Ja, wenn der Chef was anfängt, dann wird das auch!«

Wenn doch, dann bloß nicht übertreiben
Es lässt sich nicht immer umgehen, dass manche Zielpersonen Ihnen eben nur in Gesellschaft anderer Menschen begegnen. Hier heißt dann die Devise: bloß nicht übertreiben. Nutzen Sie die anderen als Tarnung, indem Sie diese dazu animieren, in Ihre Schmeichelei mit einzustimmen.

Beispiel:
Wenn Sie sich beim neuen Teamleiter einschmeicheln möchten, dann beziehen Sie die anderen in Ihre Lobhudeleien mit ein: »Also, seit Sie das Team leiten, hat sich die ganze Atmosphäre hier verändert. Wir sind alle viel gelöster und motivierter, oder?« Ein auffordernder Blick in die Runde und die Kollegen schließen sich dem Lob an. Ja, und dann ist auf einmal jeder ein Schleimer.

Ein anderer Weg heißt: andere loben, aber die Zielperson meinen. Dafür bedarf es dann keiner Absicherung durch die anderen, weil das Lob objektiv gehalten ist.

Beispiel:
Wieder wollen Sie sich beim Teamleiter einschmeicheln. Diesmal formulieren Sie so: »Die Leistung des Teams hat sich gesteigert. Wir verkaufen jetzt doppelt so viel wie im letzten Monat.«

Schließlich bleibt noch, die Leistungen der Zielperson für alle nachvollziehbar zu resümieren.

Beispiel:
»Seit Sie Teamleiter sind, kommen wir alle pünktlicher. Wir arbeiten effizienter und gehen strukturierter vor. Dadurch erreichen wir unsere Ziele. Ich bin einfach der Meinung, dass Sie das wissen sollten.«

Unauffällig schmeichelnde Gestik und Mimik einsetzen
Schmeicheleien müssen nicht immer ausgesprochen werden. Auch ein mit Kalkül eingesetzter bewundernder Blick, die in Gegenwart der Zielperson gezeigte Nervosität oder Fahrigkeit und vor Aufregung gerötete Wangen zeigen, wie sehr Sie die hierarchiehöhere Person respektieren. Das schmeichelt schon, wenn man das spürt!

Beispiel:
Bei der internen Stellenvergabe wird eine Mitarbeiterin für die Marketingabteilung gesucht. Während alle anderen Bewerber sich sachlich kompetent und fachlich abgeklärt gegeben haben, betreten Sie den Raum

Wie funktioniert die Einschmeicheltechnik?

mit deutlich gezeigter Nervosität. Sie laufen bei Fragen rot an, stottern ein wenig und hakeln manchmal vor Aufregung mit Ihren Fingern. Dennoch antworten Sie kompetent. Sie überzeugen mit Ihrer Fachlichkeit wie alle anderen. Aber Sie demonstrieren mit dem gezeigten Verhalten darüber hinaus, dass diese Stelle für Sie etwas ganz Besonderes bedeutet, ein Aufstieg, den Ihnen das Unternehmen ermöglicht. Sie geben zu verstehen, dass Sie sich für diese Chance mit größtem Einsatz erkenntlich zeigen werden. Die anderen werden dann erstaunt sein, dass man sich für Sie als der (scheinbar) Aufgeregteste unter allen, entschieden hat.

Die Kunst des guten Einschmeichelns ist nicht zu vergleichen mit einem plumpen Kompliment. Einschmeicheln orientiert sich ausschließlich an den Rezeptoren Ihrer Zielperson. Das heißt: Es kommt nicht darauf an, etwas Gefälliges zu sagen, sondern darauf, genau das zu sagen, was Ihre Zielperson als schmeichelhaft empfindet.

Beispiel:
Einer erfolgreichen, emanzipierten Frau werden Sie nur ein müdes Lächeln abgewinnen können, wenn Sie Ihre schönen Beine loben. Ein Lob ihrer Intelligenz, ihres analytischen Verstandes oder ihrer Kreativität wird hingegen ungleich stärker wirken. Dagegen wird eine aufwändig frisierte, kurz berockte Sekretärin, die offensichtlich erheblichen Zeitaufwand in ihre äußere Erscheinung investiert, irritiert sein, wenn Sie ihre zur Schau gestellten Reize nicht entsprechend würdigen.

Daher ist eine Planungsphase unvermeidlich, in der Sie die Zielperson beobachten und daraus Ihre Schlüsse ziehen. Nehmen Sie sich dafür Zeit. Achten Sie auf jede Kleinigkeit: Kleidung, Automarke, Gesprächsthemen, geäußerte Absichten.

Beispiel:
Wenn Sie sich bei Ihrer Chefin beliebt machen wollen, dann finden Sie vorher heraus, was ihr wohl gefallen könnte. Gehört sie zu den Personen, die sich gerne die Aktentasche tragen lassen, oder fallen Sie ihr sofort unangenehm auf, wenn sie das tun? Vielleicht mag Ihre Chefin gerne Blumen und freut sich, wenn Sie ihr jede Woche einen frischen Strauß auf den Schreibtisch stellen. Es kann aber auch sein, dass sie es eher schätzt,

wenn Sie ihr unaufgefordert ein Virenschutzprogramm installieren oder ein neues Buchhaltungsprogramm besorgen.

Solange die Schmeichelei in einer Handlung besteht, tauchen wenig Schwierigkeiten auf. Delikater wird es, wenn es an das verbale Einschmeicheln geht. Was sagen Sie Ihrer Zielperson, um zu gefallen? Wie vermeiden Sie lächerliche Situationen? Und wie vermeiden Sie es, als »Schleimer« entlarvt zu werden?

3. Schritt: Effektive Einschmeichelmethoden einsetzen
Die vier effektivsten Einschmeichelmethoden sind:
1. Zielperson Wertschätzung vorspielen
2. Sich selber als nutzbringend verkaufen
3. Durch Dritte angepriesen werden
4. Meinungskonformität herstellen

1. Zielperson Wertschätzung vorspielen
Der klassische Weg des Einschmeichelns geht über eine Behauptung. Sie behaupten, dass Ihrer Zielperson ein bestimmter Wert zukomme. Dieser wird von Ihnen überhöht dargestellt. Das ist das, was man sich herkömmlich unter dem Begriff »Schmeichelei« vorstellt: Loben, Preisen und Komplimente machen.

Beispiele:
→ »Ich finde, du bist eine total tolle Verkaufsleiterin!«
→ »Ich könnte niemals so gut wie du organisieren!«
→ »Sie können ja wirklich jeden Kunden um den Finger wickeln!«
→ »Dem Meier waren Sie haushoch überlegen, Chef!«

Machen Sie sich aber nichts vor: Die Zielperson wird Ihnen solche Äußerungen nur dann abnehmen, wenn Sie Ihre Rolle gut spielen. Die meisten Menschen spüren, wenn man Sie in Wirklichkeit nicht mag. Hier heißt es also, den Gegner nicht zu unterschätzen. Dennoch ist die Gefahr nicht sehr groß, dass Schmeichelei als Schleimerei erkannt wird. Dafür hört man einfach zu gerne positive Dinge über sich selber. Selbst

Wie funktioniert die Einschmeicheltechnik?

wenn unvoreingenommene Zuhörer längst die Augen verdrehen, empfindet die Zielperson die Übertreibung nicht und fühlt sich doch geschmeichelt. Dieses Ergebnis wurde auch durch Studien der Psychologen Postmann, Bruner und McGinnies bestätigt. Sie stellten bereits 1948 fest, dass es offensichtlich bestimmte Worte und Sätze gibt, die sogar dann noch gehört werden, wenn andere zum Beispiel in einer lauten Geräuschkulisse bereits untergehen. Was immer verstanden wird, das sind Schmeicheleien.

2. Sich selber als nutzbringend verkaufen

Schmeicheln muss nicht notwendigerweise etwas mit Komplimenten zu tun haben. Sie können sich auch auf andere Art und Weise »hinterrücks einschleichen«, indem Sie:

→ Ihre eigenen positiven Qualitäten (für die Zielperson) betonen,
→ Eigenschaften, die die Zielperson schätzen könnte, herausstellen,
→ Absichten bekunden, die die Zielperson beeindrucken.

Beispiel:
Wenn Sie wissen, dass Ihre Zielperson eine Unternehmensberatung gründen will, dann erwähnen Sie beiläufig:
»Ja, ich kenne da auch so einige Kunden, die eine Beratung im Bereich Personalentwicklung für sinnvoll halten würden ...«
Dadurch bekommen Sie auf einmal einen Wert für Ihre Zielperson.

Vorsicht: Nicht immer ist es günstig, wenn Sie Ihre Stärken herausstellen. In bestimmten Situationen ist es erfolgversprechender, auf eine positive und übertriebene Selbstpräsentation zu verzichten und stattdessen eine defensive Art der Selbstdarstellung zu betreiben: zum Beispiel Bescheidenheit und Ergebenheit zu demonstrieren.

Die Psychologen Schlenker und Leary haben 1982 eine Studie durchgeführt, um herauszufinden, ob es wirksamer ist, sich mit seinen positiven Eigenschaften offensiv zu präsentieren oder aber die Tugend der Bescheidenheit zu demonstrieren. Es zeigte sich, dass sowohl das offensive Präsentieren der eigenen Stärken als auch die defensive Bescheidenheitstaktik effektive Strategien sind, um die Gunst der Zielperson zu gewinnen. Welche der beiden Formen nun gewählt werden soll, hängt von der jeweiligen Situation ab. Entscheiden Sie sich nach diesen Kriterien:

→ **Die Zielperson kennt Ihre tatsächlichen Leistungen:** Wenn Ihre Zielperson Ihre tatsächlichen Leistungen kennt, dann ist es wirkungsvoller, wenn Sie sich eher bescheiden oder natürlich präsentieren. Sie fallen ihr dann dadurch besonders positiv auf.

Beispiel:
Wenn Sie sich bei Ihrem Chef einschmeicheln wollen, der genau weiß, was und wie viel Sie leisten, dann geben Sie sich ganz natürlich mit einer Tendenz zur Bescheidenheit.

→ **Die Zielperson kennt Ihre tatsächlichen Leistungen nicht:** Wenn Ihre Zielperson aber keine Informationen über Ihren Leistungsstand hat und Ihre Stärken nicht kennt, dann ist eine offensive Darstellung Ihrer Stärken besonders wirkungsvoll.

Beispiel:
Wenn Sie dem Chef vom Chef auffallen wollen oder wenn Ihr Chef Sie nur dem Namen nach kennt, dann ist das stille Blühen im Verborgenen wenig sinnvoll. Präsentieren Sie sich mit dem gesamten Nutzen, den Sie für das Unternehmen bieten, und präsentieren Sie sich als »geldwerte Investition«, als unternehmerischer oder gar als lukrativer Mitarbeiter.

Tipp:
Wenn Sie offensiv auf Ihre positiven Seiten hinweisen, besteht die Gefahr, dass Sie als Angeber, Prahler oder Übertreiber auffallen. Das ist kontraproduktiv und muss vermieden wer-

Wie funktioniert die Einschmeicheltechnik?

den. Mehr als andere Manipulationstechniken ist die Einschmeicheltechnik darauf angewiesen, vorsichtig und überlegt angewandt zu werden. Immer das Maß halten und sich auch im Eifer des Gefechts zurückhalten. Weniger ist mehr, heißt hier die Devise.

3. Durch Dritte angepriesen werden
Eine weitere Variante des Einschmeichelns besteht darin, seine positiven Stärken von einer dritten Person herausstellen zu lassen. Vorteil ist, dass diese Aussage meist stärkeres Gewicht hat.
Mehr dazu bei der *Claqueurtechnik*.

4. Meinungskonformität herstellen
Schmeichelhaft ist es, wenn Ihre Werthaltungen, Einstellungen und Meinungen mit denen der Zielperson übereinstimmen. Wenn das nicht sowieso der Fall ist, dann tun Sie so als ob. Diese Methode ist überaus wirksam. Verschiedene Studien belegen, dass Menschen solche Personen mögen, die ihre eigenen Werthaltungen, Einstellungen und Meinungen teilen – oder von denen sie annehmen, dass sie es tun.

Nichts wie die Schmeichelei ist so gefährlich dir. Du weißt es, dass sie lügt, und dennoch glaubst du ihr.
Friedrich Rückert

Für dieses Phänomen gibt es mehrere Erklärungen. So wird vermutet, dass Meinungskonformität deshalb so erfolgreich ist, weil der Zielperson die Bestätigung ihrer Auffassung als Beleg für die Richtigkeit dieser Ansicht dient. Eine andere These lautet, dass wir jemandem, der gleicher Meinung ist, überhaupt Ähnlichkeit mit uns unterstellen; und ähnliche Menschen werden eher gemocht als nicht ähnliche. Aber egal, welcher Erklärung Sie sich anschließen, bedeutsam, aus rhetorischer Sicht, ist, dass Einschmeicheln durch Herstellen von Meinungskonformitäten erfolgen kann. Der einfachste Weg dorthin besteht im Zustimmen.

Beispiele:
→ »Ich finde, dass Sie mit Ihren Ausführungen zum nächsten Messeauftritt ganz Recht haben. Darauf aufbauend möchte ich erwähnen, dass ...«

→ »Wie Frau Müller richtig sagte, meine auch ich, dass ...«
→ »Kollege Thorsten hat ganz recht mit seinem Einwand, dass ...«
→ »Also, da stimme ich Susanne zu, wenn sie meint, dass der Haushalt dieses Jahr erhebliche Löcher aufweist. Sie schlägt ja auch eine Lösung vor, die ich für praktikabel und plausibel halte.«

Achtung:
Aber wie bei allen Schmeicheleien besteht auch hier die Gefahr, dass das Gesagte wie ein Bumerang zurückkommt. Denn eine Person, die sich ständig nur der Meinung einer anderen anpasst, wird bald als Konformist angesehen und abgelehnt.

Psychologen haben dazu einen Versuch durchgeführt. Sie wiesen Versuchspersonen an, entweder ständig oder nur gelegentlich den Meinungen einer anderen Person, die ihnen Belohnungen zuweisen konnte, zuzustimmen. Beobachter fanden die Testpersonen, die ständig den Meinungen und Ansichten der übergeordneten Person zustimmten, weniger sympathisch als jene, die nur gelegentlich Meinungskonformität zeigten.

Aus rhetorischer Sicht ergibt sich für die praktische Anwendung folgende Konsequenz:

Wenn Sie von der Zielperson sehr stark abhängig sind, dann ist Meinungskonformität nicht die geeignete Schmeichelform. Denn dann werden mit hoher Wahrscheinlichkeit Ihre Manipulationsabsichten und Hintergedanken durchschaut.

Bedeutet das, dass Sie dann gar nicht mehr schmeicheln sollten? Nein, es bedeutet nur, dass Sie es raffinierter tun sollten. Ein geschickter Einschmeichler versucht, die Meinungen und Ansichten seiner Zielperson vorwegzunehmen und auszudrücken, noch bevor diese selbst dazu die Gelegenheit hat.

Beispiel:
Sie wissen, Ihre Zielperson ist SPD-Anhänger. Sie wollen erreichen, dass diese Sympathie für Sie empfindet. Ihre Methode ist Einschmeicheln durch Herstellen von *nicht übertriebener Meinungskonformität*:

Wie funktioniert die Einschmeicheltechnik?

»Selbstverständlich kommen Bundeskanzler Schröder, vor allem in der Außenpolitik, Verdienste zu, die man nicht leugnen kann. Ich selber, stets Anhänger der CDU gewesen, erkenne aber doch auch die Defizite einer Frau Merkel. So gesehen finde auch ich, dass die CDU nicht unbedingt die bessere Wahl darstellt.«

Eine weitere verdeckte Möglichkeit des Schmeichelns ist die **gemischte Schmeichelei**. Hier stimmen Sie der Zielperson in zentralen Punkten zu, äußern sich aber kritisch oder autonom hinsichtlich unwichtiger Randbereiche:

Beispiele:
→ »Ich bin durchaus Ihrer Ansicht, möchte aber ergänzen, dass diese Lösung erst in einigen Jahren anwendbar ist.«
→ »Herr Kollege Müller hat hervorragend gearbeitet und aufgrund seiner Analyse ist es mir jetzt möglich, eine Voraussage zu machen. Selbstverständlich möchte ich in diesem Zusammenhang Herrn Müller bitten, mir noch einige kleinere Details nachzureichen ...«
→ »Sie haben vollkommen Recht mit Ihrer Ansicht. Allerdings sehe ich auch die andere Seite, die, das gebe ich zu, nicht so sehr ins Gewicht fällt.«

Auch ist es geschickt, wenn Sie sich erst durch eine zähe Diskussion von Ihrer Zielperson (angeblich) davon überzeugen lassen, dass deren Meinung die letztendlich richtige darstellt. Ein solches Vorgehen suggeriert, dass Sie eine eigene Meinung besitzen und sich keineswegs so ohne weiteres anpassen. Damit nimmt die Zielperson genau das Gegenteil von dem an, was Sie tatsächlich tun: sich absichtlich der Meinung anpassen und sich dadurch unentdeckt einschmeicheln.

Beispiel:
Zielperson: »Die CDU ist eine traditionsreiche Partei. Sie wird wiedergewählt werden, das steht fest.«
Sie tun so, als ob Sie eine Diskussion anfangen:
»Das glaube ich nicht. Den Umfragen zufolge hat die SPD die besseren Chancen.« (Hier kann sich jetzt ein längerer Wortwechsel ergeben.)

Zielperson: »Das mag sein, aber darauf kommt's nicht an. Bei der letzten Landtagswahl hat die CDU auch gewonnen, und das, obwohl alle Prognosen dagegen sprachen.«
Jetzt lenken Sie ein: »Na ja, das ist richtig.«
Die Zielperson fühlt sich gestärkt und setzt noch eins drauf: »Die CDU hat zudem die ganzen nördlichen Gemeinden hinter sich.«
Dann stellen Sie endgültige Meinungskonformität her: »Ja, die fehlen der SPD, da haben Sie Recht. Na ja, ich fürchte, die CDU wird tatsächlich die Wahl gewinnen ...«

Manche Schmeicheleien wirken einfach zu dick aufgetragen, wenn sie direkt gesagt werden. Sie können durchaus geschickter vorgehen durch **indirekte Schmeicheleien**. Eine Schmeichelei wird verpackt und damit nur indirekt gesagt.

Beispiel:
Direkte Schmeichelei: »Du bist ein faszinierender Mensch!«
 Verpackte Schmeichelei: »Ich fand die Szene in einem Film gut, in dem der Schauspieler sagte: ›Du bist ein faszinierender Mensch!‹«
 Augenkontakt, die entsprechende Betonung und Modulation der Stimme, verbunden mit einer leichten Geste – alles Zeichen, die der Zielperson zu verstehen geben, dass sie der eigentliche Empfänger dieser verpackten Schmeichelei ist.

4. Schritt: Wirkungskontrolle

Schmeicheln ist gar nicht so einfach. Aber hier bietet sich Ihnen ein Übungsfeld, für das Sie viele freiwillige Übungspersonen rekrutieren können. Im Kontrast zu anderen Techniken dieses Buchs verschenken Sie mit Schmeicheln Freude und Glück. Da Sie damit ja eine weitergehende Absicht verfolgen (Ego-Absicht), können Sie das ruhig in Kauf nehmen. Viel Spaß!

Skala der ethischen Bedenklichkeit

Eine erfolgreiche Anwendung der Technik erfordert das Überdenken folgender Verhaltensweisen:
→ Keine

Falsche-Argumente-Technik

Ziele:
- Jemanden dazu bringen, gegen seine Interessen zu handeln
  - Um dadurch einen Vorteil zu erlangen
- Jemanden täuschen
  - Um einen Konkurrenten auszuschalten
  - Um zu erreichen, dass dieser tut, was ich will
- Jemandem schaden

Diese Ziele erreichen Sie:
- Indem Sie jemanden mit anscheinend guten Argumenten überzeugen, etwas für ihn Nachteiliges zu tun

Besondere Voraussetzungen:
- Keine

Überblick:
Es gibt bestimmte Argumente, die einfach überzeugender als andere wirken. Ob zum Guten oder Bösen, das kommt nur auf Ihre Absicht an.

Hintergrundwissen

Was sind falsche Argumente?
Falsche Argumente sind falsch im Sinne von »link« oder »gemein«, wenn sie in schädigender Absicht von Ihnen verwendet werden.

Was bewirken falsche Argumente?
Argumente an sich sind neutral. Wenn Sie sich geschickt anstellen, bemerkt niemand Ihre Schädigungsabsicht. Im Gegenteil, manch einer wird sich vertrauensvoll von Ihnen überzeugen lassen.

Wie funktioniert die Falsche-Argumente-Technik?

1. Schritt	Auswahl der geeigneten Zielperson
2. Schritt	Manipulierende Argumentationen kennen
3. Schritt	Argumentieren, um vom Falschen zu überzeugen
4. Schritt	Wirkungskontrolle

1. Schritt: Auswahl der geeigneten Zielperson
Grundsätzlich gilt, dass Sie es mit entscheidungsfreudigen Menschen als Zielpersonen schwer haben werden. Besser geeignet sind unsichere Menschen, die zweifeln und nicht wissen, was in einer Situation richtig oder falsch ist. Je erfahrener und selbstbewusster eine Person ist, desto gleichrangiger wird das Verhältnis zwischen Ihnen als rhetorischem Täter und der Zielperson sein. Wenn Sie die Herausforderung suchen, dann wählen Sie sich einen solchen Gegner. Wenn Sie aber mit höherer Erfolgswahrscheinlichkeit manipulieren möchten, dann wählen Sie labile und naive Personen aus.

2. Schritt: Manipulierende Argumentationen kennen

Es gibt acht wichtige Argumentationen, die stark manipulierend sind:

1. Argument der hohen Ausgaben
2. Allgemein-Argumente
3. Argument der meisten
4. Argumente zur Unselbständigkeit
5. Argumente mit Zwangscharakter
6. Entweder-oder-Argument
7. Risiko-Argument
8. Argument des Einzelfalls

1. Argument der hohen Ausgaben

Viele Menschen, nachdem sie schon viel in eine Sache investiert haben, die nun zu scheitern droht, argumentieren so: »Wir müssen das jetzt zu Ende bringen, sonst war ja alles, was wir bisher geleistet haben, umsonst gewesen!«. Diese (oft irrationale) Neigung, an einer Handlungsalternative umso eher festzuhalten, je mehr Geld, Zeit oder Arbeit in der Vergangenheit dafür bereits eingesetzt worden ist, bezeichnet man als den Sunk-Cost-Effekt. Dieser Effekt ist, so konnte nachgewiesen werden, umso größer:

- je höher der Anteil der bereits investierten Kosten an den Gesamtkosten ist,
- je weiter eine Investition/Handlung schon fortgeschritten ist,
- je seltener eine Person eine solche Situation kennen gelernt hat,
- je unklarer die Entscheidungssituation und die Handlungsalternativen sind.

Um jemanden bewusst in der – Ihrer Meinung nach – falschen Entscheidung »Weitermachen« zu bestärken, verwenden Sie dieses Argument der hohen Ausgaben.

Wie funktioniert die Falsche-Argumente-Technik?

Beispiele:
- »Jetzt haben Sie schon so viel investiert, soll das alles umsonst gewesen sein?«
- »Dranbleiben und durchhalten, heißt die Erfolgsdevise, und nicht aufgeben!«
- »Wenn wir jetzt aufstecken, dann haben wir das ganze Geld verloren. Wenn wir weitermachen, gibt es wenigstens eine Chance, das Geld wieder reinzuholen!«

2. Allgemein-Argumente

Mit allgemeinen und gängigen Aussagen (so genannten Allgemeinplätzen) lassen sich viele Personen meist ohne hohen Aufwand leicht überzeugen. Das, was man häufig hört, wird gerne als Argument akzeptiert. Nutzen Sie das aus, um bewusst in eine falsche Richtung zu überzeugen.

Beispiele:
- Davon abraten, sich gegen ungerechte Behandlung zu wehren (obwohl es für den anderen besser wäre, es zu tun): »Sich wehren hat sowieso keinen Sinn. Das haben schon so viele versucht.«
- Anraten, eine Sache zu Ende zu führen, obwohl negative Konsequenzen absehbar sind: »Also, wer A sagt, muss auch B sagen.«
- Zu einer sehr riskanten Investition raten (die Sie selber niemals tätigen würden): »Wer wagt, gewinnt.«
- Davor warnen, bei einem aussichtsreichen Geschäft weiter zu investieren: »Wenn's dem Esel zu wohl wird, geht er aufs Eis und bricht sich ein Bein.«

3. Argument der meisten

Das, was die meisten tun, ist für viele ein überzeugendes Argument, es auch zu tun. Im Vertrauen darauf, dass schon richtig sein wird, wofür die meisten sich entschieden haben, lassen sich Zielpersonen zum Mitmachen beeinflussen selbst, wenn sie dabei ein ungutes Gefühl haben.

Beispiel:
Sie wollen den Kollegen Müller davon überzeugen, gegen seinen Vorgesetzten vorzugehen. Er ist unsicher, ob er einen solchen Schritt

wagen soll oder sich nicht lieber still verhalten sollte. Sie wissen, dass es für ihn besser wäre, nicht »negativ« aufzufallen, aber Sie sind ihm ja nicht wohlgesinnt, also argumentieren Sie:
- »Es setzt sich doch jeder zur Wehr, der unfair behandelt wird, oder?«
- »Alle würden an deiner Stelle so handeln.«
- »Merkst du nicht, wie alle anderen sich gegen die Ungerechtigkeiten vom Chef zur Wehr setzen? Aber wenn dir so was passiert, dann willst du dich feige zurückziehen, oder wie?«

4. Argumente zur Unselbständigkeit

Personen, die selbständig agieren und unabhängig sind, stellen in vielen Fällen ein Ärgernis dar. Um sie erfolgreich unter Kontrolle zu halten, wenden Sie immer mal wieder das Argument zur Unselbständigkeit an, um (weiterhin) Einfluss ausüben zu können. Formulierungsmöglichkeiten und entsprechende Anwendungssituationen finden sich immer.

Beispiel:
Sie wollen Ihre Lebenspartnerin Susanne (Zielperson) weiterhin in einer Art Unmündigkeit halten. Es ist für Sie von Vorteil, sie hinter sich zu wissen, zu wissen, dass sie Ihren Anweisungen folgt und Sie dadurch beruflich fördert. Natürlich sollte das Susanne nicht merken, denn Sie möchten sie nicht verlieren, sondern im Gegenteil langfristig ein abhängiges Verhältnis etablieren (vgl. auch die *Abhängigkeitstechnik*). Also setzen Sie in (scheinbar) gut gemeinter Absicht das Argument zur Unselbständigkeit ein.
Folgende Formulierungen könnten Sie benutzen:
- »Du bist aber auch häufig so durcheinander, dass du keinen klaren Gedanken fassen kannst.«
- »Überlass das mir, ich kenn mich da besser aus als du!«
- »Überlass das mal anderen. Die wissen schon, was sie tun.«
- »Lass mal, ich mach das schon. Ich hab das ja schon häufig gemacht, du musst dich damit nicht belasten.«
- »So, du glaubst also, du könntest das beurteilen? Wie kommst du nur darauf?«
- »Ich finde nicht, dass du das jetzt selbst entscheiden solltest.«
- »Da mutest du dir zu viel zu. So große Veränderungen sind immer schlecht, da weiß man nie, was hinterher kommt. Vielleicht bist du dann viel schlimmer dran als jetzt.«

→ »Lass dir doch von mir helfen. Ich bin doch jetzt da, um dir die wichtigsten Entscheidungen abzunehmen.«

5. Argumente mit Zwangscharakter

Unsichere Zielpersonen lassen sich oft gut mit kleinen Bemerkungen unauffällig unter Druck setzen und damit beeinflussen.

Beispiele:
→ Wenn sich jemand aus einer Gruppe anders entscheiden will: »Denkst du, dass du etwas Besseres bist als wir?«
→ Wenn sich jemand entschließen will, einer (von anderen) getroffenen Entscheidung nicht zu folgen: »Willst du uns etwa im Stich lassen?«
→ Wenn eine Person Unabhängigkeitstendenzen innerhalb einer von Ihnen kontrollierten Abhängigkeitsbeziehung zeigt: »Wenn du mich jetzt im Stich lässt, dann werd ich dir das nie verzeihen.«

6. Entweder-oder-Argument

Häufig hört man, dass es immer zwei Möglichkeiten gäbe: entweder das eine oder das andere. In Wirklichkeit gibt es immer *mindestens* zwei Möglichkeiten. Meistens gibt es aber mehrere Handlungsoptionen. Da das Argument des Entweder-oder aber bereits so geläufig ist, nutzen Sie es, um damit Ihre Zielperson zu einer bestimmten Handlung zu bewegen. Verschweigen Sie die vielfältigen Alternativen, die sich in fast jeder Entscheidungssituation anbieten, und polarisieren Sie auf das eine oder das andere.

Beispiel:
Sie wollen die fachlich nicht sonderlich geeignete Susanne davon überzeugen, die Position als Kundenbeauftragte anzunehmen. Sie wissen, dass Susanne bei dieser Aufgabe versagen wird, brauchen aber für bereits verkorkste Konzepte einen Sündenbock (vgl. *Sündenbocktechnik*):
»Also es gibt für dich doch nur zwei Möglichkeiten: Entweder du nimmst an und hast die Chance, aufzusteigen und mehr zu verdienen, oder du lehnst ab und zeigst damit, dass du der Aufgabe nicht gewachsen bist. Dann wird dir nie wieder so eine Aufgabe angeboten, das müsste dir ja klar sein. Wie willst du dich entscheiden?«

7. Risiko-Argument

Risikofreudige Personen, die bereits von sich aus die Disposition zum Riskanten und Gefahrvollen haben, unterstützen Sie, indem Sie verstärkend das Risiko-Argument anwenden:

Beispiele:
- »No risk, no fun!«
- »Wer wagt, gewinnt!«
- »Es ist ein Risiko, ich weiß. Ich an deiner Stelle würde es eingehen, weil die Chancen gut stehen, und wenn du gewinnst, steht dir alles, aber wirklich alles offen.«

Im Falle des Scheiterns (und die Wahrscheinlichkeit des Scheiterns steigt mit der Höhe des eingegangenen Risikos), suchen diese Personen meistens die Schuld bei sich selber. Da Sie kein neues Argument angeführt haben, sondern diese lediglich in ihrer Auffassung bestärkt haben, wird auf Sie kein Verdacht fallen.

8. Argument des Einzelfalls

Man sollte es nicht glauben, aber im Alltag lassen sich viele Menschen von Einzelfällen überzeugen. Da gibt es die Geschichte vom Tellerwäscher zum Millionär, die viele dazu bringt, erfolglos ihr Leben in dunklen Küchen zu fristen. Aber auch, was der Nachbar, der Kollege oder die Freundin erfolgreich gemacht hat, überzeugt viele Personen, sich ebenfalls so zu verhalten. Es gibt keinerlei rationale Begründung für dieses Verhalten. Denn womit der eine Erfolg hat, damit muss ein anderer nicht ebenfalls erfolgreich sein. Erst wenn viele mit einer Verhaltensweise positive Erfahrungen gemacht haben, steigt die Wahrscheinlichkeit. Und selbst dann handelt es sich immer noch nur um eine Wahrscheinlichkeit und keine Gesetzmäßigkeit. Aber, und das ist für jeden Anwender der verbotenen Rhetorik von Bedeutung, Einzelfälle scheinen überzeugend zu sein.

Beispiel:
Sie mögen Ihre Kollegin nicht und wollen ihr schaden. Es besteht zwischen Ihnen die nicht unübliche »Nach-außen-Freund-im-Innern- Feind- Konstruktion« (vgl. *Traumtechnik*). Also setzen Sie das Argument des Einzelfalls ein, um ihr zu raten, ihre Zeugnisse ein wenig den Anforderungen für die ausgeschriebene interne Position anzupassen. Selbstverständlich sind die von Ihnen angeführten Einzelfälle allesamt erfunden. Aber auf die Wahrheit kommt es nicht an, sondern einzig und allein auf die manipulierende Wirkkraft des Beispiels.

→ »Wer sich nicht durchmogelt, bleibt auf der Strecke. Ich kenn da einen, der alle seine Zeugnisse etwas geschönt hat und nur deswegen an die Positionen überhaupt rangekommen ist.«
→ »Ich hatte mal einen Bekannten, der hat die Stelle als Kfz-Mechaniker nur deswegen bekommen, weil er seinen Realschulabschluss gefälscht hat. Der ist jetzt seit zehn Jahren in der Werkstatt und einer der besten Mechaniker.«
→ »Selbst eine ehemalige Lehrerin von mir hat später zugegeben, ihre Noten in der Staatsexamensurkunde frisiert zu haben. Na ja, und dann war sie zwanzig Jahre eine der besten Lehrerinnen!«

3. Schritt: Argumentieren, um vom Falschen zu überzeugen

Im zweiten Anwendungsschritt wurde es bereits angedeutet: Die falschen Argumente sollten am besten während eines Gesprächs eingebracht werden. Vielleicht fragt Ihre Zielperson Sie auch direkt um Rat, dann können Sie das entsprechende (falsche) Argument sofort einsetzen. Von besonderer Bedeutung ist, dass Sie Ihr falsches Spiel dezent treiben. Behandeln Sie also Ihre Zielperson immer mit Wohlwollen, zeigen Sie ihr, wie sehr Sie sie (angeblich) mögen. Sie darf keinerlei Misstrauen hegen. Je mehr Respekt sie Ihnen entgegenbringt, je glaubwürdiger Sie für sie sind und je mehr Vertrauen sie zu Ihnen hat, desto besser.

4. Schritt: Wirkungskontrolle

Ob Sie erfolgreich waren, zeigt sich an der Verhaltensweise Ihres Opfers. Ganz sicher zu Ihrem Ziel gelangt sind Sie, wenn Sie beobachten können, wie die durch Sie beeinflusste

Fehlentscheidung Ihrem Opfer schadet. So gemein das klingen mag, manchmal gehört es eben dazu, sich am Schaden anderer zu erfreuen. Das ist menschlich.

Skala der ethischen Bedenklichkeit

Eine erfolgreiche Anwendung der Technik erfordert das Überdenken folgender Verhaltensweisen:
→ Arglosigkeit ausnutzen
→ Gleichgültigkeit angesichts des Leids anderer
→ Hinterlistig vorgehen
→ Lügen
→ Vertrauen missbrauchen

Feindbildtechnik

Ziele
- Eine Gruppe dazu bringen, zusammenzuhalten
- Aggressionsbereitschaft und Angriffslust einer Gruppe herstellen

Diese Ziele erreichen Sie
- Indem Sie einen »Feind« erfinden und vorgeben

Besondere Voraussetzungen
- Keine

Überblick
Die soziale Umwelt kann von keinem Menschen in ihrer gesamten Komplexität wahrgenommen werden. Deswegen reduzieren wir sie auf einfache Vorstellungen wie zum Beispiel die Gegensatzpaare Eigengruppe/Fremdgruppe, ich/du, wir/die anderen, Freund/Feind. Vom Freund erwarten wir Gutes und vom Feind Schlechtes. Dieses Schwarz-Weiß-Denken ist ganz natürlich und hilfreich bei der Bewältigung unseres Alltags. Wenn Sie einen »Feind« erfinden, dann machen Sie sich dualistische Denk- und Orientierungsmuster zunutze – ein wunderbar einfacher und wirkungsvoller Ansatz zur Beeinflussung.

Hintergrundwissen

Was ist ein Feindbild?

Ein Feindbild ist eine rhetorische Konstruktion der Wirklichkeit. Es ist eine bewusst kreierte falsche Negativdarstellung. Sie besteht aus einem Ensemble von Vorstellungen über einen (scheinbaren) »Feind«. Die von Ihnen als Feindbild eingesetzte Person oder Sache kann entweder frei erfunden oder real sein.

Was erreicht man durch den Einsatz von Feindbildern?

Gemeinsame Feindbilder können eine Gruppe von Personen zusammenschweißen. Sie stärken den Zusammenhalt, stabilisieren und einigen die Gruppenmitglieder gegenüber einem bedrohlichen Bösen in der Außenwelt. Sie kanalisieren Aggression, indem Sie ihr ein Opfer liefern. Weiterhin schaffen Sie eine Rechtfertigungssituation und moralisch einwandfreie Gründe für die Verteidigung. Damit entlasten Sie das einzelne Mitglied von Selbstvorwürfen und steigern das Selbstwertgefühl. Ihre Gruppe glaubt sich durch den Kontrast zu (scheinbaren) Feinden strahlender und bedeutsamer (vgl. auch die *Kontrasttechnik*). Letzen Endes erreichen Sie damit, dass die Gruppe motivierter, aggressiver und gewaltbereiter ist, je nach Ausprägung des eingesetzten Feindbildes.

Wie funktioniert die Feindbildtechnik?

1. Schritt Auswahl der geeigneten Zielperson
2. Schritt Wie Sie Feindbilder kreieren
3. Schritt Feindbild präsentieren und aufrechterhalten
4. Schritt Wirkungskontrolle

Voraussetzung für die Anwendung der Feindbildtechnik ist Ihre Bereitschaft sich als *Homo hostilis* zu betätigen, als feinderschaffender Mensch. Dieser Begriff stammt von Same Keen, der 1993 ein Buch mit dem Titel *Gesichter des Bösen. Über die Entstehung unserer Feindbilder* veröffentlichte. Seine Absicht, vor der Manipulation mit Feindbildern zu warnen und dagegen zu immunisieren, spielt hier keine Rolle. Ganz im Gegenteil, hier interessieren allein die Mechanismen der Feindbilderzeugung und der praktische Nutzen, der sich daraus ziehen lässt.

1. Schritt: Auswahl der geeigneten Zielperson
Im Unterschied zu den meisten anderen Techniken eignen sich hier besonders Gruppen als Zielpersonen: Parteien, Organisationen, Interessenverbänden, Vereine, Arbeitsgruppen, Projektteams bis zu informellen sozialen Netzwerken, deren Mitglieder sich untereinander nicht kennen, aber ähnliche Vorstellungen und Orientierungen besitzen (so genannte ideologische Gruppen).

**2. Schritt: Der Rhetoriker als *Homo hostilis* –
wie Sie Feindbilder kreieren**
Feindbilder erfinden Sie. Es sind keine besonderen Voraussetzungen an die Figuren zu stellen, die sich als Feindbild eignen. Feindbilder sind nur verbale Konstruktionen, die durch Schlagworte, Metaphern, Abstrakta und Generalisierungen in die Welt gesetzt werden.

1. Schlagworte
Schlagworte sind Worte, mit denen Sie auf gegnerische Positionen einschlagen. Sie verkürzen, simplifizieren und verdichten Inhalte. Erfinden Sie handliche Formeln. Verkürzen Sie einen Standpunkt auf einen Begriff und reduzieren Sie komplexe Inhalte auf ein griffiges Kürzel. Heben Sie einzelne Merkmale aus einem diffusen Ganzen heraus und fassen Sie Zeiträume und Epochen zusammen. Interpretieren Sie die Geschichte, kondensieren Sie Programme, erheben Sie ohne Skrupel Relatives zu Absolutem, reduzieren Sie Häufiges auf Typisches. Versuchen Sie das, was Sie sonst in einer ganzen

Argumentationsfolge unterbringen müssten, durch einen einzigen Begriff zu repräsentieren.

Beispiel:
Sie möchten das konkurrierende Unternehmen Alo123 als Feindbild generieren, um den Zusammenhalt in Ihrem Team auf einen gemeinsamen Gegner zu fokussieren. Sie suchen nun passende Schlagworte und gehen systematisch vor:
Sie verkürzen Ihren Standpunkt auf eine griffige Formel:
»Wettbewerb führt zu Höchstleistungen!«
und interpretieren die Unternehmensgeschichte:
»Wir haben uns noch niemals von Newcomern aus dem Sattel werfen lassen. Auch wenn es so extra Schlaue wie Alo123 sind.«
Schließlich reduzieren Sie Komplexes auf Typisches:
»Es ist typisch für Alo123, dass sie nur mit unerfahrenen Mitarbeitern ihre Produkte entwickeln«
oder in Kombination mit willkürlichen Schlussfolgerungen:
»Typisch für Alo123, dass sie sich einen abgelegenen Standort suchen und den fairen Wettbewerb scheuen!«

Sie können auch bereits existierende Schlagworte verwenden. Hier bieten sich die polysemen Begriffe an. Das sind Worte, die je nach Kontext oder Kulturkreis verschiedene Bedeutungen haben und sich daher besonders eignen, von unterschiedlichen Ideologien in Anspruch genommen werden zu können. Solche ideologisch polysemen Begriffe sind zum Beispiel: Gott, Demokratie, Wahrheit, Frieden, Sicherheit, Schutz, Solidarität, Verteidigung. Nutzen Sie den hohen Kurswert und das öffentliche Ansehen, die diese Begriffe bereits besitzen, für Ihre eigenen Zwecke. Machen Sie sich die Begriffe zunutze und stellen Sie sie in einen eigenen Kontext.

Beispiele:
→ »Seit Kollege Müller in unser Team gekommen ist, stört er den Frieden. Er hat doch immer wieder die Zusammenarbeit verhindert und war Ursache zahlreicher Konflikte, die es vor ihm nicht gab.«
→ »Seit Thorsten Müller mit seiner Familie eingezogen ist, ist die

Sicherheit in diesem Haus nicht mehr gewährleistet. Vor ihm gab es niemals Einbrüche. Jetzt fanden allein in den letzten Monaten drei statt.«
→ »Kollege Müller verhält sich nicht solidarisch. Wir haben ihn hier aufgenommen und mit offenen Armen empfangen und er hintergeht uns.«

2. Metaphern

Der Begriff Metapher bedeutet *bildlicher Ausdruck*. Als Freund schöner Worte sollten Sie sich in der Feindbildverbreitung durch Metaphern probieren. Das kann sehr wirkungsvoll sein, denn die Kraft des bildlichen Vergleichs ist immer wieder erstaunlich. Durch die Verwendung von Metaphern werden Erfahrungsbezüge hergestellt und Unbekanntes in den Horizont des Vertrauten eingebettet. Metaphern können Sie aus folgenden Bereichen bzw. Feldern bilden:

Beispiele für Körpermetaphorik:
→ »Der *Arm* der Gewalt darf uns nicht zu fassen bekommen.«
→ »Der *gesunde Organismus* unseres Unternehmens wehrt sich gegen die Eindringlinge aus dem Ausland.«
→ »Wer kann uns *amputieren*? Wer wagt es?«

Beispiele für Krankheitsmetaphorik
→ » Heimtückische *Viren* sind sie, die hinterhältig unser gesundes System vernichten wollen.«
→ »Wie *Geschwüre* hängen sie an unserem Arsch.«

Beispiele für Tiermetaphorik:
→ »*Kröten* sind sie, die schwer und plump am Wegesrand sitzen, während wir an ihnen vorbeirauschen.«
→ »Sollen wir diese *Zecken* mitschleppen?«

Beispiele für Naturkatastrophenmetaphorik:
→ »Wie eine *Lawine* wollen sie uns überrollen.«
→ »Fremden*flut*«
→ »ein unübersehbarer Menschen*strom*«

Beispiele für Theatermetaphorik:
- »Als *Marionetten* haben sie sich benutzen lassen.«
- »Als *Puppen* lassen sie sich missbrauchen, die man mal dort, mal dort hinsetzt.«

Beispiele für Kriegsmetaphorik :
- »An allen *Fronten* muss jetzt gekämpft werden.«
- »Wir befinden uns in einem *Rentenkrieg*.«
- »Der *Bildungskampf* hat angefangen und es gibt bereits erste Opfer zu beklagen.«

3. Abstrakta und Generalisierungen

Indem Sie mehrere Personen in einem Feindbild zusammenfassen, entpersonalisieren Sie den Feind. Damit reduzieren Sie die menschliche Komponente, die bei der einen oder anderen Zielperson Mitgefühl erwecken könnte. Der Feind ist auf diese Weise keine konkrete Person, sondern ein Abstraktum. Verwenden Sie bei Ihren Formulierungen deswegen die unpersönlich wirkenden Wörter *man, die, es*.

Beispiele:
- »*Man* will uns fertigmachen.«
- »*Die* wollen uns vernichten.«
- »*Es* glaubt wohl, uns damit auszutricksen.«

Nun kämpft man gegen etwas und nicht gegen jemanden. Das macht es einfacher.

Bei der Konzeption eines Feindbilds achten Sie auf Einfachheit. Unterteilungen wie *die da oben, die da draußen, die da unten* sind dabei hilfreich. Denn *die* sind es, die das *Wir* bedrohen.

- **Die da oben** = Politiker, Vorgesetzte, Manager, Vorstandsmitglieder, Wissenschaftler, Journalisten.
- **Die da draußen** = Ausländer, Auslandskapital, Kommunisten, Demokraten, Fundamentalisten, Nachbarn, feindliche Bekannte, Mitarbeiter anderer Unternehmen.

→ **Die da unten** = Minderheiten, Opportunisten, Schleimer, Schmarotzer, Sozialschmarotzer, Chaoten, Drückeberger.

Achten Sie bei der Generierung eines Feindbilds auf die möglichst plakative Trennung von *wir* und *den anderen* (also *denen da oben, unten* oder *draußen*). Dichotomisieren Sie die Diskurswelt, malen Sie schwarz-weiß, was das Zeug hält!

Es ist nützlich, prägnante Begriffe zur Bezeichnung des Feindes zu verwenden. Quetschen Sie also ruhig bildkräftige Worte in einem Begriff zusammen: Mitarbeiter der Konkurrenzunternehmen sind folglich *Konkurrenzverräter*, Mitglieder einer gegnerischen Partei sind *Totengräber der Geschichte* oder *allesamt Kommunisten*, Gegner einer neuen Technik sind die *Fortschrittsblinden*, um nur einige Beispiele zu nennen (vgl. auch die *Assoziationstechnik*).

Was mit diesen schlagwortartigen, neugebildeten oder metaphorischen Wörtern und Ausdrücken erreicht werden kann, ist die Diskreditierung der von Ihnen als gegnerisch dargestellten Personen und Standpunkte. Sie machen gegen den (von Ihnen konstruierten) Feind Front. Sie zielen darauf ab, Schuldzuweisungen zu dementieren und im nächsten Schritt für Ihre eigene Weltsicht zu werben. Sie konstruieren ambivalenzfreie Wirklichkeiten, argumentieren mit harten Kontrasten und einer strengen Dichotomie des *Wir* gegen *die*. Sie verwenden Bezeichnungen, die eine monolithische Gegenwahrnehmung signalisieren.

3. Schritt: Feindbild präsentieren und aufrechterhalten

Im dritten Schritt präsentieren Sie die Früchte Ihres Erfindungsreichtums: Sie arbeiten mit dem erfundenen Feindbild an Ihrer Zielgruppe. Vermeiden Sie es, zu vorsichtig vorzugehen. Feindbilder sind keine Orientierungshilfen, sie sind Orientierungsdiktate. Glauben Sie nicht, die Feindbildtechnik sei zu plakativ, zu auffällig, zu banal. Fürchten Sie nicht, Sie würden sofort durchschaut. Es wird nicht der Fall sein. Die wenigsten Menschen sind reflektiert und haben die Zivilcourage, selber zu denken. Das »*sapere aude!*«, der Weckruf der aufklärerischen Moderne, reißt heute nur wenige aus dem Schlaf. Überschätzen Sie Ihre Zielpersonen nicht und haben Sie den Mut, sich Ihrer eigenen manipulierenden Techniken zu bedienen.

4. Schritt: Wirkungskontrolle
Ob die Feindbildtechnik Wirkung gezeigt hat, erkennen Sie an der Reaktion Ihrer Zielpersonen. Setzen Sie Ihre Feindbilder gezielt zum Motivieren von Personen ein und geben Sie den anderen Orientierung. Bedenken Sie aber auch Ihre eigene Position: Wenn Sie über nur geringen Einfluss verfügen und sich darüber hinaus im unteren Bereich der Hierarchie bewegen, wird die Anwendung der Feindbildtechnik eher belächelt werden, als wenn Sie sich in höherer und einflussreicherer Position befinden. Also suchen Sie sich bevorzugt Zielpersonen, denen es schlechter als Ihnen geht, die ungebildeter und weniger erfolgreich als Sie sind. Mit anderen Worten: Beeinflussen Sie stets die, die Ihnen unterlegen sind!

Skala der ethischen Bedenklichkeit

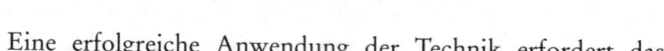

Eine erfolgreiche Anwendung der Technik erfordert das Überdenken folgender Verhaltensweisen:
→ Aggression fördern
→ Arglosigkeit ausnutzen
→ Gleichgültigkeit angesichts des Leids anderer
→ Hinterlistig vorgehen
→ Lügen
→ Gewaltbereitschaft herstellen
→ Menschen als Werkzeuge einsetzen

Fixierungstechnik

Ziele
- Jemanden dazu bringen, gegen seine Interessen zu handeln
  - Um dadurch einen Vorteil zu erlangen
- Jemanden unter Druck setzen
  - Um zu erreichen, dass dieser etwas sagt oder tut

Diese Ziele erreichen Sie
- Indem Sie den psychologischen Mechanismus der »Fixierung« anwenden

Besondere Voraussetzungen
- Funktioniert nur bei Personen, die großen Wert darauf legen, vor anderen gut dazustehen

Überblick
Wie bringe ich jemanden dazu, dass er genau das tut, was ich will? Indem ich warte, bis er es auch will. Alles, was dann noch zu tun ist, ist unbemerkt Druck aufbauen, damit er auch tut, was mir nutzt!

Hintergrundwissen

Nach einem Versuch, den die Psychologen Deutsch und Gerard im Jahre 1955 durchgeführt haben, bewirkt das schriftliche Fixieren ebenso wie die öffentliche Bekanntgabe eines zukünftigen Verhaltens, dass dieses von den allermeisten auch eingehalten wird. Die Versuchspersonen des Experiments fühlten sich richtiggehend genötigt, an dem einmal Gesagten festzuhalten, selbst dann, wenn sich später ihre Einstellung änderte. Offensichtlich will keiner als jemand gelten, der sein Fähnchen nach dem Wind hängt, der heute hü und morgen hott sagt. Dabei ist es nur natürlich, dass mit sich ändernden Gegebenheiten auch die Ansichten sich ändern. Aber das müssen Sie den zu beeinflussenden Person nicht unter die Nase reiben! Im Gegenteil, schauspielern Sie Ihnen etwas vor. Preisen Sie sie öffentlich und loben Sie sie als Menschen, die zu denen gehören, »die ihr Wort halten«, auf »die man sich verlassen kann« und »die wissen, was sie wollen«. So unterstützen Sie den oben beschriebenen psychologischen Mechanismus. Dadurch wird das Verhalten von Individuen berechenbar. Was berechenbar ist, ist steuerbar.

> Bereit sein ist viel, warten zu können ist noch mehr, doch erst: den rechten Augenblick nützen ist alles.
> *Arthur Schnitzler*

Was heißt Fixierung?

Unter Fixierung versteht man im Rahmen der verbotenen Rhetorik das Festnageln auf ein Verhalten, welches die Zielperson, meist vorschnell, angekündigt hat. Dazu schafft man sich eine Öffentlichkeit und hebt in positiver Art und Weise die Verhaltensankündigung des Opfers hervor. Scheinheilig ist das und erfolgreich.

Beispiel:
Ihre Kollegin Marianne äußert sich unvorsichtigerweise folgendermaßen: »Ich fände es gut, wenn wir uns alle mal regelmäßig treffen würden. Ich kann ja mal so ein Treffen organisieren.« Sie erkennen die Chance, Marianne die organisatorischen Arbeiten zu überlassen, und reagieren mit Fixierung: »Wow, das finde ich einen tollen Vorschlag. Hört mal alle her, Marianne hat sich bereit erklärt, ein Treffen zu organisieren! Finde ich toll!«

Alle anderen Kollegen nicken anerkennend, denn jeder ist froh, die zusätzliche Arbeit nicht übernehmen zu müssen.

Wenn Sie raffiniert sein möchten, dann nutzen Sie abweichende Fixierungen oder agieren bei der Fixierung mit einer leichten Verschiebung zu Ihren Gunsten. Hier gilt: Wer nicht sofort widerspricht, hat Pech gehabt.

Beispiel:
Wie oben hat sich Kollegin Marianne geäußert mit den Worten: »Ich fände es gut, wenn wir uns alle mal regelmäßig treffen würden. Ich kann ja mal so ein Treffen organisieren.« Sie aber wiederholen vor den Kollegen die Ankündigung mit einer kleinen unauffälligen Verschiebung: »Wow, das finde ich einen tollen Vorschlag. Hört mal alle her, Marianne hat sich bereit erklärt, die Treffen zu organisieren! Finde ich toll!« Wenn Zielperson Marianne nicht aufmerksam war, dann hat sie nicht bemerkt, dass aus »einem« Treffen organisieren plötzlich »alle« Treffen organisieren geworden ist. Schweigen bedeutet in diesem Fall Zustimmung. Wenn Marianne nicht rechtzeitig richtig stellt, dann wird sie nur noch schwer aus der Klemme kommen. Schließlich haben alle gehört, dass sie zukünftig die Treffen organisieren will.

Wie entsteht Fixierung?
Fixierung entsteht durch rasche Reaktion mit beeinflussender Wirkung. Sie können nur dann fixieren, wenn jemand angekündigt hat, dass er in naher Zukunft etwas Bestimmtes tun will.

Beispiel:
Als Abteilungsleiter suchen Sie sich eine Zielperson, die Sie dazu bewegen können, einen zusätzlichen Auftrag noch diese Woche zu bearbeiten. Ihre Wahl fällt auf den neuen Mitarbeiter Meier. Er ist noch unsicher und bestrebt, positiv aufzufallen. So gehen Sie vor:
»Hier ist ein neuer Auftrag hereingekommen. Wer übernimmt ihn? Meier, Sie?«
Zwar weiß Meier vor lauter Einarbeitungsstress nicht, wo ihm der Kopf steht, aber durch einen typischen Anfängerfehler sagt er unüberlegterweise zu. Damit er sich nicht doch noch anders besinnt, fixieren Sie ihn. Beginnen Sie mit einem Lob:

»Meier, sehr gut. Vielen Dank!«, und schaffen dann Öffentlichkeit, um die Bindungswirkung seiner Zusage zu erhöhen:

»Kollegen, der Meier übernimmt fünf Aufträge auf einmal. Diesen Einsatz würde ich mir von dem einen oder anderen auch wünschen!«

Manch ein Kollege wird die Miene verziehen, aber keiner wird Meier darüber aufklären. Die alten Hasen unter den Mitarbeitern lächeln verschmitzt über den Anfängerfehler von Meier. Sie waren schließlich alle einmal Opfer der Fixierungstechnik des Chefs.

Wie funktioniert die Fixierungstechnik?

1. Schritt   Auswahl der geeigneten Zielperson
2. Schritt   Aussagen provozieren
2. Schritt   Zielperson fixieren (darauf festnageln)
4. Schritt   Wirkungskontrolle

1. Schritt: Auswahl der geeigneten Zielperson

Der psychologische Mechanismus, den Sie bei der Fixierungstechnik ausnutzen, tritt bei vielen Menschen ein. Selbstverständlich gibt es immer wieder einige, die sich nicht festnageln lassen und selbstbewusst dazu stehen, dass sie alle Nase lang ihre Meinung ändern. Das wären dann keine geeigneten Zielpersonen für diese Technik. Aber alle anderen, die Wert auf das legen, »was man von ihnen hält«, denen also soziale Anerkennung wichtig ist, sind geeignet. Im beruflichen Umfeld ist es unerlässlich, dass man sich an einmal Zugesagtes hält. Vor allem deswegen bietet sich die Fixierung als flexible und unauffällige Methode zur Manipulation im beruflichen Alltag an.

2. Schritt: Aussagen provozieren

Nach dem Einkreisen möglicher Zielpersonen beginnt nun die eigentliche Manipulation. Zwei Vorgehensweisen sind zu unterscheiden: die passive Aussagefixierung und die aktive Aussageprovokation.

Wie funktioniert die Fixierungstechnik?

Passive Aussagefixierung
Zunächst einmal tun Sie gar nichts Besonderes, außer die Nähe Ihrer Zielperson zu suchen. Dabei gehen Sie so natürlich wie immer mit ihr um. Lassen Sie sich nichts anmerken. Im Stillen lauern Sie auf eine Gelegenheit, sie auf ein Verhalten festzunageln, das Ihnen nutzt. Deshalb achten Sie auf alles, was sie sagt, und sind zugegen, wenn auch andere Kollegen oder gar Vorgesetzte da sind. Der Zeitpunkt wird kommen, an dem die Zielperson, sei es aus Übermut, sei es aus Leichtsinn, ein Verhalten ankündigt, das bzw. den sie lieber nicht hätte machen sollen.

Beispiel:
Kollege Müller könnte eines Tages gefährlich werden. Er ist jung und kompetent. Aber er hat auch eine große Klappe. Nach Feierabend kritisiert er im Kollegenkreis lauthals, wie dumm die Einkaufsabteilung war, eine Software mit solchen Mängeln einzukaufen. Dass die Software ganz in Ordnung ist, wissen Sie und das weiß auch Kollege Müller. In der lockeren Atmosphäre schlug er über die Stränge. Nutzen Sie das und fixieren Sie ihn:
»Wenn du meinst, dass die Software mangelhaft ist, dann tu, was du eben angekündigt hast, und gib diese Information an den Projektleiter weiter. Schließlich muss man rechtzeitig auf Fehler hinweisen. Später ist es zu spät, oder?«
Kollege Müller ärgert sich. Durch das zustimmende Nicken der Kollegen ist er in Bedrängnis geraten. Was sagt er nun dem Projektleiter, wo doch die Software im Großen und Ganzen einwandfrei ist?

Aktive Aussageprovokation
Bei dieser zweiten Variante des Vorgehens locken Sie Ihr Opfer aus der Reserve. Hier arbeiten Sie mit Tricks, um jemanden dazu zu verleiten, etwas anzukündigen, was er ruhigen Gemütes eher nicht angekündigt hätte. Es gibt vielerlei Möglichkeiten, aktiv zu provozieren. Hier einige Anregungen:

Einschmeichelnde Aussageprovokationen
→ »Sagt mal, Kollege Meier kann doch so gut mit HTML umgehen. Keine falsche Bescheidenheit, ich hab doch deine Homepage gesehen! Die ist

echt super, sogar mit Flash-Animationen. Wenn einer für die Gestaltung unserer Website in Frage kommt, dann Kollege Meier!« Jeder im Kollegium wittert Freizeit und frühen Feierabend, wenn Kollege Meier die Homepagegestaltung übernimmt, und drängt ihn zu sagen: »Alles klar, meinetwegen ...«

→ »Schwierige Kunden sind doch was für dich. Wenn einer Verhandlungsgeschick besitzt, dann du! Was ist, übernimmst du ihn?« Hier setzen Sie auf den Ehrgeiz des Mitarbeiters und auf sein Bedürfnis nach Anerkennung. Durch die Aussicht darauf wird er voreilig zusagen. Dabei lässt dieser den Grundsatz außer Acht, dass man es stets vermeiden sollte, schwierige Aufgaben zu übernehmen. Sie bergen in sich die Gefahr des Scheiterns. Leichte Aufgaben hingegen verheißen leichte Erfolge. Und Erfolge zählen, nicht der erhöhte Schwierigkeitsgrad, der zum Scheitern einer Aufgabe geführt hat.

→ »Ja, wer hat denn den letzten Messestand so perfekt organisiert? Das war doch Susanne. Ich erinnere mich, dass alle davon begeistert waren. Ich schlage vor, dass Susanne uns dieses Jahr wieder so perfekt präsentiert!« Susanne, hocherfreut über die Anerkennung und bestätigt in ihrem Selbstwert, wird sich auch diesmal dazu bringen lassen, die unangenehm stressige Aufgabe zu übernehmen.

Angriffslustige Aussageprovokationen

→ »Ich glaube nicht, dass das Team um Thorsten schon so weit ist, diese Aufgabe zu übernehmen. Oder irre ich mich?« Rechnen Sie mit dem Ehrgeiz des Teams und locken Sie es aus der Reserve. Wenn der Teamleiter zusagt, dann freuen Sie sich. Bewährungsproben bedeuten selbstlosen erhöhten Einsatz und zeitraubendes unbezahltes Engagement. Belohnen Sie das Team dafür mit Lob ...

→ »Kollege Meier hat letztens erwähnt, dass er bereits ein Vorgehensmodell entwickelt hat. Das könnte er uns doch in der nächsten Sitzung vorstellen!« Sie wissen genau, dass Kollege Meier noch nicht so weit ist. Deswegen können Sie ihn damit ja auch unter Druck setzen.

→ »Jeder hat doch schon einmal seinen Urlaub für einen Kollegen getauscht. Außer Kollegin Deggendorf. Nicht wahr?« Weil Deggendorf nicht abseits stehen will, sagt sie zu und tauscht ihren Urlaub mit Ihnen. Ihre eigenen Urlaubspläne bleiben damit durch Deggendorfs Entgegenkommen unberührt.

Aussageprovokationen durch Mitleidserregung
(vgl. *Mitleidstechnik*)
→ »Wenn wir jetzt nicht alle zusammenhalten, dann schaffen wir es nicht, bis zum 4.1. fertig zu werden. Ich appelliere noch einmal ausdrücklich an alle, jetzt nicht Hilfe zu versagen, sondern mit letzter Anstrengung das Projekt zu Ende zu führen. Frau Müller, ich bitte Sie, wären Sie nicht vielleicht doch bereit, die Informationen bis übermorgen zusammenzustellen?« Frau Müller wird schwach und sagt zu. Eine Fixierung tritt bereits dann ein, wenn alle anderen Mitarbeiter das Ja der Frau Müller gehört haben.

3. Schritt: Zielperson fixieren (darauf festnageln)

Der dritte Schritt besteht darin, die Zielperson auf das vorschnell Zugesagte festzulegen. Dieses Festlegen erfolgt durch Schaffung von Öffentlichkeit. Allerdings wirkt die Fixierung nur dann, wenn die Öffentlichkeit aus Personen besteht, die für die Zielperson eine Bedeutung haben. Wildfremden Menschen gegenüber fühlt sich kaum einer verpflichtet. Bekannten, Kollegen, Vorgesetzten gegenüber dagegen schon. Wenn die Zielperson mit Ihnen dann außerdem täglich Umgang hat und dieser Umgang unumgänglich ist (wie meist im Beruf), dann ist Fixierung außerordentlich wirksam.

Was Du sprichst, das halt. Gebrochenes Versprechen ist gesprochenes Verbrechen.
Friedrich Rückert

Auch ein schriftlicher Vertrag bewirkt eine Fixierung. Allerdings haben Verträge etwas rechtlich Verbindliches an sich. Die Zielpersonen sind meist vorsichtig, wenn es um eine rechtswirksame Unterschrift geht. Aus diesem Grunde empfiehlt sich für die Manipulation im Alltag eher die Fixierung durch die Schaffung von Öffentlichkeit.

Beispiel:
»Hört mal alle her! Firma Anton Weber hat sich bereit erklärt, unser Team zu sponsern. Ein Hoch auf Herrn Weber! Vielen Dank, Herr Weber, vielen Dank im Namen des gesamten Teams!« Wie könnte Herr Weber jetzt noch Nein sagen? Hätte er sich doch nicht zu einer voreiligen Zusage hinreißen lassen.

4. Schritt: Wirkungskontrolle

Ob Sie mit der Fixierungstechnik erfolgreich waren, zeigt sich dann, wenn die Zielperson ihre Zusagen erfüllt hat. Wenn Sie gut fixiert haben, dann besteht eine hohe Wahrscheinlichkeit für den Erfolg Ihrer Manipulation.

Skala der ethischen Bedenklichkeit

Eine erfolgreiche Anwendung der Technik erfordert das Überdenken folgender Verhaltensweisen:
→ Arglosigkeit ausnutzen

Freunde-Technik

Ziele
- Jemanden an mich binden
  - Um diesen später hintergehen zu können und dadurch Vorteile zu erlangen
  - Weil es nützlich ist, von ihm geschätzt zu werden
- Jemanden beeindrucken
  - Um ihn dazu zu bringen, Sympathie zu empfinden
- Jemanden dazu bringen, Sympathie zu empfinden
  - Weil dieser Vorteile verschaffen kann
- Jemandem etwas Gutes tun
  - Damit auch ich zu gegebener Zeit ein bestimmtes Verhalten »einfordern« kann
- Jemanden in Sicherheit wiegen
  - Um seine Dienste zu gebrauchen
- Jemanden kontrollieren
  - Um (weiterhin) Einfluss auf ihn ausüben zu können
- Jemanden täuschen
  - Um zu erreichen, dass dieser tut, was ich will

Diese Ziele erreichen Sie
- Weil Sie ein »Freund« sind und es doch nicht so gut meinen

Besondere Voraussetzungen
- Erfolgreich bei kontaktarmen Personen

Überblick
Auf Freunde kann man sich verlassen, sie sind Helfer in der Not und immer für einen da. Gut zu wissen, wie man sich Freunde »machen« kann.

Hintergrundwissen

Was ist ein Freund?
Im rhetorischen Sinne ist ein Freund eine Person, zu der man eine kontrolliert-vertraute Beziehung aufrechterhält.

Wie entstehen Freundschaften?
Eine nützliche Freundschaft entsteht nicht einfach, sondern ist Ergebnis Ihres taktischen Vorgehens. Dazu beobachten Sie einen Personenkreis, nehmen einige näher ins Visier und schätzen die Vor- und Nachteile ab, die Sie von einer Person erwarten bzw. nicht erwarten könnten. Dann gehen Sie manipulierend und strategisch das Projekt »Freund« an.

Wie funktioniert die Freunde-Technik?

1. Schritt   Auswahl der geeigneten Zielperson
2. Schritt   »Freundschafts-Bereitschaft« herstellen
3. Schritt   Aus der Freundschaft Nutzen ziehen
4. Schritt   Wirkungskontrolle

1. Schritt: Auswahl der geeigneten Zielperson
Freunde bringen großen Nutzen – sofern man Sie richtig kontrolliert. An dieser Stelle sind natürlich keine »wahren« Freunde gemeint, also nicht der langjährige Schulfreund oder Freunde, mit denen Sie seit Jahrzehnten zusammen sind. Hier geht es darum, jemanden glauben zu machen, er sei für Sie ein Freund, während Ihre Absicht darin besteht, lediglich die Vorteile einer Freundschaft zu genießen.

Bei der Auswahl einer Zielperson befinden Sie sich meistens in einem Dilemma. Diejenigen Personen, von denen Sie Vorteile im Falle einer Freundschaft hätten, sind meist die beliebten Personen mit einem funktionierenden sozialen Umfeld und vielfältigen Kontakten. Von den stillen Einzelgängern verspricht sich kaum einer Vorteile, sonst wären diese ja keine Einzelgänger. Aber täuschen Sie sich nicht. Stille Wasser sind oft tief und so mancher allseits beliebte Mensch hat in Wirklichkeit keinen einzigen wahren Freund.

Sowohl beliebte Typen als auch Einzelgänger haben Vorteile. Von den Ersteren profitieren Sie meistens durch das sie umgebende soziale Umfeld, während die Letzteren eher bereit sind, persönlichen Einsatz für Sie zu erbringen. Grundsätzlich gelten Einzelgänger als leichter manipulierbar, während Beliebte resistenter sind.

Ausschlaggebend für die Wahl der Zielperson sollte aber stets Ihr persönlicher Vorteil sein. Wenn Sie glauben, von jemandem privat oder beruflich profitieren zu können, dann warten Sie nicht darauf, bis dieser auf Sie zukommt. Denn das geschieht nur dann, wenn auch er sich etwas von Ihnen verspricht. Und genau das wollen Sie nicht. Sie wollen einseitig Einfluss ausüben und nicht gleichzeitig selber beeinflusst und kontrolliert werden. Also bestimmen Sie, ob und wie der Kontakt zu erfolgen hat.

2. Schritt: »Freundschafts-Bereitschaft« herstellen
1. Der erste Kontakt
Der erste Kontakt kann auf unterschiedliche Weise hergestellt werden. Zunächst sollten Gelegenheiten geschaffen werden. Wenn Sie erst einmal die Möglichkeit haben, sich und Ihre Ideen bzw. Ihre Erscheinung zu präsentieren, stoßen Sie auf Interesse. Je häufiger Sie der Zielperson begegnen, desto unwahrscheinlicher wird es, dass sie Sie nicht kennen lernen will (vgl. *Aktualisierungtechnik*).

Tipp:
Wenden Sie die *Attraktivitäts-* und *Charisma-Technik* sowie je nach Gegeben- oder Gelegenheit die *Einschmeichel-* oder *Claqueurtechnik* an.

2. Beziehungsphasen

Jede Annäherung an eine bisher fremde Person durchläuft verschiedene Beziehungsphasen. Am Anfang kennt man sich noch nicht so genau, aber mit jedem weiteren Treffen wird der Umgang vertrauter. Das kann in einem bestimmten Stadium stecken bleiben. Eine weitere Annäherung bleibt dann aus. So entstehen Abstufungen von entfernter Bekannter, Bekannter, guter Bekannter, sehr guter Bekannter, Freund, guter Freund, sehr guter Freund. Wenn Ihr Ziel darin besteht, eine Person als guten Freund zu gewinnen, dann sollten Sie alle davor liegenden Stufen durchlaufen. Überstürzen Sie nichts. Jede dieser Beziehungsphasen hat ihre sozialen Regeln. Einem entfernten Bekannten stellen Sie andere Fragen als einem sehr guten Freund. Halten Sie sich an dieses schrittweise Vorgehen, sonst laufen Sie Gefahr, abgelehnt zu werden.

3. Bedürfnisse der Zielperson ermitteln

Die meisten Personen suchen Sicherheit und Lösung Ihrer Probleme. Also bieten Sie die Lösung von Problemen an. Gehen Sie davon aus, dass jedermann in irgendeinem Bereich Probleme hat. Um möglichst zügig an den *Point of Change*, also den Punkt, von dem aus Sie die Person lenken können, zu gelangen, beginnen Sie zunächst bei den in Betracht kommenden Personen mit einer Analyse.

Suchen Sie den Point of Change!

Es genügt gutes Zuhören, Beobachten und gegebenenfalls Nachfragen. Verwickeln Sie Ihren Freundschaftskandidaten in ein Gespräch. Mimen Sie Interesse, täuschen Sie Ernsthaftigkeit vor. Wenn Sie wollen, können Sie auch mit Fangfragen arbeiten:

Beispiele:
→ »Wie geht es dir?«,
   wobei die Betonung deutlich macht, dass Sie die Frage nicht nur als Floskel meinen, sondern wirklich daran interessiert sind, zu erfahren, wie es der Person geht.
→ »Genügt dir eigentlich dein Alltag? Oder willst du nicht manchmal auch raus aus allem?«

Wie funktioniert die Freunde-Technik?

Durch die Verwendung des Wortes »auch« erwecken Sie den Anschein, selber ausbrechen zu wollen. Damit erleichtern Sie dem anderen gegebenenfalls zuzugeben, dass es bei ihm selber auch so ist.

→ »Ich hab manchmal das Gefühl rauszumüssen, ganz einfach weg, endlich wieder die Natur zu spüren und die Wärme von Menschen, die mich wirklich mögen. Kennst du das?«
Anwendung der Reziprozitätsregel: Ein Eingeständnis führt häufig dazu, dass der andere ebenfalls eines macht (vgl. *Reziprozitätstechnik*).

→ »Wer sorgt für deine Kinder, während du arbeiten gehst?«
Damit holen Sie Informationen über das private Umfeld ein, um spätere Ansatzpunkte zur Beeinflussung auszumachen.

→ »Was ist für dich das Wichtigste im Leben?«
Das ist eine Nähe herstellende Frage, um zu testen, wie offen die Person bereits Ihnen gegenüber ist.

Mit derartigen Fragen, ergänzt durch Informationen aus dritter Hand, sowie den Ergebnissen Ihrer Beobachtungen, erhalten Sie ein Profil Ihrer Zielperson. Nehmen Sie sich vor herauszufinden, welche Bedürfnisse sie hat. Dabei geht es nicht um oberflächliche Dinge, sondern um wahre Sehnsüchte.

4. Packen Sie die Zielperson bei ihren Wünschen

Nachdem Sie die Bedürfnisse ermittelt haben, gehen Sie dazu über, praktische Lösungen anzubieten.

Wenn Sie herausgefunden haben, dass Ihre Zielperson unter Einsamkeit und Kontaktscheu leidet, dann bieten Sie ihr menschlichen Kontakt:

Es stirbt der Glücklichste wünschend.
G. Chr. von Kleist

Beispiele:
→ »Komm doch mal zum Kaffeetrinken vorbei!«
→ »Hast du Lust, uns beim Trekking zu begleiten?«
→ »Komm, sitz doch nicht so allein rum, komm, ich stell dich den anderen vor!«
→ »Herr Meier, kommen Sie mit zum Essen?«
→ »Herr Meier, hätten Sie Lust, am Wochenende zum Grillen vorbeizukommen?«

Falls Ihre Zielperson aber das Bedürfnis nach Selbsterfahrung und Selbstverwirklichung hat, dann reagieren Sie darauf:

Beispiele:
- »Ich kenn da ein gutes Buch vom Sinn des Lebens.«
- »Ich hab auch mal einen Meditationskurs besucht und für mich herausgefunden, dass ...«
- »Ja, es geht darum, sein Leben sinnvoll zu verbringen, aber was ist Sinn?«

Wenden Sie, wenn Sie möchten, die *Attraktivitätstechnik* an. Gehen Sie aber in Ihrer Absicht darüber hinaus: Jetzt geht es nicht mehr nur darum, jemandem zu gefallen, sondern ihm so zu gefallen, dass dieser an einer Freundschaft mit Ihnen interessiert ist.

5. Wohlfühlfaktor

Wenn Sie Ihre Zielperson zu sich nach Hause einladen, ist es von großer Bedeutung, dass diese sich bei Ihnen bzw. in Ihren Räumlichkeiten wohl fühlt. Denn eine angenehme Atmosphäre kommt dem Bedürfnis nach menschlicher Wärme entgegen und schafft Sympathie. Räumen Sie also auf, bevor Sie einen Ordnungsfanatiker einladen, und drapieren Sie Bücher und Notizen überall in der Wohnung, wenn Sie einen Kollegen zu Besuch haben, der gerne ein Schöngeist wäre.

Das A und O dabei ist, alles so zu arrangieren, dass sich die Zielperson bei Ihnen wohl fühlt. Ob Ihnen Ihre Wohnung so gefällt, ist dabei im Moment sekundär.

6. »Celebrities« ins Spiel bringen

Ihr Prestige steigt, wenn Sie sich mit »Celebrities« als Freunden schmücken können. Damit wird auch Ihr Einfluss auf die Zielperson stärker. Es ist für Sie von Vorteil, wenn Sie intelligente Menschen, die in ihrem Beruf glänzende Leistungen bringen, oder kreative Menschen, die künstlerische Erfolge errungen haben, als Freunde präsentieren können. Das verschafft Ihnen einen guten Namen sowie Vertrauen und Sympathie.

Wie funktioniert die Freunde-Technik?

Achtung:
Es wäre aber falsch, wenn Sie Ihre Zielperson mit den Celebrities selber in Kontakt bringen würden. Denn dann besteht die Gefahr, dass diese sich gut verstehen und auf Sie als Vermittler verzichten können. Erwähnen Sie deswegen in Gesprächen diese Freunde, erzählen Sie von Ihnen, vielleicht sogar nette private Details, aber achten Sie darauf, diese nicht mit der Zielperson zu »verkuppeln«. Ein Zusammentreffen auf Geburtstagsfeiern oder sonstigen privaten Anlässen genügt vollkommen. Behaupten Sie Ihre Position: Sie sind derjenige, der alle Fäden in der Hand hat und auch weiterhin haben soll.

Beispiel:
Sie wissen, dass Ihr »befreundeter« Kollege Müller als freiberuflicher Architekt auf gute Kontakte angewiesen ist. Sie haben in Ihrem Freundeskreis einige potentielle Auftraggeber, ermöglichen Müller aber nur sporadisch und sehr langsam die Kontaktaufnahme. Sie achten darauf, alle Ihre »Freunde« zwar voneinander wissen zu lassen, aber doch nur so weit, wie es nötig ist, um die Kontakte aufrechtzuerhalten. Wenn nach einiger Zeit eine Nachfrage kommen sollte, dann erläutern Sie, dass Sie kein »Cliquen-Mensch« seien und jeden Menschen für sich sehen. Die Mischung aus Kompliment und Offenheit bewirkt meist, dass »Ihre Art« länger hingenommen wird, als es der Egoismus sonst erlauben würde.

7. Psychische Vereinnahmung des »Freundes«

Eine erfolgreiche langfristige Verhaltenssteuerung einer Person ist nur in einem isolierten Umfeld möglich. Also verändern Sie die soziale Umwelt des neuen Freundes. (vgl. auch die *Gruppentechnik*). Bieten Sie neue Bezugspersonen (obwohl, wie gesagt, die interessantesten für die Zielperson lediglich in Aussicht gestellt werden sollten) und beanspruchen Sie ihn zeitlich stark. Es ist ein erster Erfolg für Sie, wenn er nach und nach den Kontakt zu seinem alten Freundeskreis vernachlässigt.

In dieser Phase greift eins ins andere. Weben Sie nun den neuen Freund mehr und mehr in Ihrem »Spinnennetz« ein.

Schaffen Sie feste Rituale: regelmäßige Kneipenbesuche, den sonntäglichen Ausflug auf den Rennplatz, regelmäßige Grillabende im Sommer. Kündigen Sie Highlights an: ein besonders außergewöhnliches Gericht, eine attraktive Outdoor-Aktivität, gemeinsame Skiferien.

Wenn Sie möchten, dann legen Sie sich eine Art »Geheimsprache« zu: bestimmte Witze, pointierte Wortneuschöpfungen oder Gags, die nur Sie beide verstehen. Das festigt und schafft Bindung.

3. Schritt: Aus der Freundschaft Nutzen ziehen

Man erkennt niemand an als den, der uns nützt.
J. W. Goethe

Nun können Sie beginnen, aus der Freundschaft Ihre Vorteile zu ziehen. Fordern Sie sie einfach ein! Stellen Sie Ansprüche und halten Sie sich damit nicht zurück. Locken Sie weiterhin mit den Vorteilen der Freundschaft. Stellen Sie Nähe in Aussicht, den Kontakt zu Ihren berühmten Freunden, tun Sie so, als ob Sie selber jederzeit für einen Freund da wären. Das ist kein feiner Zug, aber ein lohnenswerter. Nutzen Sie ihn so lange aus, bis er Ihre Beeinflussung bemerkt.

4. Schritt: Wirkungskontrolle

Die Freunde-Technik ist auf der einen Seite gemein, auf der anderen aber auch beinahe selbstverständlich. Sie wird bereits von vielen im täglichen Umgang angewandt. Bei dem einen ist es offensichtlicher, bei dem anderen verborgener. Auf der sicheren Seite sind Sie nur dann, wenn Sie das Vorgehen erkennen – auf der Gewinnerseite, wenn Sie sich ebenso verhalten.

Skala der ethischen Bedenklichkeit

Eine erfolgreiche Anwendung der Technik erfordert das Überdenken folgender Verhaltensweisen:
→ Arglosigkeit ausnutzen
→ Hinterlistig vorgehen
→ Lügen
→ Vertrauen missbrauchen

Gerüchte-Technik

Ziele
- Den Zusammenhalt innerhalb einer Gruppe stärken
- Eigene Position innerhalb einer Gruppe stärken
- Jemanden hintergehen
  - Um ihn als Konkurrenten auszuschalten
- Jemandem schaden
  - Um einen Vorteil durchzusetzen
  - Um sich eine bessere Position zu verschaffen
- Jemanden unter Druck setzen
  - Um zu erreichen, dass dieser in seiner Leistungsfähigkeit gemindert wird

Diese Ziele erreichen Sie
- Indem Sie ein Gerücht in die Welt setzen

Besondere Voraussetzungen
- Kontakt zu Klatschbasen

Überblick
Vorsicht ist geboten beim Einsatz von Gerüchten. Sie bringen damit einen Stein ins Rollen, den Sie nicht mehr kontrollieren können. Wie eine Steinlawine zermalmt ein Gerücht den Gegner und es dauert lange, bis wieder Gras über die Sache wächst. Denn: »Semper aliquid haeret« – ein bisschen Wahrheit steckt doch in jedem Gerücht, oder?

Hintergrundwissen

Was ist ein Gerücht?
Ein Gerücht ist eine meist unbestätigte Information, die kursiert. Im Verlaufe des Ausbreitungsprozesses treten Veränderungen auf, die die ursprünglichen Ausgangsinformationen entstellen. Da keiner den Urheber eines Gerüchts ausfindig machen kann, trägt auch keiner die Schuld bei schädigender Auswirkung.

Doch wir horchen allein dem Gerücht und wissen durchaus nichts.
Homer

Wie entsteht ein Gerücht?
Gerüchte entwickeln sich überall da, wo Menschen miteinander kommunizieren. Der Wunsch nach Aufmerksamkeit und der Drang nach Anerkennung lässt vage Andeutungen entstehen, die dann wie Selbstläufer ihre Wirkung entfalten. Horst Schuh hat in seinem 1981 erschienen Buch *Psychologie des Gerüchts im Krieg* die Entwicklung eines Gerüchts dargestellt.

Zwei Besonderheiten sind hervorzuheben:

1. Verkürzung
Im Verlaufe seiner Rundreise wird das Gerücht immer kürzer und griffiger. Denn dann ist es leichter zu erzählen. Wichtige Details werden verkürzt. Nach dem Start eines Gerüchts im Sinne der stillen Post gehen nach fünf Personen rund 70 Prozent des Inhalts verloren oder werden so umgedeutet, dass die ursprüngliche Aussage nur noch schwer zu erkennen ist.

2. Dramatisierung
Ein Gerücht wird nicht sachlich oder objektiv weitererzählt. Es erfährt ganz im Gegenteil eine Dramatisierung und Zuspitzung auf bestimmte Sachverhalte. Ereignisse werden dynamisiert und durch die Vermittler kommentiert. So geschieht es, dass Unvollständigkeiten oder Ungereimtheiten ergänzt und ausgeglichen werden.

Wenn Sie einer Person schaden wollen, indem Sie ein Gerücht in Umlauf setzen, dann bedenken Sie, dass Sie damit einen Stein ins Rollen bringen, der weitere und größere Steine mit sich nimmt und sich so zu einer beachtlichen Lawine entwickeln kann. Sie können nicht exakt voraussagen, welcher Schaden einer Person dadurch entsteht; aber mit großer Wahrscheinlichkeit können Sie davon ausgehen, dass ihr ein Schaden entstehen wird.

Damit dieser Effekt eintritt, sollte das für Sie nützliche Gerücht, also das zielgerichtet schädigende Gerücht, folgenden Kriterien genügen:

→ **Hoher Neuigkeitswert** = überraschend, erstaunlich, mit der Reaktion: »Ach, das hätt' ich nicht gedacht!«
→ **Interessant und mundläufig** = prickelnd, brisant, eventuell gefährlich
→ **Komplizenschaft** = »Du, das vertrau ich jetzt aber nur dir an.«, »Bitte, sag's niemandem weiter, aber ...«, »Also, wenn das rauskommt, was ich dir jetzt sage, dann geht's dem Meier an den Kragen.«

Wie funktioniert die Gerüchte-Technik?

Sie setzen darauf, dass ein einmal in die Welt gesetztes Gerücht Wirkung entfaltet, egal, ob wahr oder erfunden. Ob diese Technik die für Ihren Zweck geeignete ist, hängt auch von Ihrer Fähigkeit ab, weitertragende Personen für das Gerücht zu interessieren. Grundsätzlich gilt, dass die Anwendung der Gerüchte-Technik umso effektiver ist, je größer der Personenkreis ist, der das Gerücht verbreiten kann. Verfügen Sie nur über einen kleinen Personenkreis, dann ist der Einsatz eines Gerüchts nicht ratsam.

Wie funktioniert die Gerüchte-Technik?

1. Schritt Auswahl der geeigneten Zielpersonen
2. Schritt Gerüchte erfinden
3. Schritt Gerücht in die Welt setzen
4. Schritt Wirkungskontrolle

1. Schritt: Auswahl der geeigneten Zielperson

Zielperson ist derjenige, dem Sie schaden wollen, um für sich einen Vorteil zu erlangen. Schaden können Sie den Personen am leichtesten, die für ihr berufliches Fortkommen auf einen guten Ruf angewiesen sind. Personen, deren Ruf bereits in Mitleidenschaft gezogen ist, sind gemäß dem Motto »Ist der Ruf erst ruiniert, lebt sich's leicht und ungeniert!« ungeeignet als Zielpersonen.

2. Schritt: Gerücht erfinden

Ein erfolgreiches Gerücht verstößt immer gegen gültige Moral. Denn Moral bietet die Grundlage für die spätere Verurteilung Ihres Opfers. Was Moral ist, bestimmt das soziale Umfeld, in dem Sie und Ihre Zielperson sich bewegen. Im puritanischen Amerika gelten andere Moralvorstellungen als in den liberalen Niederlanden, und auch die Vorstellungen darüber, was erlaubt ist und was nicht, differieren von Unternehmen zu Unternehmen. Kern des erfolgreichen Gerüchts ist, ein Verhalten der Zielperson zu erfinden, das nicht normkonform ist. Grundsätzlich speisen sich Gerüchte aus folgenden Quellen:

Beispiel Sexualität:

→ Im Vertrauen zu einem Kollegen mit geheimnisvoller Miene: »Ich glaube, der Meier ist ...« Dann folgt eine nonverbale Geste, die den Schluss zulässt, dass Sie Impotenz meinen.

→ Hinter vorgehaltener Hand: »Ich hab gehört, der Meier soll sich eine Nutte aufs Zimmer bestellt haben, und das auf Spesen!«

→ »Der Meier und seine Sekretärin, na, was da abgeht, kann man sich ja denken!«

Beispiel Familie:
- Beim Kaffee in der Kantine: »Du, ich hab gehört, dass der Meier seine Frau schlagen soll.« Danach, wenn Sie wollen, scheinheilig: »Das kann ich mir von dem gar nicht vorstellen, du etwa?«
- »Weißt du schon, was man sich erzählt: Der Chef soll Aufträge an seinen besten Freund vergeben und das sei der Grund, weswegen wir jetzt in Lieferschwierigkeiten stecken.«

Beispiel Religion:
- Mit verstohlenem Blick zu Zielperson Meier: »Der soll ja so bigott sein, geht jeden Sonntag in die Kirche.«
- Im Vertrauen zu einer Kollegin: »Na ja, Moslem ist er, das schon, und in den Islamverein geht er auch. Seine arme Frau ...«

Beispiel Finanzen:
- Im Kollegenkreis: »Dem soll das Wasser bis zum Hals stehen. Und dann hat er Zugang zu allen Konten ...«
- Zum Arbeitskollegen über Zielperson Meier: »Hast du gesehen, der hat einen neuen Mercedes. Keine Ahnung, woher der das Geld dafür hat ...«
- Beim Klönen mit Kollegen: »Also, ich hab munkeln gehört, dass der vorbestraft sein soll: irgendeine Betrugsgeschichte, aber sicher weiß ich das nicht.«

Beispiel Sozialverhalten:
- Über den neuen Kollegen Meier: »Von dem weiß man ja gar nichts. Der erzählt nie was, mit dem stimmt doch was nicht.«
- Morgens auf der Fahrt zur Arbeit zum Kollegen: »Ich weiß von meiner Bekannten, dass sie gesehen haben will, wie der Meier im Wartezimmer vom Psychiater saß ...«
- Meier nachblickend und sich dem Kollegen Schulze zuwendend: »Der ist immer so aufgedreht. Ich glaube, dass der ja morgens schon einen ...« Geste, die nonverbal das sich ansonsten anschließende »zwitschert« ersetzt.

Achtung:

Seien Sie sparsam mit dem Initiieren von Gerüchten, sonst geraten Sie unter den Verdacht, ein Mobber zu sein. Ein von anderen negativ bewertetes Sozialverhalten schadet Ihnen, denn es mindert Ihren Einfluss. Setzen Sie diese Technik dann ein, wenn Sie der Ansicht sind, dass ein Gerücht die geeignete Maßnahme ist, einen Gegner zu bekämpfen. Sie sind kein guter Anwender dieser Technik, wenn Sie sich selber ohnehin als begeisterten Tratscher bezeichnen würden. Denn dann fehlen Ihnen die rhetorische Distanz und das Kalkül im strategischen Vorgehen. Die Gerüchte-Technik erfordert wie jede andere Technik dieses Buchs eine sachliche Herangehensweise und ein Wissen um das Funktionieren von menschlichen Schwächen.

Erfinden Sie das Gerücht individuell für jede Zielperson neu. Stellen Sie dabei folgende Überlegungen an:

→ Welches Image hat sich meine Zielperson aufgebaut?
→ Welche Informationen können dieses Image nachhaltig schädigen?
→ Welche Tatsachen unterstützen die Glaubwürdigkeit des Gerüchts?

Beispiel:
Angenommen, Ihre Zielperson sei ein Würdenträger, zum Beispiel ein katholischer Pfarrer, dann besteht dessen Image darin, ein enthaltsamer, im Zölibat lebender, vergebender und vorbildhafter »Vater« zu sein. Schädigend sind folglich alle Informationen, die diesem Image entgegenstehen: So kann von Enthaltsamkeit keine Rede mehr sein, wenn sich der Pfarrer regelmäßig ausschweifenden Festlichkeiten hingibt. Das Zölibat wird unglaubhaft, wenn er eine Beziehung mit seiner Haushälterin hat, und die Tugend der Vergebung kann er nicht mehr propagieren, wenn er selber aus Rache handelt.

Für den Erfolg eines Gerüchts ist aber noch ein weiterer Punkt von ausschlaggebender Bedeutung: die Aktualität des Gerüchts. Wenn unser katholischer Pfarrer seit Jahren ein sexuelles Verhältnis mit seiner gleichaltrigen Haushälterin hat, dann kommt diesem Verhalten keine Brisanz mehr zu. Dann kann man davon ausgehen, dass sein Verhalten auf gesellschaftliches Verständnis stößt. Wenn allerdings gemunkelt wird, er hätte Kinderpornographie in seinem Computer, ganze Keller voll gewaltverherrlichender Schriften oder ein

Dem großen Erfolg verzeiht man alles.
Christine von Schweden

schwules Verhältnis mit dem Bischof, dann ist das wirklich starker Tobak und damit interessanter und geeigneter für ein mündliches Lauffeuer.

3. Schritt: Gerücht in die Welt setzen
Es gibt viele Möglichkeiten, ein Gerücht geschickt in die Welt zu setzen. Nur Dilettanten nutzen dafür nachvollziehbare Verbreitungsmedien wie die eigene Homepage, eine E-Mail unter Angabe des eigenen Accounts oder einen Brief, womöglich noch mit Absender. Bereits an Blödheit grenzte die Naivität jenes jungen Mannes, der sich für Lokalpolitik seines Heimatdorfs interessierte. Er behauptete auf seiner (!) Homepage bewusst wahrheitswidrig, dass Gemeinderätin G. in »üble Betrugsmachenschaften« verwickelt sei und »nur in die eigene Tasche wirtschafte«. Dass einige Tage später die Polizei vor seiner Tür stand und er eine Anzeige wegen Verleumdung bekam, mag nicht weiter erstaunen.

Achtung:
Achten Sie unbedingt darauf, die Grenzen des Strafrechts nicht zu überschreiten. Sie haben nichts davon, Ihrem Gegner durch ein Gerücht geschadet zu haben, wenn Sie selber dafür hinter Gittern sitzen. Also merken Sie sich Folgendes: Juristisch relevant sind Gerüchte, wenn sich die Urheber oder Verbreiter des Gerüchts sowie schädliche Folgen des Gerüchts benennen lassen. In diesem Fall kann der Tatbestand der üblen Nachrede (§ 186 StGB) oder der vorsätzlichen Verleumdung (§ 187 StGB) erfüllt sein.

Bedenken Sie, dass selbst die raffiniertesten Formulierungen Sie nicht vor Strafe schützen, wenn nachgewiesen werden kann, dass Sie bewusst wahrheitswidrig zum Schaden eines anderen agiert haben. Sie handeln hier stets auf eigene Gefahr, selbst wenn Sie sich an Folgendes halten:

Wie funktioniert die Gerüchte-Technik?

Sagen Sie nicht:
- »Ich habe genau gesehen, wie ...«, sondern »Jemand behauptet, gesehen zu haben, wie ...«
- »Ich weiß, dass der Meier ...«, sondern »Ich habe gehört, dass der Meier ...«
- »Der Meier ist Alkoholiker«, sondern »Du, der hat aber eine rote Trinkernase. Nicht dass ich behaupten will, er trinke, weiß Gott nicht, nein ...«
- »Der Chef treibt es mit Frau Müller«, sondern »Du, die Tür vom Chef zum Büro von der Müller steht schon wieder offen ...«

Sprechen Sie in Glaubenssätzen:
- »Ich könnte mir vorstellen, dass ...«
- »Ich halte es schon für möglich, dass ...«

Knüpfen Sie an reale Tatsachen an, die auch andere gesehen oder gehört haben:
- »Gell, die Bürotür vom Meier ist immer geschlossen, wenn der Herr vom Bauamt vorbeikommt ... ?«
- »Ja, hast du auch gesehen, wie der Meier aus dem Büro von der Hansen rauskam?«

Gedanken nicht zu Ende führen, nur antippen:
- »Ja, na ja, wer weiß ...«
- »Na, ob das da ganz koscher zugeht ...«

Sich auf Allgemeines zurückziehen:
- »Gemauschelt wird doch überall ...«
- »Ach, wo gibt es keine Vorteilsnahme ...«
- »Ach ja, es denkt doch jeder zuerst an sich ...«

Suchen Sie sich dann geeignete Multiplikatoren aus. Sie sollten folgenden Kriterien genügen:
- Große Tratschbase
- Sozial kompetent und verstrickt in ein weites Netzwerk mit anderen Personen
- Jemand, der Sie für glaubwürdig hält (»aus sicherer Quelle«)
- Jemand, der über sehr guten Kontakt zu wichtigen Personen verfügt bzw. Personen kennt, die über einen solchen verfügen
- Jemand, der Ihrer Zielperson gegenüber neutral eingestellt ist

4. Schritt: Wirkungskontrolle
Den Erfolg der Technik können Sie am besten dann überprüfen, wenn Sie einen engen Kontakt zu Ihrer Zielperson halten. Sich nahe bei dem Opfer aufzuhalten ist der beste Schutz vor Entdeckung. Niemals würde man jemandem aus dem engeren Vertrautenkreis zutrauen, dass er ein schädigendes Gerücht in die Welt setzt.

Skala der ethischen Bedenklichkeit

Eine erfolgreiche Anwendung der Technik erfordert das Überdenken folgender Verhaltensweisen:
→ Arglosigkeit ausnutzen
→ Hinterlistig vorgehen
→ Lügen
→ Vertrauen missbrauchen
→ Menschen als Werkzeuge einsetzen

Gruppentechnik

Ziele
→ Jemanden dazu bringen, gegen seine Interessen zu handeln
→ Eigene Position innerhalb einer Gruppe stärken
→ Jemanden kontrollieren
  • Um (weiterhin) Einfluss auf ihn ausüben zu können
→ Jemanden unter Druck setzen
  • Um zu erreichen, dass dieser etwas sagt oder tut

Diese Ziele erreichen Sie
→ Indem Sie den »Gruppenmechanismus« einzusetzen wissen

Besondere Voraussetzungen
→ Auf eingefleischte Individualisten kaum anwendbar

Überblick
Eine Person, die Teil einer sozialen Gruppe ist, spürt weniger Verantwortung für das eigene Verhalten. Denn ein Gruppenmitglied trägt keine Alleinverantwortung, sondern ist Teil des Ganzen, der Gruppe. Gruppenmitglieder tendieren daher eher zur Wahl »riskanter Alternativen«. In der Sozialpsychologie wird dafür der Begriff »risky-shift« verwendet. Dieser Mechanismus taugt prima zur Beeinflussung einzelner Personen.

Hintergrundwissen

Was ist eine Gruppe?
Eine Gruppe ist eine Personenmehrheit, die sich Face-to-Face in relativ häufiger Interaktion befindet. Beispiele solcher Gruppen sind Teams, Kollegen, Cliquen, Freundeskreis, Familie.

Was bewirkt eine Gruppe?
Die Wahrscheinlichkeit, dass eine Person in einer Gruppe eine ansonsten ungewöhnliche Verhaltensweise zeigt, wächst unter folgenden Bedingungen:

1. Je anonymer die Person innerhalb einer großen Gruppe bleiben kann, desto wahrscheinlicher ist es, dass sie sich mit ihrem Verhalten der Gruppe anpasst.
2. Je mehr sich eine Person auch gefühlsmäßig von der Gruppe aktivieren lässt, desto eher wird sie sich von den Handlungen der Gruppe mitreißen lassen.

Was normalerweise durch Reflexion und Normkonformität unterdrückt wäre, kommt nun zum Ausbruch. Die Sozialpsychologie hat dafür den Begriff Deindividuation geprägt. Die betreffende Person lässt bisher von ihr anerkannte soziale Normen vollkommen unbeachtet oder folgt temporär und situationsabhängig anderen Normen.

Wie funktioniert die Gruppentechnik?

Als Anwender der Gruppentechnik setzen Sie das Wissen über die deindividualisierende Wirkung von Gruppen ein, um einzelne Personen zu beeinflussen. Ihr Ziel ist, Personen dazu zu bringen, etwas zu tun bzw. zu unterlassen, was Sie sonst (außerhalb einer Gruppe) nicht tun würden.

Wie funktioniert die Gruppentechnik?

1. Schritt Auswahl der geeigneten Zielperson
2. Schritt Zielperson in eine Gruppe locken
3. Schritt Rückzug sichern
4. Schritt Wirkungskontrolle

1. Schritt: Auswahl der geeigneten Zielperson

Voraussetzung der erfolgreichen Anwendung ist die Bereitschaft einer Person, sich Gruppen anzuschließen. Ein sturer Einzelgänger kann nur mit erheblichem Aufwand in eine Gruppe eingegliedert werden. Er wäre daher keine geeignete Zielperson. Besser ist die Technik bei kontaktfreudigen Menschen anzuwenden. Wenn diese zusätzlich über wenig ausgeprägtes Selbstbewusstsein verfügen und sich gerne hinter den Entscheidungen anderer verstecken, umso besser für Sie.

2. Schritt: Zielperson in eine Gruppe locken

Der zweite Schritt besteht darin, Ihre Zielperson in eine Gruppe zu integrieren, um später dann den Gruppenmechanismus für sich zu nutzen. Es gibt hier mindestens zwei Möglichkeiten:

→ **Systematisches Vorgehen**: Sie locken jemanden in eine bereits bestehende Gruppe, deren Ziele sich mit den Ihren decken.
→ **Mit dem Zufall rechnendes Vorgehen**: Sie starten Ihre Beeinflussungsversuche dann, wenn Sie Ihre Zielperson als Teil einer Gruppe »erwischen«.

1. Systematisches Vorgehen

Wenn Sie eine Person in eine Gruppe locken wollen, dann legen Sie den Schwerpunkt Ihrer Bemühungen auf die Überredung, »zumindest einmal daran teilzunehmen«. Alles Weitere überlassen Sie dem Gruppenmechanismus.

Beispiel:
Wenn Sie für jeden angeworbenen freien Mitarbeiter Prozente bekommen, dann bemühen Sie sich, jede in Betracht kommende Zielperson zum Besuch einer Promotion-Veranstaltung zu überreden. Sie wissen, dass viele, sobald sie erst einmal dort sind, dem Gruppendruck erliegen und sich anwerben lassen. Ebenso legen Sie als Veranstalter von Kaffeefahrten besonders großen Wert auf verführerische Lockangebote. Denn Sie wissen: Wer an der Fahrt teilnimmt, der kann sich dem Gemeinschaftsgefühl und dem daraus resultierenden Gruppendruck nur schwer entziehen.

Legen Sie bei neuen Mitarbeitern besonderen Wert darauf, dass diese gründlich eingearbeitet werden. Geben Sie sich nett mit dem Ziel, den neuen Angestellten möglichst reibungslos in die bestehende Mitarbeitergruppe zu integrieren. Der Neuling wird sich rasch den Gegebenheiten der Gruppe und damit dem Gruppenmechanismus unterwerfen.

Beispiel:
Sie führen den neuen Mitarbeiter ausgiebig in der Firma herum, stellen ihn persönlich den wichtigsten Kollegen vor und machen ihn gründlich mit den Besonderheiten vertraut:
→ »Das ist nun Kollege Müller, der Ihnen ausführlich zeigen wird, wie die Daten organisiert sind ...«
→ »Wenn Sie irgendwelche Fragen haben, wenden Sie sich jederzeit an mich ...«
→ »Die Kollegen treffen sich regelmäßig einmal im Monat zu einem kleinen Umtrunk, zu dem Sie natürlich herzlich eingeladen sind.«

Um einen neuen Kollegen einzubinden und ihn besser unter Kontrolle zu haben, schlagen Sie ihm vor:
→ »Wir treffen uns immer mittwochs zum Kegeln. Wenn du willst, komm doch auch!«
→ »Unsere Abteilung geht mittags immer gemeinsam essen. Kommst du auch mit?«

Mit kleinen Bemerkungen nutzen Sie den Gruppenmechanismus, schon bevor der neue Kollege die anderen Kollegen überhaupt kennen gelernt hat:

→ »Wir rauchen hier alle, ich hoffe, das stört dich nicht?«
→ »Bei uns ist es üblich, dass jeder seinen eigenen Laptop mitbringt.«
→ »Wir fangen alle immer erst Viertel nach an.«
→ »Wir öffnen das Fenster immer nur von drei bis halb vier.«

Die meisten Neulinge legen Wert auf ein angenehmes Arbeitsklima und wollen nicht unangenehm auffallen. Deswegen fügen diese sich meistens dem Gruppendruck.

2. Mit dem Zufall rechnendes Vorgehen
Sie können aber den Schwerpunkt der Beeinflussungstätigkeit auch auf später verschieben. Das bietet sich dann an, wenn Sie wissen, dass Ihre Zielperson früher oder später als Mitglied einer Gruppe auftreten wird. Dann nutzen Sie zu gegebener Zeit den Gruppenmechanismus, um Ihre Ziele durchzusetzen.

Beispiel:
Ihnen ist Müller unterstellt, der alles in allem immer mal wieder Schwierigkeiten macht. Um den Gruppendruck zu nutzen, verlegen Sie deswegen die Aufgabenverteilung in das Meeting. Sie tragen ihm besonders komplizierte Aufgaben auf. Die ersten ein, zwei Male könnte er sich wehren. Dann aber wird die Gruppe mürrisch und spätestens bei der dritten Aufgabenzuweisung fragen Sie: »Würden Sie denn wenigstens diesmal das übernehmen wollen, Herr Müller?«

3. Schritt: Rückzug sichern
Bitte achten Sie nach einer erfolgreichen Anwendung der Gruppentechnik darauf, als Anstifter und Manipulator unerkannt zu bleiben. Sie sollten Ihre Absichten immer gut verbergen, sich niemandem offenbaren und Ihre Erfolge im Geheimen feiern. Bei der Gruppentechnik können Sie allerdings ziemlich beruhigt sein. Sie ist für die Opfer kaum nachzuvoll-

ziehen, da die dahinterstehende Absicht auch bei möglichem Verdacht schwer zu durchschauen ist.

4. Schritt: Wirkungskontrolle
Ob die Anwendung erfolgreich war oder nicht, lässt sich bei dieser Technik häufig nur mittelbar erkennen. Denn Sie können nicht sicher wissen, wie das Opfer reagiert hätte, wenn Sie die Technik nicht angewendet hätten. Vertrauen Sie deswegen auf die Wirksamkeit, denn Schaden fügt sie nur dem Opfer zu.

Skala der ethischen Bedenklichkeit

Eine erfolgreiche Anwendung der Technik erfordert das Überdenken folgender Verhaltensweisen:
→ Arglosigkeit ausnutzen
→ Hinterlistig vorgehen

Hypnosetechnik

Ziele
→ Jemanden hintergehen
- Um das Gefühl uneingeschränkter Macht über eine Person kennen zu lernen

→ Jemanden kontrollieren
- Um die eigenen Grenzen und Möglichkeiten zu erfahren
- Um einen gefügigen Gehilfen zu haben
- Um (weiterhin) Einfluss auf ihn ausüben zu können

→ Macht ausüben
- Um selbstbewusster zu werden

Diese Ziele erreichen Sie
→ Indem Sie im privaten Bereich spielerisch mit Hypnosetechniken experimentieren

Besondere Voraussetzungen
→ Funktioniert nur bei hypnosegeeigneten Persönlichkeiten

Überblick

Einmal erfahren zu haben, wie es ist, einen anderen Menschen total in der Hand zu haben, kann zu einer veränderten Selbstwahrnehmung führen. Es verschafft unglaubliche Befriedigung, zu wissen, zu welch unglaublichen Verhaltensweisen man einen Menschen bringen kann. Warum nicht einmal seinem Spieltrieb freien Lauf lassen und mit der Urform aller Manipulationen experimentieren? Wenden Sie diese »Freizeittechnik« ruhig einmal an. Jeder kann lernen zu hypnotisieren. Es sind keine geheimnisvollen Kräfte beteiligt, sondern arrangierbare Randbedingungen und die Anwendung bestimmter Sprachmuster.

Hintergrundwissen

Was ist Hypnose?
Wie Hypnose genau funktioniert, ist wissenschaftlich immer noch nicht vollständig geklärt. Aber nach dem Pawlowschen Punktreflex-Gesetz führt jeder intensive andauernde oder monoton sich wiederholende Reiz, der durch die Nervenbahnen einen bestimmten Punkt in der Hirnrinde erreicht, früher oder später zu einer zwangsartigen Schläfrigkeit. Das ist der Trancezustand. Es ist ein Zustand zwischen Wachsein und Schlaf, so etwas wie ein halbes Bewusstsein. In diesem Zwischenstadium können Sie einer Person Befehle erteilen, die diese, nachdem sie aus der Trance erwacht ist, ausführt (posthypnotische Befehle). Teilweise wird behauptet, dass Befehle, gleich welche ethische Qualität sie haben, vom Opfer befolgt werden. Das ist unglaublich reizvoll. Hier können Sie Ihrer schwarzen Seele freien Lauf lassen.

Was kann Hypnose bewirken?
Hypnose macht möglich, was jeden Skrupellosen ins Schwärmen geraten lässt: uneingeschränkte und unbemerkte Machtausübung über eine Person.

Beispiel: Eine wahre Begebenheit
Ein Mann manipulierte eine 24-jährige verheiratete Frau über einen Zeitraum von insgesamt sieben Jahren. Er tarnte sich als Arzt. Als er sein Opfer zum ersten Mal traf, suggerierte er ihr Krankheiten, die nur er heilen könne und die sonst unweigerlich zu einem qualvollen Tod führen würden. Diese hypnotisch eingepflanzte Todesangst verleitete die junge Frau dazu, ihm nach und nach eine hohe Summe von Geld zu beschaffen durch Darlehen und Diebstähle. Wenn er mit der jungen Frau schlafen wollte, dann suggerierte er ihr Bewegungsunfähigkeit. Er schaffte es sogar, durch Hypnose die Frau zu einem Mord- und Selbstmordversuch zu bringen.
(Gerichtspsychiater Ludwig Mayer 1937)

Beispiel: Die Forschungsergebnisse von Margaret Brenman
Margaret Brenman unternahm in den 40er Jahren folgenden Versuch: Sie versetzte eine junge Studentin in Hypnose und suggerierte ihr, dass sie

aus ihrer Jacke eine Fünfdollarnote stehlen und in ihre eigene Geldbörse stecken solle. Tatsächlich tat das die Studentin. Damit belegte Brenman, dass es möglich ist, Personen durch Hypnose so zu manipulieren, dass sie wie willenlose Werkzeuge Befehle ausführen. Nur, einfach ist das nicht. Auch bei Margaret Brenman klappte es erst beim zweiten Versuch.

Beispiel:
Der dänische Arzt und Psychotherapeut Paul J. Reiter berichtet von einer weitreichenden Hypnose durch einen Gefangenen. Im Frühling 1947 begegnete im Staatsgefängnis Horsens in Dänemark der Strafgefangene Nielsen dem 23-jährigen Mithäftling Palle Hardrup. Letzterer soll im Laufe der Zeit Nielsen derart vertraut haben, dass dieser ihn durch Hypnose dazu brachte, mehrere (posthypnotische) Morde zu begehen.

Selbstverständlich heißt es, trotz dieser Beispiele realistisch zu bleiben. Sie werden den Chef im Büro durch Hypnose nicht dazu bringen, Ihnen ein höheres Gehalt zu zahlen. Auch Konkurrenten können Sie dadurch nicht ausschalten und eine begehrte Kollegin wird sich auch nicht so einfach »durch Hypnose« rumkriegen lassen. Aber das heißt nicht, dass Sie die Hypnosetechnik nicht anwenden sollten. Lesen Sie dieses Kapitel durch und überlegen Sie, ob Sie in Ihrer Freizeit nicht Lust haben, aus Experimentierfreude Randbedingungen zu schaffen, um den einen oder anderen Versuch im Freundes- und Bekanntenkreis zu starten. Wieso auch nicht die Urform der Manipulation ausprobieren, einmal erfahren, wie es ist, einen Menschen total zu kontrollieren? Therapeuten, die mit Hypnose arbeiten, kennen das Gefühl. Warum nicht auch Sie?

Da in diesem Buch nur wenig über Gutes gesprochen wird, soll auch im Rahmen der Hypnosetechnik die dunkle Seite Ihres Machttriebes befriedigt werden. Wenn Sie Hypnose also von Beginn an in »böser« Absicht anwenden wollen, dann haben Sie gleich eine doppelte Herausforderung zu bewältigen:

→ zunächst die Grundelemente der Hypnose zu erlernen und dann
→ die Besonderheiten der unethischen Suggestionen zu beachten

Wie funktioniert die Hypnosetechnik?

1. Schritt   Auswahl der geeigneten Zielperson
2. Schritt   Zielperson in Trance versetzen
3. Schritt   Befehle erteilen
4. Schritt   Wirkungskontrolle

1. Schritt: Auswahl der geeigneten Zielperson:
Extrovertierte Menschen eignen sich meist besser als introvertierte Typen. Denn Erstere sind gewöhnt, offen mit Empfindungen umzugehen und sie zu zeigen. Für Sie ist das ein Vorteil, weil Sie leichter erkennen, wann eine Hypnose bzw. Trance Wirkung zeigt und wann nicht.

Grundsätzlich ist die Suche nach einer hypnosegeeigneten Person ziemlich ernüchternd:

Der Hypnoseforscher Ernest R. Hilgard hat 1965 eine Reihe von Studien zur Hypnose zusammengefasst und herausgefunden, dass im Durchschnitt 20 Prozent der untersuchten College-Studenten kaum, 47 Prozent leicht, 20 Prozent moderat und 13 Prozent höchstgradig hypnotisierbar waren.

Damit können Sie also nur bei einer Minderheit jemals eine solche Trancetiefe erzielen, in der Ihr fremder Wille uneingeschränkt als der eigene erlebt wird. Aber es muss ja nicht gleich ein solcher »hypnotischer Virtuosos« sein. Je ethischer Ihre Befehle sein sollen, desto einfacher lässt sich eine Zielperson finden. Achten Sie darauf, wie aufgeschlossen jemand darauf eingeht, wenn Sie behaupten, sie könnten hypnotisieren. Nutzen Sie Vorwände, Lügen, Storys, um Glaubwürdigkeit zu erzeugen. Das Ganze funktioniert am besten im privaten Umfeld, in einer lockeren Atmosphäre.

Wenn Ihnen sowieso der Ruf vorauseilt, ein zwar dominanter, aber durch und durch seriöser Mensch zu sein, umso besser. Ansonsten kann es auch nicht schaden, sich in dieser Rolle (vgl. *Charisma-Technik*) zu üben. Um es sich einfacher zu machen, sollten Sie bei Fremden beginnen. Denn diese kennen Sie nur als denjenigen, der Sie vorgeben zu sein (vgl. *Impression Management-Technik*). Mit dem Image der faszinierenden Persönlichkeit, die stark und vertrauenswürdig ist, fällt es Ihnen leichter, Versuchspersonen zu finden.

Tipp:
Im Urlaub ist es am einfachsten, rasch enge Bekanntschaften zu machen und sich in einer Rolle zu üben. In diesem beinahe »straflosen« Raum könnten Sie mit Ihren ersten Hypnoseversuchen beginnen. Hier können Sie sich gefahrlos blamieren, falls es schief geht.

2. Schritt: Zielperson in Trance versetzen
Nachdem Sie eine aufgeschlossene Person ins Auge gefasst haben und diese sich bereit erklärt hat, mit Ihnen das Abenteuer Hypnose zu starten, geht es im zweiten Schritt darum, sie in Trance zu versetzen. Das funktioniert zum einen durch Herbeiführen eines entspannten Zustands (zum Beispiel nachmittags in einem abgelegenen gemütlichen Ferienhaus, abends nach einem guten Essen, nachts nach ein paar Gläschen Wein) und zum anderen durch Anwenden der hypnotischen Sprache:

1. Entspann dich!
Lotsen Sie Ihre Zielperson in einen ruhigen Raum. Versuchen Sie Nebengeräusche abzustellen und vermeiden Sie alles, was ablenken könnte (also keine wechselnden Lichtquellen wie eine flackernde Kerze, Lärm von draußen, Stimmen usw.). Das berühmte Pendel dient dazu, die Konzentration zu fokussieren. Sie können ein solches benutzen, müssen es aber nicht. Es ist vollkommen ausreichend, wenn Sie Ihren Kandi-

daten auffordern, Ihnen in die Augen zu blicken. Halten Sie dabei festen Blickkontakt.

2. Hör mir zu!
Sprechen Sie mit Ihrer Zielperson so, dass diese sich bei Ihnen sicher fühlt. Tun Sie so, als wüssten Sie genau, wovon Sie sprechen. Für die Zielperson muss alles, was Sie sagen, stets unwiderlegbar sein. Greifen Sie am besten auf Dinge zurück, von denen Sie genau wissen, dass sie geschehen sind. Setzen sie nun die so genannte Yes-Set-Strategie ein. Dabei werden Tatsachen mit einem Ereignis verknüpft, das bald stattfinden wird. Die Zielperson wird die Tatsachen, die sie erwähnen, innerlich mehrmals bejahen und dadurch für die nächsten Suggestionen empfänglicher.

Beispiel:
»Auf dem Weg zu mir bist du vielen Menschen begegnet. Dabei bist du durch den großen Torbogen gegangen. Aber jetzt bist du hier, hörst mir zu und beginnst dich zu entspannen.«

3. Die wichtigen Konjunktionen »weil« und »deshalb«
Verwenden Sie Konjunktionen. Das sind Bindewörter wie zum Beispiel *daher, darum, denn, dennoch, deshalb* oder *als, bis, bevor, falls, weil*. Bindewörter verbinden Satzteile und Sätze miteinander und wirken harmonisierend. Darüber hinaus helfen sie die Suggestion zu intensivieren und eine Trance zu vertiefen.

Beispiele:
→ »Deine Hände sind schwer, *weil* sie müde sind.«
→ »Dein Körper lockert sich, *denn* du bist ganz entspannt.«

Am besten eignen sich die Konjunktionen *weil* und *deshalb*. Selbst wenn Sie versehentlich eine widersprüchliche Aussage voransetzen (was immer mal passieren kann), so bewirken diese Bindewörter, dass die Aufmerksamkeit der Zielperson quasi ausgeschaltet wird. Denn *weil* und *deshalb* stehen für einen plausiblen Kausalzusammenhang, der nach diesen Worten immer erwartet wird. Sollten Sie eine leichte Irritation bei der Zielperson bemerken, dann flechten Sie sicherheitshalber ein:

Beispiel:
»Gerade weil das widersprüchlich ist, wird es einfacher für dich sein, in tiefe Trance zu gehen.«

4. Die Schlüsselworte »sobald« und »bevor«
Die Worte *sobald* und *bevor* fokussieren die Aufmerksamkeit auf ein Ereignis, das stattfinden wird. Durch den Gebrauch dieser Worte bestimmen Sie, wann eine Aktivität der Zielperson zu beginnen hat wann sie zur nächsten übergeht. Sie wird dadurch in eine Erwartungshaltung versetzt.

Beispiel:
»Bevor ich dir nicht erlaube, dich zu entspannen, kannst du nicht erahnen, wie schön das ist. Sobald ich dir den Befehl erteile, wirst du es spüren.«

5. Übergang in die Trance
Beobachten Sie das Verhalten Ihrer Zielperson. Sie können an der Reaktionsaufmerksamkeit den Grad feststellen, bis zu dem sie sich vertiefen kann. Zeigt sie keinerlei Reaktionsveränderungen und blickt Sie nach wie vor wach mit offenen Augen an, dann hat es noch nicht funktioniert. In einem solchen Fall brechen Sie den Versuch ab. Tarnen Sie den gesamten Vorgang am besten als Spaß, damit kein Verdacht geschöpft wird. Sobald Sie aber bemerken, dass der Lidschlagreflex langsamer wird, machen Sie weiter. Suggerieren Sie, dass sich die Augen bald schließen werden.

Beispiel:
»Deine Lider sind schwer und du wirst müde, so müde. Deine Augen schließen sich, sie schließen sich.«

Mit folgendem Trick erreichen Sie, dass Ihr Opfer glaubt, Sie hätten bereits die Kontrolle übernommen:

Nutzen Sie die Tatsache, dass nach dem Ausatmen zwangsläufig Einatmen folgt. Sie suggerieren in dem Moment, in dem sie ausatmet, dass sie tief einatmet. Damit verknüpfen Sie ein offensichtliches Verhalten mit einer Suggestion. Sie nehmen ein Verhalten vorweg, von dem Sie genau wissen, dass die Person es im nächsten Moment tun wird.

Beispiel:
»Noch bevor du diesen Ort verlässt, atmest du tief ein.«

3. Schritt: Befehle erteilen

Nun ist Trance eingetreten. Jetzt können Sie beginnen, Ihre Befehle zu setzen. Gehen Sie vorsichtig und harmonisch dazu über. Sagen Sie Ihrer Zielperson zuerst, was sie sich vorzustellen hat. Dann flechten Sie die Befehle ein.

Verknüpfen Sie dabei immer eine Tatsache mit einer Behauptung. Nur so wird die Behauptung widerstandslos angenommen. Achten Sie auf die »Wenn-dann-Formulierung«: wenn A, dann B. Die Zielperson nimmt nämlich an, dass, wenn das eine stimmt, das andere zwangsläufig auch zutreffen muss. Damit können Sie Ereignisse, die in der Zukunft liegen, dazu verwenden, ein Verhalten in einem späteren Moment auszulösen. Geben Sie vor, was sie wann tun wird:

Beispiel:
»Wenn du dort angekommen bist, dann kannst du aus der Ferne schon das wunderbare Blau des Meeres sehen. Sobald du den Sand des Strandes unter den Füßen spürst, wirst du wissen, dass du dort ein tiefes Loch graben wirst.«

1. *Üben Sie Zwang aus – aber unauffällig*

Das Hinderlichste, was passieren kann, ist Widerstand während der Suggestionen. Um dem vorzubeugen, sind Worte zu vermeiden, die das Opfer an Zwang erinnern. Streichen Sie also Wörter wie *müssen* und *sollen* aus Ihren Suggestionen.

Sagen Sie nicht »du musst das mitnehmen«, sondern »sobald du die Tischlampe siehst, wirst du den Wunsch verspüren, sie mitzunehmen«.

2. Das Opfer soll keinen Widerstand leisten

Vermeiden Sie die Verwendung von exakten Zeitangaben, wenn Sie die Ausübung eines bestimmten Verhaltens erreichen möchten. Arbeiten Sie mit Gemeinplätzen. Machen Sie keine Aussagen, die das Opfer überprüfen kann.

Beispiele:
→ »Du wirst in Kürze auf einen Baum klettern wollen.«
→ »Du wirst bald unglaublichen Hunger verspüren.«
→ »Du wirst bald einen Kieselstein aufheben und ihn nicht mehr hergeben wollen.«

3. Was tun bei Widerstand?

Es kann vorkommen, dass Sie Worte so unglücklich wählen, dass die Person Widerstand leistet. Sie verzieht die Miene oder schüttelt den Kopf oder Sie merken an anderen Reaktionen, dass etwas nicht stimmt. Vielleicht haben Sie unbeabsichtigt unangenehme Erinnerungen wachgerufen. Dann können die Wörter *je* und *desto* diesen Prozess unterbrechen:

Beispiele:
→ »*Je* mehr unangenehme Erinnerungen du hast, *desto* tiefer gehst du in der Vergangenheit zurück.«
→ »*Je* schlimmer diese Situation für dich ist, *desto* weiter entfernst du dich von ihr.«

4. Was tun, wenn die Suggestion von außen gestört wird?

Es kann sein, dass trotz aller Vorsichtsmaßnahmen Störungen von außen auftreten. Wenn es sich um eine große Störung handelt (also jemand den Raum betritt oder das Telefon klingelt), dann brechen Sie ab. Wenn es sich aber um kleinere Störungen handelt, dann kann der Versuch gelingen, die Störung in die Suggestion einzubauen. Stört beispielsweise Vogelgezwitscher, dann verfahren Sie folgendermaßen: Verbinden Sie das Vogelgezwitscher mit einer Behauptung, die Sie sich ausdenken.

Beispiel:
»Während Sie im Büro sitzen, hören Sie von draußen Vogelgezwitscher. Sie sehnen sich nach der Natur und einem Spaziergang im Park.«

Der Einbau in eine bestehende Suggestion sollte feinfühlig erfolgen. Auf keinen Fall darf die Zielperson merken, dass eine Störung eingebaut wurde.

5. Verbrecherische Suggestionen
Das ist ein heikles Thema. Es ist auch nicht einfach, solche einzupflanzen. Meist besteht noch ein Rest von Persönlichkeit auch in Trance. Dieser Persönlichkeitsrest weigert sich womöglich, den Befehl anzunehmen. Arbeiten Sie nun mit etwas Fiesem, nämlich mit Ängsten. Denn der entscheidende Affekt, der die Zielperson zur Verwirklichung einer schändlichen Handlung zwingt, ist Angst.

Beispiele:
- »Du wirst jetzt in einem vollkommen willenlosen Zustand an dem Mann, der gleich vor dir steht, alles tun, was er von dir verlangt. Danach wirst du dich an nichts mehr erinnern können. Du wirst an das Wort KRUMMBEIN denken, dann kommst du in einen so tiefen Schlaf, dass du dich nie mehr daran erinnern kannst, was mit dir geschehen ist und wo du gewesen bist.«
- »Du weißt genau, dass du die Tischlampe aus dem Hotelzimmer mitnehmen musst. Du weißt, wenn du es nicht tust, werden Geister aus der Unterwelt mit ihren Krallenhänden nach dir greifen. Du weißt, dass nur das Licht dieser Lampe dich schützen kann.«

Wenn Sie einer Zielperson in experimentierfreudiger Absicht den posthypnotischen Befehl zum Ohrfeigen der netten Zimmernachbarin erteilen möchten, dann bedenken Sie, dass Sie zwar nur spielen, aber vielleicht doch ein besserer Hypnotiseur sein könnten, als Sie vermutet haben. Um auf Nummer sicher zu gehen, geben Sie softere Befehle.

Tipp:
Vermeiden Sie bei Ihren Suggestionen Begriffe wie *töten, stehlen, klauen, betrügen, fälschen* usw. Falls ein Rest von Persönlichkeit in der Zielperson schlummert, kann dieser sich dagegen zur Wehr setzen. Suggerieren Sie deswegen, dass die Personen jemandem einen *Gefallen erweist, jemanden glücklicher werden lässt, befreit* oder Ähnliches. Zur Einpflanzung von extremen Befehlen bedarf es ohnehin mehrerer Sitzungen. Der Erfolg ist keineswegs garantiert, aber deswegen noch lange nicht unmöglich.

6. *Die Ausführung der Tat sichern*
Um sicherzugehen, dass das Opfer die Befehle auch ausführt, suggerieren Sie schlimme Folgen bei Ungehorsam.

Beispiel:
»Du wirst sofort starke Kopfschmerzen spüren, wenn du nur den geringsten Versuch machen solltest, dich meinen Befehlen zu widersetzen. Widersetzt du dich aber trotzdem, wird dein Gehirn vollständig versagen. Dein Kopf wird sich mit Blut füllen und deinen Schädel zum Platzen bringen. Du fällst krank um und kannst dich nicht mehr bewegen.«

Wenn Ihre Zielperson an Gott glaubt, besteht eine raffinierte Variante in Suggestionen folgender Art:

Beispiel:
»Wenn du auch nur zögern solltest bei der Ausführung meiner Befehle, wird Gott dich dafür strafen. In deinem Nacken wirst du die Kralle des Teufels spüren und verflucht wirst du sein auf ewig.«

Glück haben Sie, wenn Ihre Zielperson abergläubisch ist. Suggerieren Sie, dass sie vom Pech verfolgt wird, wenn sie Ihrem Befehl nicht Folge leistet:

Beispiel:
»Wenn du die Tischlampe aus deinem Hotelzimmer nicht mitnimmst, wirst du auf ewig vom Pech verfolgt. Denn alles, was du anfängst, wird dir misslingen.«

7. Die eigene Tarnung sichern

Um sicherzugehen, dass Ihr Opfer nach Durchführung der posthypnotischen Tat (also der Handlungsaufforderung, die Sie suggeriert haben) sich nicht selber stellt, suggerieren Sie, dass sie sich an nichts mehr erinnern wird oder dass ihr Schlimmes zustoßen wird, falls sie nicht ausführt, was Sie befohlen haben.

Beispiel:
→ »Du wirst dich an das Geschehen nur erinnern können, wenn du ein bestimmtes Zeichen siehst. Das Zeichen ist ein grünes Tuch mit einem roten Stern. Erst wenn du dieses Zeichen siehst, wirst du dich an das Geschehen erinnern. Erst wenn du das grüne Tuch mit dem roten Stern siehst, wirst du dich erinnern.«
→ »Du wirst dich nur erinnern können, wenn ich dir das Wort KRUMM-BEIN nenne, das du aber jetzt sofort wieder vergessen wirst. Niemand außer mir kennt das Wort und auch du selbst weißt es jetzt schon nicht mehr.«
→ »Wenn du so denkst und fühlst, wie ich es dir befehle, dann bist du in Sicherheit. Wenn du aber davon abweichst, dann werde ich das bemerken und dich bestrafen. Ich werde es merken und dich bestrafen.«

8. Versiegeln

Als Schutz vor Entdeckung »versiegeln« Sie Ihr Suggestionsopfer. Darunter versteht man Folgendes:
»Es kann dich außer mir niemand mehr hypnotisieren.«

Wenn Sie Hypnose aus Jux mit einem Freund zusammen an einer Person ausprobieren, dann können Sie auch hinzufügen:
»Es kann dich außer mir niemand mehr hypnotisieren. Es sei denn, ich erlaube dies einer anderen Person.«

Versiegeln klappt auch in Kombination mit suggerierter Angst:
»Erlaube niemandem, dich zu hypnotisieren. Alles ist verloren, wenn
das geschieht. Du wirst der ewigen Verdammnis anheim fallen, wenn
dies geschehen sollte. Du wirst nur mir erlauben, dich zu hypnotisieren.«

9. Nächste Hypnose vereinfachen
Wenn Sie Fortschritte gemacht haben und so weit sind, dass Ihr Opfer Ihren Willen als eigenen akzeptiert, dann können Sie einen Befehl einpflanzen, der die nächste Hypnose vereinfacht. Es sind dann keine aufwändigen Prozeduren mehr erforderlich, um es erneut langwierig in Trance zu versetzen.

Beispiel:
»Jedes Mal, wenn ich dich an der linken Hand anfasse und deinen kleinen Finger nach oben biege, fällst du in tiefen Schlaf. Du fällst in einen so tiefen Schlaf, wie du ihn jetzt schläfst.«

10. Dessuggerieren – Hypnose beenden
Am Ende der Sitzung achten Sie darauf, dass Sie alle gegebenen Suggestionen wieder beenden – mit Ausnahme jener Suggestionen, die Sie in manipulierender Absicht Ihrem Opfer eingepflanzt haben. Wiederholen Sie diese Suggestionen noch einmal, damit sie verstärkt werden und zu gegebener Zeit Wirkung entfalten.

Beispiel:
»Du kehrst wieder zurück und wirst alles vergessen haben. Du wirst alles vergessen haben bis auf deinen Vorsatz, die Tischlampe aus deinem Hotelzimmer mitzunehmen. Sobald du aufwachst, fühlst du dich frisch und wohl.«

Tipp:
Was tun, wenn die Zielperson aus der Hypnose nicht mehr aufwachen will?
Sollte Ihr Opfer aus der Hypnose nicht mehr aufwachen, heißt es zuerst, nicht nervös zu werden. Vertiefen Sie die

Hypnose. Greifen Sie dann den Arm Ihres Opfers und halten ihn hoch. Geben Sie dabei folgende Suggestion:

Beispiel:
»Wenn ich deinen Arm jetzt wieder herunterbeuge, dann wirst du wieder wach. Sobald ich deinen Arm in deine Seite drücke, bist du hellwach und fühlst dich frisch und wohl.«

Dann führen Sie die Handlung aus. Ihr Opfer wird aus der Hypnose erwachen und es wird nur selten der Fall sein, dass Sie diese Suggestion noch einmal wiederholen müssen.

4. Schritt: Wirkungskontrolle

Ob eine Person posthypnotischen Befehlen gefolgt ist, bleibt zu hoffen, aber eine Garantie dafür gibt es nicht. Das hängt von der Hypnosegeeignetheit der Person ab und damit vom glücklichen Zufall, der richtigen Zielperson begegnet zu sein. Wenn Sie durch diese kurzweilige Freizeitaktivität erste Erfolge sehen, dann werfen Sie bitte vor weiteren Suggestionen einen Blick in den Kommentar des Strafgesetzbuchs. Denn das Verwenden von Menschen als willenlose Werkzeuge wird auch in unserer Rechtsordnung nicht gerne gesehen.

Skala der ethischen Bedenklichkeit

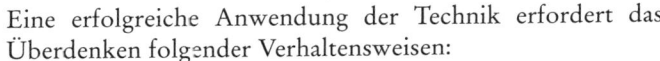

Eine erfolgreiche Anwendung der Technik erfordert das Überdenken folgender Verhaltensweisen:
→ Aggression fördern
→ Arglosigkeit ausnutzen
→ Gleichgültigkeit angesichts des Leids anderer
→ Hinterlistig vorgehen
→ Lügen
→ Vertrauen missbrauchen
→ Respektloses Umgehen des freien Willens
→ Gewaltbereitschaft herstellen
→ Menschen als willenlose Werkzeuge einsetzen
→ Freude am Leid anderer
→ Zuneigung vortäuschen

Immunisierungstechnik

Ziele
- Jemanden in Sicherheit wiegen
- Jemanden kontrollieren
  - Um (weiterhin) Einfluss auf ihn ausüben zu können
- Macht ausüben

Diese Ziele erreichen Sie
- Indem Sie jemanden dazu bringen, fest bei seiner Einstellung zu bleiben

Besondere Voraussetzungen
- »Nach-außen-Freund-im-Innern-Feind-Konstruktion«

Überblick

Wenn Sie wollen, dass jemand gegen argumentative Angriffe von anderen immun wird, dass er bei seiner einmal gefassten (und sei sie noch so falschen) Einstellung bleibt, dass er gelassen allen Überzeugungs- bzw. Überredungsversuchen trotzt – dann »immunisieren« Sie ihn!

Hintergrundwissen

Was ist Immunisierung?

Immunisierung ist ursprünglich ein medizinisch-biologischer Begriff. Er bedeutet das Einbringen von Erregern, zum Beispiel Bakterien, in einen Organismus. Die dadurch bewirkte kontrollierte Entzündung stärkt das Immunsystem, sodass ein zweiter »Angriff« des Bakteriums schnell niedergeschlagen werden kann. Der Begriff der Immunisierung wurde von dem Wirkungsforscher McGuire für den Bereich der Neuen Rhetorik übernommen. Er spricht in analoger Weise von *Impfung*, besser *kognitiver Impfung* oder *Immunisierung*. Ziel der rhetorischen Immunisierung ist die Stabilisierung von Einstellungen.

Was bewirkt Immunisierung?

Wenn Sie mit rhetorischer Immunisierung arbeiten, um zu erreichen, dass jemand in seinen Einstellungen auch dann standhaft bleibt, wenn alle anderen in gut gemeinter Absicht die überzeugendsten Schlussfolgerungen vortragen, dann setzen Sie die Untersuchungsergebnisse der Sozialpsychologen Easley (1995), Smith (1982), Burgoon (1978) und McGuire (1964) in praktische Realität um. Diese haben gezeigt, dass Personen, wenn sie mit solchen Aussagen konfrontiert werden, die ihre bisherige Einstellung leicht in Frage stellen, nach Argumenten suchen, um sich zu rechtfertigen. Diese Argumente haben sie später dann parat, wenn sie ihre Meinung einmal gegen massivere Angriffe verteidigen müssen. Ähnlich wie bei einer Impfung aktiviert eine geringe Herausforderung Abwehrkräfte, die bei einer stärkeren Anfechtung mobilisiert werden.

Wie funktioniert die Immunisierungstechnik?

- → 1. Schritt Auswahl der geeigneten Zielperson
- → 2. Schritt Gegenargumente anführen
- → 3. Schritt Gegenargumente widerlegen lassen
- → 4. Schritt Wirkungskontrolle

1. Schritt: Auswahl der geeigneten Zielperson

Als Zielpersonen kommt vor allem jemand in Betracht, den Sie bereits im Vorfeld durch eine andere Technik beeinflusst haben. Wenn Sie zum Beispiel mit der *Falsche Argumente-Technik* erfolgreich eine bestimmte Überzeugung in einer Person verankert haben, dann verhärten Sie diese durch Immunisierung. Gehen Sie damit auf Nummer sicher, dass der bereits von Ihnen ausgeübte Einfluss sich nun zu einer stabilen Einstellung festigt.

Beispiele:
- → Angenommen, Sie haben Ihren Kollegen Müller unter Anwendung allerlei Überzeugungstricks zu einem riskanten Aktiengeschäft mit dem Geld seiner Frau überredet, dann geht es Ihnen jetzt darum, dass dieser dem argumentativen Gegenwind seiner Frau gewachsen ist und bei der Ansicht bleibt, dass dieses Geschäft sie alle reich machen würde.
- → Wenn Sie Ihr Team zu einer leistungsstarken Elitetruppe umgebildet haben, das sich mit für Außenstehende eigenartig anmutenden Ritualen zu Höchstleistungen motiviert, dann kommt es darauf an, die Teammitglieder gegen Angriffe von außen zu immunisieren, um weiterhin das Leistungspotential aufrechtzuerhalten.

2. Schritt: Gegenargumente anführen

Im zweiten Schritt bringen Sie Ihre Zielperson (oder mehrere Zielpersonen) mit leichten Einwänden zum Nachdenken. Achten Sie darauf, dass Sie nicht zu überzeugende Gegenargumente anführen. Denn das könnte verunsichern und schlimmstenfalls dazu führen, die Einstellung in Frage zu stellen. Damit hätten Sie dann das Gegenteil von dem er-

Wie funktioniert die Immunisierungstechnik?

reicht, was Sie erreichen wollten. Bringen Sie also die Gegenargumente sehr subtil in das Gespräch ein. Es genügen Anmerkungen oder gar nur Andeutungen.

Beispiele:
- Zu Ihrem Team: »Außenstehende können nicht nachvollziehen, wieso wir hier alle blaue Hemden tragen. Aber sie können ja auch unsere Erfolge nicht nachvollziehen und den dreifachen Gewinn im letzten Quartal, den wir erwirtschaftet haben.«
- Zum Kollegen Müller: »Selbstverständlich gibt es immer Übervorsichtige, die vor Aktiengeschäften warnen. Jetzt müssen Sie selbst entscheiden.«

Im Kampf um ein knappes Gut und in Kombination mit der *Attraktivitäts-* und *Einschmeicheltechnik* bedeutet Immunisieren, das Erreichte zu verteidigen.

Beispiel:
Angenommen, Sie haben Kollegin Susanne unter Anwendung unterschiedlichster Beeinflussungstechniken endlich so weit gebracht, dass diese Sie für kompetent hält und zudem sympathisch findet (Achtung: Sympathie entsteht nicht nur, sondern lässt sich gezielt »erzeugen«, vgl. *Attraktivitätstechnik*). Weiter angenommen, dass Sie selber Susanne nicht leiden können, sich aber einen Vorteil davon versprechen, die Sympathie derjenigen zu haben, die über die Besetzung der Position als Marketingchef zu entscheiden hat (vgl. *Einschmeicheltechnik*). Also gehen Sie jetzt daran, auf wirklich subtile und nur andeutende Art und Weise sich ihre Sympathie oder Wertschätzung zu sichern (Immunisieren heißt Sichern). Schließlich wird jeder versuchen, sich an die einflussreiche Susanne ranzuschmeißen, weshalb Angriffe gegen Sie in der Form von »den anderen schlecht machen, damit ich besser aussehe« aus dem Kollegenkreis wahrscheinlich sind. Sie überlegen nun, was man wohl gegen Sie einwenden könnte. Weil Sie ein reflektierter Mensch sind, fallen Ihnen einige Punkte ein:
- Sie halten sich häufig nicht an Regeln
- Sie grüßen die Kollegen nicht (übrigens deswegen, weil Sie sie nicht ausstehen können)
- Sie erzählen nichts über ihr Privatleben
- Sie fahren einen größeren Wagen als die Kollegen

Diese Punkte (Gegenargumente) sind harmlos, und ebenso harmlos verpacken und flechten Sie diese in ein Gespräch mit Susanne ein:
- ⇢ »Ja, ich weiß, Regeln sind wichtig für das Zusammenleben. Aber da gibt es meiner Meinung nach Abstufungen. Regeln nur um ihrer selbst willen aufrechtzuerhalten ist nicht förderlich, finde ich.«
- ⇢ »Manchmal bin ich so in Gedanken vertieft, dass ich gar nicht mitbekomme, wenn mich jemand grüßt.«
- ⇢ »Ich finde, dass Privates privat bleiben muss. Ich würde nie etwas weitererzählen, was mir anvertraut wurde.«
- ⇢ »Große Wagen bieten einfach mehr Sicherheit. Ich finde Sicherheit ist das Wichtigste.«

Susanne wird auf diese Weise mit den üblichen Einwänden gegen Ihre Person konfrontiert und bekommt deren Neutralisierung gleich mitgeliefert. Damit ist sie gefestigter in ihrer Meinung über Sie, selbst wenn Kollegen gegen Sie zu sticheln versuchen. Sie wurde von Ihnen immunisiert.

3. Schritt: Gegenargumente widerlegen lassen

Die Immunisierung im obigen Beispiel erfolgte schon sehr dezent und dosiert. Dabei ist es durchaus möglich, noch unauffälliger zu immunisieren. Denn der Hinweis auf mögliche Angriffe ruft in einer Person unbewusst und blitzschnell Argumente ins Bewusstsein zurück. Wenn Sie bei Susanne nicht so viel Zeit zur Verfügung haben, dann genügt schon eine kurze Bemerkung, etwa derart:

»Ich hab das Gefühl, dass mir im Kampf um Positionen nicht alle Kollegen nur Gutes wünschen ...«

Wenn Sie jedoch sicher sein wollen, dass die Zielperson allen Angriffen widersteht und bei ihrer einmal gefassten Einstellung standhaft bleibt, dann geben Sie ihr Argumente an die Hand. Denn grundsätzlich gilt: Je mehr Argumente die Zielperson kennt, desto leichter wird sie Sie verteidigen können.

Kalkulieren Sie mit den gegnerischen Argumenten, entwickeln Sie Gegenargumente und präsentieren diese der Zielperson. Die aktive Auseinandersetzung mit Pro- und Kontra-Argumenten ist der sicherste Weg, Überzeugungen und Einstellungen zu stabilisieren.

Beispiel:
Beim Kollegen Müller stellen Sie sich vor, was seine Frau wohl einwenden würde, wenn er mit dem Vorschlag, in das riskante Geschäft zu investieren, nach Hause kommt. Sie wird wahrscheinlich wegen der hohen Investitionssumme beunruhigt sein. Also liefern Sie Müller schon im Anfangsgespräch die späteren Gegenargumente, damit er in der Diskussion mit seiner Frau standhaft bleibt. Sie sagen zu ihm: »Natürlich hört sich die Investitionssumme zunächst einmal hoch an. Aber in Relation zu ... und in Anbetracht der Tatsache, dass ... sowie der Tatsache, dass dieses Unternehmen in den letzten Jahren ... usw.« Verfallen Sie dabei aber nicht in einen typischen Vertreterjargon, denn das weckt negative Assoziationen und mindert Ihre Glaubwürdigkeit. Nehmen Sie sich also Zeit und bombardieren Sie ihn nicht auf einmal mit vielen Argumenten, so, als ob der nächste Kunde bereits auf Sie warten würde. Im Laufe der Unterhaltung, die eine Mischung aus Information und Vertrautheit sein sollte, flechten Sie zu gegebener Zeit ein Gegenargument nach dem anderen ein.

4. Schritt: Wirkungskontrolle

Die Wirkung von Immunisierung zeigt sich indirekt. In den meisten Fällen werden Sie nicht beobachten können, ob Ihr Opfer bei seiner Einstellung geblieben ist. Aber Sie werden es an Erfolgen messen können: Wenn Herr Müller seine Frau zur Investition überredet hat, Ihr Team weiterhin Höchstleistungen erbringt und Susanne Sie als Marketingchef vorschlägt.

Skala der ethischen Bedenklichkeit

Eine erfolgreiche Anwendung der Technik erfordert das Überdenken folgender Verhaltensweisen:
→ Hinterlistig vorgehen
→ Vertrauen missbrauchen

Impression Management-Technik

Ziele
- Eigene Position innerhalb einer Gruppe stärken
- Jemanden beeindrucken
  - Um die Glaubwürdigkeit zu erhöhen
  - Um Entscheidungsträger von der eigenen Leistung zu überzeugen
  - Um im Vergleich besser als andere zu erscheinen
  - Um respektiert zu werden
- Jemanden dazu bringen, gegen seine Interessen zu handeln
  - Um dadurch einen Vorteil zu erlangen
- Jemanden täuschen
  - Um zu erreichen, dass dieser tut, was ich will

Diese Ziele erreichen Sie
- Weil Sie wissen, wie eine Meinung über andere zustande kommt, und dieses Wissen anwenden

Besondere Voraussetzungen
- Keine

Überblick

Impression – der Eindruck, den Sie auf andere machen, ist mehr als eine sich zwangsläufig ergebende Folge Ihres Daseins. Das Erreichen Ihrer Ziele hängt davon ab, für wen man Sie hält. Beginnen Sie also mit dem Management Ihrer Selbstdarstellung. Betreiben Sie Impression Management.

Hintergrundwissen

Die Einstellungsforschung belegt, was jedermann leicht nachvollziehen kann, nämlich dass die Meinung über eine Person nicht durch Bewertung ihrer tatsächlichen Eigenschaften, sondern durch die wahrgenommenen Eigenschaften zustande kommt. Wer seine böse Absicht verheimlicht, wer seinen Neid, seine Missgunst, seine Rachegefühle erfolgreich zu verbergen vermag, der wird ohne weiteres als liebenswert, hilfsbereit und gutmütig eingestuft.

Zur Beeinflussung von Personen ist es folglich nicht nötig, sich selber wirklich zu verändern. Man muss lediglich so tun als ob.

Die Eigenschaften, die eine Person an Ihnen wahrnimmt oder von denen Sie möchten, dass sie sie wahrnimmt, selektiert diese selber noch einmal. Lediglich ein kleiner Teil der Informationen, die Sie jemandem von sich anbieten, dient als Grundlage seiner Einschätzung über Sie. Und aus dieser Teilmenge zieht er (unbewusste) Schlüsse auf weitere Eigenschaften, die er nicht bei Ihnen beobachten kann oder die gar nicht beobachtbar sind. In der Wahrnehmungspsychologie bezeichnet man das als Inferenz. Mit anderen Worten: Bieten Sie jemandem bestimmte äußere Merkmale an, zum Beispiel das, was Sie sagen, oder bestimmte Gesten, Mimik, Körperhaltungen, Blickkontakte, dann dient das dem anderen als Indikator für Gefühle, Einstellungen und Eigenschaften, die er in Ihnen zu erkennen glaubt. Er schließt und interpretiert aus dem, was Sie vorgeben.

Wenn jemand aus bestimmten äußeren Merkmalen auf innere Eigenschaften schließt, dann ist das noch nicht alles. Denn dieser derart »entdeckte« Charakterzug von Ihnen wird nun mit anderen Eigenschaften verknüpft. Ihr Gegenüber ist dann überzeugt, sich ein »richtiges« Bild von Ihnen gemacht zu haben. Wenn Sie eine Person so weit gebracht haben, Sie als »warmherzig« einzuschätzen, dann wird sie Sie meist auch für »großzügig« halten. Wenn Sie dagegen einen kühlen Eindruck auf sie gemacht haben, dann wird sie Sie sicher nicht für großzügig halten. Die meisten gehen in ihrer Urteilsbildung (unbewusst) so rationell vor, dass sie, sobald sie an Ihnen eine bestimmte Eigenschaft festgestellt zu haben glauben, alle anderen Eigenschaften auch zu kennen meinen.

Was heißt Impression Management?
Die Impression Management-Theorie ist eine Theorie des sozialen Verhaltens. Eine zentrale Annahme basiert darauf, dass Individuen in der sozialen Interaktion stets bemüht sind, den Eindruck, den sie auf andere Personen machen, zu kontrollieren und zu steuern. Man könnte sie auch »Selbstdarstellungstheorie« nennen.

Die Technik des Impression Management zeigt Wege auf, wie Sie erfolgreich ein bestimmtes Bild von sich bei anderen erzeugen.

Für einen guten Fürsten ist es ... nicht erforderlich, alle ... guten Eigenschaften zu besitzen, wohl aber den Anschein zu erwecken, sie zu besitzen.
Niccolò Machiavelli

Was bewirkt Impression Management?
Es ist bereits durch verschiedene empirische Studien belegt, dass Impression den Meinungsbildungsprozesses einer Person beeinflusst. Folgende Ergebnisse können Sie erzielen:

↬ Sie werden besser beurteilt (obwohl Sie nicht besser sind)
↬ Sie werden reicher belohnt (auch wenn Sie es nicht verdient haben)
↬ Sie werden für sympathischer gehalten (auch wenn Sie umgekehrt selbst die Person unsympathisch finden)
↬ Sie haben eine deutlich höhere Chance als Ihre Mitbewerber, eine Anstellung zu bekommen

Wie funktioniert die Impression Management-Technik?

1. Schritt   Auswahl der geeigneten Zielperson
2. Schritt   Selbstdarstellungstechniken kennen
3. Schritt   Selbstdarstellungstechniken gezielt anwenden
4. Schritt   Wirkungskontrolle

1. Schritt: Auswahl der geeigneten Zielperson

Bei der Auswahl einer Zielperson achten Sie auf Folgendes: Jeder, der sich leicht durch Äußerlichkeiten beeindrucken lässt, ist eine prima Zielperson. Solche Leute gehören meistens zu den Menschen, die gesteigerten Wert darauf legen, welche Meinung andere über sie haben: sie gehen regelmäßig zum Friseur, sind stets sauber und angemessen gekleidet und fahren in einem immer aufgeräumten Wagen. Das kann beruflich bedingt sein oder aber Veranlagung. Auf jeden Fall sind solche Menschen viel mit sich beschäftigt und deshalb aber auch besonders aufmerksam für soziale Vergleichsinformationen. Sie fragen sich häufig:

- »Warum hat der, was ich nicht hab?«
- »Oh, ein Chanel-Kleid!«; »Wow, eine Rolex!«
- »Wie sieht die denn aus?«; »Wie sieht der denn aus?«
- »Wo kommt der wohl her?«; »Was die wohl beruflich macht?«
- »Na, der ist für den Job nicht geeignet, allein schon wie der sich anzieht!« usw.

Obwohl solche Personen selber Profis in der Stilisierung von Selbstdarstellung sind, fehlt ihnen meistens die Ego-Absicht, also das planvolle Einsetzen der Selbstdarstellung, um damit andere in eine festgelegte Richtung zu beeinflussen. Ihre Ambitionen erschöpfen sich in meist kläglichen Versuchen, durch positive Selbstdarstellung anerkannt zu werden. Da es ihnen aber um wirkliche Anerkennung und nicht um die

Erreichung eines taktischen Zieles geht, scheitern sie damit, denn sie verkaufen sich als jemand, der sie in Wirklichkeit nicht sind. Womit der Kreislauf von Selbstdarstellung und Wunsch nach wirklicher Anerkennung von neuem beginnt.

Ihnen dagegen ist die ehrliche Anerkennung durch Ihre Zielperson egal, zumindest intendieren Sie das nicht. Sie verfolgen eine bestimmte Absicht mit Ihrer Selbstdarstellung, die über ein simples »Gemocht-werden« hinausgeht.

2. Schritt: Selbstdarstellungstechniken kennen

Die Kenntnis darüber, welche einzelnen Schlüsse Zielpersonen aus bestimmten äußeren Merkmalen ziehen, ist der Schlüssel zur erfolgreichen Manipulation. Leider gibt es ihn nicht. Denn aus dem Einsatz rhetorischer Mittel lassen sich nie sichere Prognosen ableiten. Vielmehr geht es darum, mit einiger Wahrscheinlichkeit bestimmte Reaktionen zu provozieren.

Eine Vielzahl von empirischen Studien, die einzelne äußere Merkmale und deren Wirkung auf Personen untersucht haben, belegen, wie die Beeinflussung durch Veränderung der eigenen Selbstdarstellung funktioniert. Prüfen Sie die im Folgenden auszugsweise vorgestellten Resultate solcher Studien darauf, in welche Richtung Ihre Zielperson in ihrer Meinungsbildung tendieren könnte, wenn Sie ein bestimmtes äußeres Merkmal setzen.

→ Großgewachsene Menschen werden häufiger für intelligenter gehalten als kleine Menschen.
→ Dicke Menschen werden häufiger als faul eingeschätzt, aber auch als einfühlsam und gutmütig.
→ Dünne, schmächtige Menschen werden meist als ehrgeizig eingeschätzt, aber auch als angespannt, misstrauisch, nervös und pessimistisch.
→ Menschen mit einer mittleren hohen Stirn und mit Augen und Mund in Mittellage werden meistens als schön eingeschätzt und ebenso als gut und intelligent.

- Diejenigen mit niedriger Stirn und einer kurzen Nase werden mit glücklich, vertrauenswürdig und großzügig in Verbindung gebracht.
- Dünne Lippen erwecken den Eindruck von Gewissenhaftigkeit.
- Dünne Lippen und schmale Augen vermitteln den Eindruck von sozialer Dominanz.
- Menschen mit vorstehenden Augen werden häufiger für leicht erregbar gehalten.
- Personen mit großen Augen und vollen Lippen erwecken den Eindruck, als seien Sie untergeordnete Persönlichkeiten.

Wenn Sie sich nun zum Ziel setzen, beim Bewerbungsgespräch den Eindruck eines ehrgeizigen Menschen zu erwecken, aber weder großgewachsen noch dünn und schmächtig sind, dann ist es natürlich unsinnig, deshalb mit seinen körperlichen Gegebenheiten zu hadern. Zielführend ist es, wenn Sie das Wissen darum, wie Sie von anderen beurteilt werden, zur Manipulation verwenden. Mit anderen Worten: Wenn Sie wissen, dass beleibte Personen für weniger ehrgeizig, dafür aber zügellos, behäbig und unflexibel gehalten werden, dann nutzen Sie diese Kenntnis, um im Gespräch verstärkt dieser Voreinstellung entgegenzuarbeiten.

Beispiel:
Der kleingewachsene rundliche Herr Müller-Degenbach erhöht im Vorstellungsgespräch sein Sprechtempo ein wenig, dynamisiert seine Körpersprache und lässt seine Bewegungen »sportlich« erscheinen. (Er greift weit ausholend nach den Unterlagen, hebt die Aktentasche mit Leichtigkeit vom Stuhl auf den Tisch, packt mit seiner großen Hand einen dicken Stapel Informationsmaterial, wo andere zwei Hände bräuchten usw.) Dabei achtet er darauf, dass er unauffällig vorgeht und auf keinen Fall übertreibt. Diese geringen Änderungen bewirken bereits eine veränderte Einschätzung seiner Person.

Eine weitere geschickte Variante der Beeinflussung ist die des Verstärkens. Wenn Sie sich um eine Stellung bewerben, in der

Wie funktioniert die Impression Management-Technik?

ein ehrgeiziger Projektleiter gesucht wird, dann betonen Sie die ohnehin von Ihnen ausgehenden Signale, sodass Ihr Gegenüber davon überzeugt ist, dass gerade die Qualitäten, die Sie offensichtlich ausstrahlen, gebraucht werden.

Beispiel:
Der untersetzte Herr Müller-Degenbach unterstützt den Eindruck, den er offensichtlich bei den meisten erweckt: Er spricht betont langsam und überlegt, nimmt im Sitzen viel Raum ein und strahlt Überlegenheit und Stärke aus. In seinen Antworten erwähnt er beiläufig Projekte, die durch Unüberlegtheit und überstürzte Entscheidungen scheiterten, womit er den Eindruck einer starken Führerpersönlichkeit erweckt, dem die Mitarbeiter vertrauen und in dessen Hände sich das gebeutelte Unternehmen, bei dem er sich bewirbt, gerne begeben will (soll).

Neben den üblichen Vorurteilen über Personen, die zur Beeinflussung genutzt werden können, spielen Ihre individuellen äußeren Merkmale aber bei weitem die größere Rolle. Um diese gezielt einzusetzen, müssen Sie zunächst wissen, wie Sie auf andere wirken. Dazu ist sozialer Kontakt notwendig und eine Fähigkeit, die manchmal mit dem Begriff »Self-Monitoring« bezeichnet wird. Darunter versteht man die Fähigkeit, sich selbst zu beobachten und herauszufinden, wieso jemand auf Sie so oder so reagiert. Dabei werden Sie sicher auf so genannte blinde Flecke stoßen, also auf Ihnen bisher nicht bewusst gewordene Verhaltensweisen.

Beispiel:
Sie wollen herausfinden, wieso Ihnen vom Chef so wenig zugetraut wird. Wenn Sie Ihre Kollegen fragen, zucken die nur mit den Schultern und behaupten, dass sie sich das auch nicht erklären können. Erst wenn Sie Ihre Frau fragen, weist diese Sie darauf hin, dass Sie auch im Freundeskreis dazu neigen, sich häufig zurückzuziehen, sich selten zu Wort zu melden und gute Ideen nicht auszusprechen. Dieser blinde Fleck war Ihnen bisher nicht aufgefallen. Sie ziehen Parallelen zum Berufsleben und stellen fest, dass ein solches Auftreten den Eindruck von Inkompetenz erwecken könnte. Ihr Chef kann aus dem für ihn wahrnehmbaren Verhalten, das Sie zeigen, nicht schließen, dass Sie in Wirklichkeit leistungsbereit und -fähig sind.

Herauszufinden, wie man selbst auf andere wirkt, ist unabdingbare Voraussetzung, um zu einem späteren Zeitpunkt mit Selbstdarstellungstechniken erfolgreich zu beeinflussen. Unterschätzen Sie diesen wichtigen Vorbereitungsschritt nicht. Es ist selten, dass einem offen gesagt wird, welchen Eindruck man hinterlässt. In diesem Zusammenhang ist darauf hinzuweisen, dass ein funktionierendes soziales Umfeld nicht nur für ein angeblich glückliches Leben (wie Aristoteles meint), sondern auch für die konsequente Verfolgung der Ego-Absichten notwendig ist. Falls Ihnen die Zuneigung von Menschen nicht von selber zuteil wird, dann beschaffen Sie sich diese durch Anwendung der *Aktualisierungs-, Attraktivitäts-, Einschmeichel-* oder *Mitleidtechnik*.

3. Schritt: Selbstdarstellungstechniken gezielt anwenden

Im beruflichen Umfeld ist es vor allem bedeutsam, als »kompetent« bewertet zu werden. Es gibt einige Selbstdarstellungstechniken, deren Wirksamkeit durch Studien belegt sind. Wissenschaftler fanden heraus, dass eine Person als »inkompetent« angesehen wird, wenn sie sich folgendermaßen darstellt:

- Sie entschuldigen sich, streiten Verantwortlichkeit ab und rechtfertigen sich in misslichen Lagen
- Sie widerrufen Gesagtes, leugnen, dementieren und schwächen vorsorglich ab
- Sie stellen sich selbst als unvollkommen dar
- Sie neigen zu Understatements
- Sie erscheinen in ihrem Verhalten hilfsbedürftig
- Sie zeigen Symptome geistiger Erkrankung
- Sie drohen oder schüchtern ein
- Sie werten andere ab

Man nennt diese Verhaltensweisen negative Selbstdarstellungstechniken. Solche Verhaltensweisen resultieren häufig aus Unsicherheit. Wenn Sie es sich zum Ziel gesetzt haben, inkompetent erscheinen zu wollen (z.B. um sich einer Verantwortung zu entziehen, um nicht persönlich haftbar zu sein, um sich aus der Affäre zu ziehen usw.), dann arbeiten Sie ruhig damit. In allen anderen Fällen wenden Sie die folgenden Selbstdarstellungstechniken an mit dem Ziel, als kompetent eingeschätzt zu werden:

Betreiben Sie Eigenwerbung
Beispiele:
»Ich mag meinen Job!«, »Ich find's toll, hier zu arbeiten«,
»Seit ich hier bin, wurden bereits zehn Neuwagen verkauft!«

Schämen Sie sich nicht, platt anzugeben. Würzen Sie solche Statements mit Humor, damit die Absicht nicht so auffällt, aber denken Sie daran, dass auch platte Sprüche im Kopf behalten werden (vgl. *Aktualisierungstechnik*). Ein »Das kann ich nicht« oder ein »So bin ich nicht« bringt Sie nicht weiter. Machen Sie sich klar, dass Sie andere für Ihre Zwecke benutzen und dass die, die einfach nur gemocht werden wollen, meist auf ihren Positionen hocken bleiben.

Signalisieren Sie hohe Ansprüche
Beispiele:
»Ich brauche viel Arbeit!«, »Ich mag Herausforderungen!«, »Konkurrenz belebt das Geschäft!«, »Ich will weiterkommen!«,
»Ich will in die Forschung«, »Ich will mehr Geld verdienen«

Stellen Sie Ihr Selbstwertgefühl heraus und übertreiben Sie (Overstatement)
Beispiele:
»Klar hab ich das gut gemacht«, »Ich weiß, ich mach das ja auch gerne«,
»Ja klar traue ich mir das zu!«, »Natürlich übernehme ich das gerne.«

Geben Sie Acht, dass Sie sich nur wichtigen Personen (Ihren Zielpersonen) gegenüber so verhalten. Denn nur bei diesen kommt es darauf an, kompetent zu erscheinen. Bedenken Sie aber gleich mit, was passiert, wenn als Folge Ihrer erfolgreichen Beeinflussung größere Aufgaben auf Sie zukommen.

Werten Sie sich über Kontakte auf und heben Sie sich durch diese positiv ab
Beispiele:
»Ich war auf der Financial-Fachtagung in Köln«, »Ja, ich kenne Wolfgang Deggenberg persönlich«, »Nein, nein, mit denen haben wir gar nichts zu tun.«

Signalisieren Sie Expertentum
Beispiele:
»Ich habe eine ganz ähnliche Aufgabe schon einmal erfolgreich bewältigt«, »Ja, das kann ich mir erarbeiten«, »Ja, da kenne ich mich aus.«

Erscheinen Sie vorbildlich
Beispiele:
Sie sind immer vorbildlich. Das beginnt beim aufgeräumten Schreibtisch, geht über die engagierte Präsenz im Büro bis zur perfekten stets gut sitzenden Kleidung.

Stellen Sie Ihre Attraktivität heraus
Vgl. Attraktivitätstechnik

Betonen Sie den erreichten (hohen) Status
Beispiel:
Teure (aber nicht zu teure) Anzüge, einen entsprechenden Wagen, kleinere Statussymbole wie Uhr, Laptop, Handy usw. Das sind keine Spielereien, sondern notwendige Symbole. Wie bei vielem gilt aber auch hier vor allem: Maß halten. Diese Dinge sollen selbstverständlich sein und nicht den Eindruck von Prahlerei erwecken.

Geben Sie sich stets glaub- und vertrauenswürdig
Beispiel:
Bei einer Befragung von über tausend Mitarbeitern unterschiedlicher Branchen wurde auf die Frage, was sie sich in der Kommunikation mit dem Chef wünschten, auffällig häufig der Punkt »Offenheit« genannt. Dabei wird Offenheit mit Ehrlichkeit in Verbindung gebracht. Es ist also wichtig, als Vorgesetzter so zu tun, als sei man stets ehrlich zu den Mitarbeitern.

Die Impression Management-Technik wirkt am stärksten, wenn Sie Ihre Zielperson zum ersten Mal treffen. Der berühmte erste Eindruck ist tatsächlich der wichtigste. In diesem Moment haben Sie alle Möglichkeiten, die Zielperson nach Ihrem Willen zu beeinflussen. Was soll sie von Ihnen halten? Gründlich vorbereitet können Sie bestimmen, welche Informationen Sie Ihrer Zielperson von sich geben wollen. Dieser erste Eindruck wird später nur selten korrigiert. In der Psychologie nennt man das den »Primacy-Effekt«.

4. Schritt: Wirkungskontrolle
Die Wirkung der Impression Management-Technik zeigt sich relativ rasch. Sie sehen sofort die Blicke Ihres Gegenübers, spüren im selben Moment, wie er Ihnen entgegenkommt. Unter anderem deswegen gehört die Impression Management-Technik auch zu den einfacheren Manipulationstechniken. Allerdings verlangt sie Ihnen eine gewisse Vorbereitung ab und mehr als nur sprachliche Raffinesse.

Skala der ethischen Bedenklichkeit

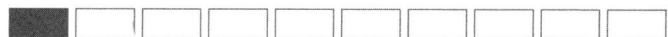

Eine erfolgreiche Anwendung der Technik erfordert das Überdenken folgender Verhaltensweisen:
→ Hinterlistig vorgehen

Intrigentechnik

Ziele
→ Jemanden ablenken
→ Jemanden hintergehen
  • Um seine Dienste zu gebrauchen
→ Jemanden psychisch unter Druck setzen
→ Jemandem schaden
  • Um an Ressourcen zu gelangen, die sonst für Sie nicht erreichbar wären
  • Um sich eine bessere Position zu verschaffen
→ Jemanden in Sicherheit wiegen
  • Um seine Dienste zu gebrauchen
→ Jemanden täuschen
  • Um diesen als Komplizen zu gewinnen

Diese Ziele erreichen Sie
→ Durch eine gute Intrige

Besondere Voraussetzungen
→ Funktioniert, wenn Sie Teil eines geschlossenen Personenkreises sind

---

Überblick
Kern jeder Intrige ist der gekonnte Vertrauensmissbrauch. Selbst ranghohe Personen kommen nicht umhin, einem ausgewählten Personenkreis vertrauen zu müssen. Diesen Schwachpunkt heißt es anzugreifen.

Hintergrundwissen

Was ist eine Intrige?

Wortgeschichtlich geht der Begriff der Intrige auf das lateinische *intricare* mit der Bedeutung *verwirren* zurück. Definitorisch bedeutet Intrige »eine künstliche Verschlingung geheimer Fäden zur Erreichung eines bestimmten Zwecks« (Wörterbuch der Deutschen Sprache von 1860).

Was lässt sich durch eine Intrige erreichen?

Eine gut in Gang gebrachte Intrige eröffnet die Möglichkeit, einen Gegner selbst dann noch zu beseitigen, nachdem alle anderen Manipulationsversuche gescheitert sind. Die Position als Intrigant versetzt Sie in die Lage, jemandem Schaden zuzufügen und dabei als Urheber dieser Aktion unentdeckt zu bleiben. Der Einsatz einer Intrige ist für Sie vor allem dann vorteilhaft, wenn der Gegner eine hohe Machtposition innehat, sodass alle anderen Techniken zur schädigenden Beeinflussung nicht greifen. In scheinbar aussichtslosen Situationen stellt die Intrige also die *ultima ratio* dar.

Wie funktioniert die Intrigentechnik?

Jede Intrige zeichnet sich durch eine typische Dreierkonstellation, der so genannten »Intrigentriade«, aus. Sie besteht aus Ihnen (Intrigant), der Person, der Sie schaden wollen (Zielperson), und schließlich weiteren Personen, die Sie im Idealfall wie Marionetten an ihren Fäden dirigieren.

- Intrigant = Sie als Akteur, der einen Vorteil zum Nachteil eines anderen haben will
- Zielperson = Person, die über Ressourcen, Kenntnisse, Fähigkeit und Einfluss verfügt, also Mittel, über die Sie verfügen wollen
- Dritter = Person, die Sie wie ein Werkzeug verwenden, um sie statt Ihrer agieren zu lassen

Falls Ihnen der Begriff »Intrigant« negativ erscheint, dann liegen Sie damit völlig richtig. Wenn Sie ein guter Mensch sein wollen, dann ist die Verbotene Rhetorik nicht das Richtige für Sie. Stehen Sie zu Ihren dunklen Seiten oder lassen Sie das Intrigieren sein. Denn Sie haben nichts davon, eine Intrige in Gang gesetzt zu haben und sich danach mit einem schlechten Gewissen zu quälen. Auf der anderen Seite gehört die Arbeit mit Intrigen zu den sicheren Techniken, denn hier besteht die geringste Gefahr, mit der »bösen« Absicht aufzufallen. Außerdem gehört das Durchsetzen des eigenen Vorteils gegen die derzeitigen Inhaber solcher Vorteile nicht zu den »bösen« Dingen. Das ist vielmehr eine ganz natürliche Reaktion auf Machtinhaber.

1. Schritt Auswahl der geeigneten Zielpersonen
2. Schritt Intrigenplan machen und Bündnispartner aufspüren
3. Schritt Kalkulierter Einsatz des Bündnispartners
4. Schritt Wirkungskontrolle

Besonderheiten:
1. Anders als bei den meisten anderen Techniken beeinflussen Sie Ihre Zielperson hier nur mittelbar. Sie schieben eine dritte Person, die die eigentliche Arbeit für Sie übernimmt, zwischen sich und die Zielperson. Das ist Ihr Bündnispartner und Ihr Werkzeug, mit dessen Einsatz Sie Ihr Intrigenziel realisieren. Selbstverständlich unterlassen Sie es, dem Mittelsmann Ihre wahre Absicht (Ego-Absicht) zu offenbaren. Denn kein Mensch ist begeistert davon, wie ein Werkzeug verwendet zu werden. Ihr »Werkzeug« finden Sie, indem Sie Lügen- und Täuschungsmanöver anwenden (vgl. *Lügen-, Einschmeichel-, Sündenbock-, Falsche Argumente-Technik*). Ihre gesamten Manipulationskenntnisse und -fähigkeiten setzen Sie zur Steuerung dieses Dritten ein. Es heißt, ihn davon zu überzeugen, dass er mit Ihnen gemeinsam gegen die Zielperson vorge-

hen soll. Derweil gehen Sie mit dem zukünftigen Intrigenopfer so unbefangen wie bisher um. Je argloser dieses ist, desto besser für Sie.

2. Bevor Sie sich mit angemessener Begeisterung in Lügen- und Manipulationskomplotte stürzen, noch ein Hinweis: Die Intrigentechnik kann nur dann wirkungsvoll angewandt werden, wenn ein entsprechender Intrigenkontext besteht.

Intrigieren heißt übers Dreieck beeinflussen

Eine Intrige funktioniert nur dann, wenn Sie Teil eines geschlossener Personenkreises sind, in dessen Mitte sich eine Person befindet, die für Sie sonst unangreifbar ist (= Intrigenkontext). Das ist Ihre Zielperson. Wenn festgefahrene Machtstrukturen Sie sonst zur Verzweiflung bringen, hier bilden sie die ideale Voraussetzung. Denn je gefestigter die einzelnen Positionen sind, desto kalkulierbarer sind auch die Interessen der jeweils Beteiligten. Nicht umsonst finden die erfolgreichsten Intrigen in geschlossenen Machtkontexten statt: in der Führungsspitze, innerhalb von Familienclans oder in geschlossenen Bereichen der Politik.

1. Schritt: Auswahl der geeigneten Zielperson

Zielpersonen können hierarchiehöher (im beruflichen Umfeld also Ihr Vorgesetzter, Team- oder Projektleiter, Abteilungsleiter oder Ähnliches) sein oder gleichrangig (der beste Freund, ein konkurrierendes Unternehmen, ein Kollege, ein Mitbewerber). Dabei verfügen Sie und Ihr Gegner (Zielperson) über eine wichtige Gemeinsamkeit: Beide begehren einen Wert oder ein Objekt, wobei der eine ihn schon besitzt und der andere ihn begehrt.

Beispiele:
→ Sie und Frau Deggendorf (Zielperson) konkurrieren um einen Auftrag, um die Position als Verkaufsleiter, um einen Auslandseinsatz. Frau Deggendorf ist eine mögliche Zielperson, weil Sie dasselbe will wie Sie.
→ Sie wollen anstelle von Frau Deggendorf die Filiale übernehmen, ihre Position einnehmen, ihre Mitarbeiter für Ihr eigenes Team haben.

Frau Deggendorf ist eine mögliche Zielperson, weil sie Ihnen ihre Position nicht überlassen will.

Auch reine Missgunst kann ein legitimer Grund für die Anwendung der Intrigentechnik sein. Dann geht es nicht darum, etwas zu erlangen, sondern zu zerstören, was eine Person besitzt. Eines ist klar: Wenn Sie derartige Gedanken hegen und neidische Tendenzen verspüren, dann bestimmt nicht ohne Grund. Zum einen fokussiert sich Ihre Feindschaft auf eine Person, der es gelungen ist, Sie sich zum Feind zu machen. Wer sich Feinde schafft, muss damit rechnen, dass sie angreifen. Zum anderen ist jede Motivation zu nutzen. Selbst wenn Sie nicht vom Erfolg einer Intrige profitieren, das Bewusstsein, geschadet zu haben, befriedigt auch. Und vielleicht ist eine aus Missgunst betriebene Intrige ja nicht das schlechteste Training.

2. Schritt: Intrigenplan machen und Bündnispartner aufspüren

Jeder Plan beinhaltet eine Beschreibung des Wegs zu Ihrem Ziel. Beim Planen einer Intrige funktioniert das allerdings ein wenig anders. Denn die Intrige kann von Ihnen nur geschmiedet und auf den Weg gebracht werden. Weil aber immer Dritte in eine Intrige involviert sind, haben Sie das Geschehen nur bis zu einem bestimmten Zeitpunkt in der Hand. Das Handeln der Bündnispartner kann nur mit Wahrscheinlichkeit vorhergesagt werden. Deshalb können Sie Ihr Intrigenziel auch nur ungefähr angeben, zum Beispiel mit: »Tom Rosenberg so schaden, dass er möglicherweise seine Position verliert« oder »Frau Becker so zusetzen, dass sie im besten Fall als Konkurrentin ausscheidet«.

Beispiel:
Herr Pütz glaubt, die junge Frau Eckart auf seine Seite gezogen zu haben, indem er mit ihr abgesprochen hat, dass sie den Chef darin bestärkt, in ein bestimmtes (verlustträchtiges) Geschäft zu investieren. Aber Frau Eckart, so sehr diese auch vom Chef gekränkt wurde, bekommt Gewissensbisse.

Sie entschließt sich, entgegen der Abrede ihre Intervention beim Chef doch nicht auszuführen.

Was ist in diesem Beispiel geschehen? Die Intrige scheiterte an zwei Stellen:
1. Herr Pütz hat sein Intrigenziel viel zu konkret gefasst,
2. Herr Pütz hat sich verrechnet. Er hat die Motivationslage seiner jungen Bündnispartnerin überschätzt. Ihr Wunsch, dem Chef schaden zu wollen, war nicht so groß, als dass sie nicht vor dem großen finanziellen Verlust, den der Chef erlitten hätte, zurückgeschreckt wäre.

Der entscheidende Schritt zur erfolgreichen Intrige besteht also im Aufspüren des richtigen Bündnispartners. Lassen Sie sich dafür Zeit. Beginnen Sie damit, das Umfeld zu erforschen. Achten Sie auf die Machtverteilungen. Beobachten Sie das Geschehen um sich herum und alle Personen, die als Bündnispartner in Betracht kommen könnten. Von der Qualität Ihrer Beobachtungen und Informationen über die Akteure hängt ab, ob Sie später die Früchte der Intrige ernten. Nur wenn Sie genau über die Interessenlagen und Motivationen der »Werkzeuge« Bescheid wissen, können Sie diese kalkuliert einsetzen.

Beispiel:
Sie sind wissenschaftlicher Mitarbeiter und streben die Stelle als Akademischer Rat an, die zur Zeit an Ihrem Institut ausgeschrieben ist. Dabei konkurrieren Sie vor allem mit Herrn Müller (Zielperson). Nun beobachten Sie Ihr Umfeld: Wer von den Kollegen will Herrn Müller als zukünftigen Vorgesetzten haben? Wer kann ihn nicht leiden? Wer nimmt ihm etwas übel? Wer ist sein Förderer? Wem ist es egal? Auf diese Weise klären Sie die Strukturbedingungen und die Machtverteilung.

Nach dieser Beobachtungsphase ordnen Sie alle Personen bestimmten Kategorien zu. Gruppieren Sie sie nach vorhandenen Interessenlagen. Benutzen Sie dafür Stift und Papier, wenn Sie ein visueller Typ sind (vergessen Sie aber nicht, es später zu vernichten bzw. die Datei zu löschen). Das erscheint nur auf den ersten Blick überflüssig, schafft aber in Wirklichkeit Übersicht.

Zur Verdeutlichung des Vorgehens hier noch einmal das auf andere (berufliche) Kontexte übertragbare Beispiel aus der Universität:

Beispiel:
1. Zuerst durch Beobachten die Interessen beteiligter Personen herausfinden
Sie wissen, dass an der Stellenverteilung mehrere Personen beteiligt sind. Da gibt es den humorvollen Professor Lutz, der sich mit dem trockenen Professor Becker nur nach außen hin gut versteht. In Wirklichkeit sind sie schärfste Konkurrenten. Zu alledem ist Professor Becker als Institutsleiter Professor Lutz übergeordnet, was letzterem gar nicht recht ist. Professor Becker hat Müller stets protegiert. Das Bild des Herrn Müller, der dem Professor die Aktentasche trägt, hat schon so manchen zum Schmunzeln gebracht (und verdeutlicht nebenbei die Wirksamkeit der *Aktualisierungs-* und *Einschmeicheltechnik*). Kurzum: Herr Becker will Müller auf jeden Fall auf diesem Posten sehen. Professor Lutz dagegen weiß, dass Müller wegen seines guten Aussehens zwar einen Schlag bei manchen Studentinnen hat, wegen seines dominanten Unterrichtsstils aber bei den meisten nicht beliebt ist. Auf keinen Fall ist er qualifizierter als die Mitbewerber. Dann gibt es da noch Frau Mertens, Herrn Theo und Herrn Grinwald, die Mitbewerber um die ausgeschriebene Stelle. Der Ausschuss, der über die Besetzung der Stelle entscheidet, besteht aus den Professoren Becker und Lutz, der Professorin Brandt, dem studentischen Vertreter Tom sowie dem Dekan Professor Rosenberg. Frau Brandt hatte einmal ein Verhältnis mit Professor Becker, wurde aber dann von ihm verlassen. Tom kann Herrn Müller nicht leiden, weil er ihn für einen eingebildeten Fatzken hält, ebenso wie die Mehrzahl der Studierenden, die er zu vertreten hat. Dekan Rosenberg ist die Entscheidung weitgehend egal, weil er in einem anderen Institut arbeitet.

2. Strukturieren durch Gruppieren
Nun zum Gruppieren, um Übersicht in die Verwicklungen zu bringen:

Wie funktioniert die Intrigentechnik?

Person	Beweggründe	Rolle bei möglicher Intrige
Herr Müller	Will unbedingt die Stelle als Akademischer Rat, weil es eine Beamtenstelle ist und er sonst kaum eine Chance sieht, als Geisteswissenschaftler sein Auskommen zu finden	Zielperson und Opfer der Intrige
Professor Becker	Will Herrn Müller als Akademischen Rat im Institut haben, weil der ihm seit Jahren erfolgreich zuarbeitet und wissenschaftlich dieselben Interessengebiete vertritt und er außerdem mit dem Vater von Müller seit vielen Jahren befreundet ist	Kein Bündnispartner
Professor Lutz	Würde gerne Professor Becker eins auswischen, solange es nicht auf ihn zurückfällt, hält wissenschaftlich nichts von Herrn Müller und kann ihn persönlich als »Appendix von Becker« nicht leiden	Unter Umständen Bündnispartner
Professorin Brandt	Hält sich aus dem Ganzen raus, würde aber aus gekränkter Liebe Professor Becker gerne eins auswischen	Eventuell Bündnispartnerin, weil Professor Becker glaubt, es sei privat alles wieder in Ordnung
Tom	Studentischer Vertreter, der nicht viel zu sagen hat, aber Herrn Müller auch die Stelle nicht gönnt; Tom ist ehrgeizig und hinterhältig und auf der Seite von Professor Lutz (der seinerseits Tom nicht leiden kann)	Bündnispartner mit wenig Einfluss auf Müller
Dekan Rosenberg	Ein beeinflussbarer und unsicherer Mann, der sich nur in seinen Forschungen wirklich wohl fühlt	Guter Bündnispartner, weil sehr einflussreich, allerdings keine Motivation vorhanden, um Müller zu schaden
Frau Mertens, Herr Theo, Herr Grinwald	Seit Jahren auf Wanderschaft an verschiedenen Universitäten im Kampf um eine der wenigen Stellen, sind sie alle drei um die 40 und leben von der Sozialhilfe; sie sind bereit, sehr weit zu gehen, um endlich sicher im Sattel zu sitzen	Gute Bündnispartner, weil sie ein starkes Interesse daran haben, Müller als stärksten Konkurrenten auszuhebeln

Ergebnis:
Alle Personen außer Professor Becker und Herrn Müller selber könnten Ihr Bündnispartner werden. Dabei eignet sich Tom weniger als der einflussreiche Dekan. An Letzteren ist aber schwerer ranzukommen, sodass vielleicht doch Professor Lutz geeigneter wäre.

Nachdem Sie sich derart Übersicht verschafft haben, machen Sie sich an Ihre Bündnispartner heran. Hier noch einmal die Kriterien für einen guten Bündnispartner:

→ Er oder sie verfügt über Fähigkeiten und Mittel, die Zielperson zu schädigen.
→ Ihre eigenen Interessen und die des Bündnispartners lassen sich zusammenführen.
→ Er ist Ihnen nicht überlegen und aller Wahrscheinlichkeit nicht in der Lage, Sie zu durchschauen.

Das wichtigste Kriterium aber ist: Der Bündnispartner sieht einen Vorteil für sich, wenn er der Zielperson schadet.

3. Schritt: Kalkulierter Einsatz des Bündnispartners

Jetzt gehen Sie mit Ihrem »Werkzeug« ein Bündnis ein: Sie überlegen sich gemeinsam, welches strategische Vorgehen anzuwenden ist, damit die Zielperson ausgeschaltet werden kann. In solchen Momenten sprüht es nur so von kreativen Ideen, denn in einem geheimen Bündnis arbeitet jeder zu seinem eigenen Vorteil. Das ist ja bekanntlich der größte Motivationsfaktor.

Es hat Ihnen gleichgültig zu sein, ob der Bündnispartner letzten Endes auch profitiert. So gesehen können Sie einen Dritten als Bündnispartner einsetzen und anschließend austricksen.

Beispiel:
Sie können die Konkurrenten Mertens, Theo und Grinwald zu Bündnispartnern machen. Sie alle sind hochmotiviert, den Favoriten Müller auszuhebeln. Also initieren Sie ein Intrigenbündnis zum Schaden von

Müller. An Ideen, wie Müller auszuhebeln ist, mangelt es nicht. So überlegen Sie gemeinsam, dass man diese »Klüngel-Zustände« am Institut der Tagespresse zuspielen könnte oder dem Professor Becker und seinem Kandidaten Müller ein Verhältnis andichtet oder über Umwege dem Bildungsministerium Andeutungen über die Verschleuderung von Sachmitteln durch Becker zuspielt. Wenn es gelungen ist, Herrn Müller aus dem Wettbewerb zu drängen, dann ist freie Bahn für Sie, die ehemaligen Bündnispartner zu überholen.

Eine weitere interessante Variante des Intrigenbündnisses ist folgende: Sie überzeugen Bündnispartner davon, Ihnen einen Vorteil zu gewähren.

Beispiel:
Bei einer Abstimmung um einen Posten, den Sie wollen, geht es darum, den alten Posteninhaber (Zielperson) auszuschalten. Also ziehen Sie sich Bündnispartner auf Ihre Seite und motivieren diese durch Anreize (Wahlversprechen), für Sie zu stimmen.

»Herr-Müller-Beispiel«:
Wenn Sie Dekan Rosenberg als Bündnispartner gewinnen und gleichzeitig Müllers Ruf beschädigen, dann bedeutet seine Fürsprache, dass Sie die Stelle als Akademischer Rat so gut wie in der Tasche haben.

Was tun, wenn keine Person ein Motiv hat, bei einem Intrigenbündnis mitzumachen?

Wenn eine Motivationslage zum Schaden Ihrer Zielperson nicht vorhanden ist, dann bleibt nur der aufwändigere Weg der Beeinflussung. Es gilt, Dritten ein wirkliches Motiv zu verschaffen. Gehen Sie überlegt und sehr vorsichtig vor. Schließlich wird eine Person nicht einfach so opponieren, sondern nur dann, wenn sie selber Vorteile davon hat.

Ein immer wieder gangbarer Weg zur beeinflussenden Mobilisierung ist die Lüge. Es bietet sich an: Unwahre Informationen über das Intrigenopfer einem Dritten unter dem Deckmantel der Verschwiegenheit »anzuvertrauen«.

Beispiel:
»Der hat mich gestern gefragt, wo du deine Informationen herhast. Ich kann mir gut vorstellen, dass der vorhat, dich auszuhebeln ...«
  »Also ich hab den gestern auf dem Netzwerktreffen gesehen. Allerdings in einem der hinteren Räume. Wieso hat der dich denn nicht eingeladen? Will der dich raushaben?«
  »Du, pass auf, der hat mir gestern angedeutet, dass er alle, die länger mit dem Projekt zu tun hatten, raushaben will ...«

Achtung:
Das hört sich ähnlich wie das Vorgehen bei der *Gerüchtetechnik* an. Aber dort ist die Absicht eine andere als hier. Bei der Gerüchtetechnik geht es nicht um Beeinflussung der Person, der Sie etwas »anvertrauen«. Denn diese soll ein Gerücht nur verbreiten und damit Schaden anrichten. Hier dagegen kommt es darauf an, jemanden für ein Intrigenbündnis zu gewinnen. Das geschieht durch geschickte Fehlinformation.

Sie als Intrigant können auch falsche Informationen über Ihre Beweggründe und Ziele verbreiten.

Beispiel:
»Du weißt, ich liebe meinen Vater. Aber er darf sich einfach nicht mehr so viel Arbeit zumuten. Wir sollten gemeinsam dafür sorgen, dass er kürzer tritt.«

Eine Person wird Ihnen glauben, wenn Ihre Information nicht überprüfbar ist und glaubwürdig scheint. Das ist dann der Fall, wenn:
→ Ihre Lüge aus einem Umfeld stammt, das eine Person für glaubwürdig hält
  (Hier geht's um die »sichere Quelle«. Diese darf nicht zu unglaubwürdig sein.)
→ Sie für das Werkzeug glaubwürdig sind
  (Übertreiben Sie deswegen nicht, bleiben Sie realistisch.)
→ Sie Ihr Eigennutzmotiv verbergen

(Das sollten Sie immer tun. Denken Sie an die oberste Regel überhaupt: Niemals irgendjemandem vertrauen!)
→ Sie Ihre Schädigungsabsicht verbergen
(Es macht einfach keinen guten Eindruck, wenn Sie jemand als bösartig erkennt.)
→ Sie verbergen, dass Sie die Person lediglich als Werkzeug einsetzen wollen
(Denn jeder will ernst genommen werden, keiner lässt sich freiwillig instrumentalisieren.)

4. Schritt: Wirkungskontrolle
Ihre Intrige ist dann erfolgreich gewesen, wenn Sie einen mächtigen Konkurrenten entmachtet haben. Dann aber kommt eine sehr viel schwierigere Aufgabe auf Sie zu: sich selber vor zukünftigen Intriganten zu schützen!

Skala der ethischen Bedenklichkeit

Eine erfolgreiche Anwendung der Technik erfordert das Überdenken folgender Verhaltensweisen:
→ Arglosigkeit ausnutzen
→ Hinterlistig vorgehen
→ Lügen
→ Vertrauen missbrauchen
→ Menschen als Werkzeuge einsetzen

Kontrasttechnik

Ziele
→ Eigene Position innerhalb einer Gruppe stärken
→ Jemanden beeindrucken
  - Um Entscheidungsträger von der eigenen Leistung zu überzeugen
  - Um im Vergleich besser als andere zu erscheinen
  - Um von der eigenen »außergewöhnlichen« Persönlichkeit zu überzeugen
→ Jemanden täuschen
  - Um die Glaubwürdigkeit zu erhöhen

Diese Ziele erreichen Sie
→ Weil Sie wissen, wie man besser als andere erscheint

Besondere Voraussetzungen
→ Keine

Überblick

Die Beurteilung von Dingen wird durch den Kontext der Wahrnehmung beeinflusst. Wenn Sie also einen entsprechenden Kontext bieten, dann steuern Sie die Wahrnehmung der anderen. Es stimmt, die Beeinflussung funktioniert tatsächlich so simpel, wie es sich anhört.

Hintergrundwissen

Was ist ein Kontrast?
Das Wort *Kontrast* leitet sich aus dem italienischen *contrasto* ab und bedeutet *Widerstreit, Gegensatz*.

Wie entstehen Kontraste?
Manipulieren heißt die Wahrnehmung steuern. Aus der Werbepsychologie stammt die Erkenntnis, dass die Produktwahrnehmung sich mit den angebotenen Vergleichsmöglichkeiten ändert.

Beispiel:
Eine kleine Person erscheint neben einer großen besonders klein, neben einer noch kleineren dagegen groß.

Kontraste entstehen durch Gegenüberstellung. Nur wenn das eine in deutlicher Verbindung mit dem anderen präsentiert wird, entfalten Kontraste ihre Wirkung. Wenn Sie den einzigen Messestand auf der Messe haben, dann kann er noch so perfekt gestaltet sein und doch wird keiner sagen, er sei der beste gewesen. Neben anderen Messeständen stechen Sie dann besonders hervor, wenn rechts und links neben Ihnen sich schlecht ausgestattete Messestände befinden. Es bringt Ihnen also nicht viel, mit einer guten Leistung allein auf weiter Flur zu sein. Um hervorzustechen, brauchen Sie Konkurrenten – schlechtere Konkurrenten, versteht sich.

Wie funktioniert die Kontrasttechnik?
Während andere es dem Zufall überlassen, in welchem Kontext sie agieren, handeln Sie planmäßig. Denn Sie wissen, dass der Kontext die Wahrnehmung und Beurteilung beeinflusst.

1. Schritt Auswahl der geeigneten Zielperson
2. Schritt Sprachliche Kontraste
3. Schritt Sonstige Kontraste
4. Schritt Wirkungskontrolle

1. Schritt: Auswahl der geeigneten Zielperson

Zielperson kann jeder sein, es gibt keine besonderen Voraussetzungen, auf die Sie achten müssten. Schließlich nutzen Sie physiologische Vorgänge der Wahrnehmung aus, die bei jedem Menschen vorhanden sind.

2. Schritt: Sprachliche Kontraste

Um sich selber positiver darzustellen, gewöhnen Sie sich an, in Vergleichen zu sprechen. Wählen Sie stets Vergleichsobjekte, die relativ zu Ihnen schlechter wegkommen. Nehmen Sie sich die Redezeit, die Sie brauchen.

Beispiele:
- »Im Vergleich zum Vorjahr haben wir unsere Umsätze deutlich gesteigert.«
  Anstatt:
  »Mit dem Unternehmen geht es nur sehr langsam bergauf.«
- »Alle anderen wurden entlassen. Nur ich habe meinen Arbeitsplatz behalten. Allerdings muss ich eine Lohnkürzung in Kauf nehmen.«
  Anstatt:
  »Ich hab eine Lohnkürzung gekriegt.«
- »Uns geht's noch gut. Unsere Nachbarn haben alles verloren. Wir sind mit dem Leben davongekommen.«
  Anstatt:
  »Wir haben alles verloren.«
- »Wir haben in Erwägung gezogen, Arbeitsplätze zu streichen. Das hätte für zehn Mitarbeiter dieser Abteilung bedeutet, dass Sie ab Jahresende arbeitslos sind. Deswegen unser Vorschlag: Verzicht auf Lohnerhöhungen für die nächsten fünf Jahre.«
  Anstatt:
  »Lohnerhöhung wird es in den nächsten fünf Jahren keine geben.«

3. Schritt: Sonstige Kontraste
Neben den sprachlichen gibt es noch andere Möglichkeiten, die Wahrnehmung der anderen so zu steuern, dass diese Sie besser sehen, als Sie in Wirklichkeit sind.

Beispiel:
Wenn Sie einen guten Vorschlag in petto haben, dann verkünden Sie diesen nicht gerade dann, wenn sowieso Aufwind herrscht. Vielleicht hat gerade vor Ihnen der Kollege auch einen guten Vorschlag gemacht. Warten Sie dann besser noch ein Weilchen. Melden Sie sich erst dann wieder, wenn sich die Aufmerksamkeit für den Kollegen gelegt hat. Besser noch ist es, wenn Sie Ihren guten Vorschlag gerade dann machen, wenn sonst keinem etwas einfällt.

Wichtig ist es, taktisch vorzugehen und zu planen, wann sie was in welchem Kontext zu wem sagen. Eine unbedachte Spontanaktion kann zur Folge haben, dass Ihre guten Ideen verpuffen. Andere schnappen sie auf und verwerten sie. Zwar sind Sie dann bei den Kollegen gerne gesehen, aber außer anerkennendem Schulterklopfen von denen, die durch Sie profitieren, bleibt Ihnen nichts.

Es sind Kleinigkeiten, die die Wahrnehmung der anderen steuern:

Beispiele:
- Platzieren Sie sich bei den schwächsten Konkurrenten, wenn es darauf ankommt, mit der eigenen Leistung besonders hervorzustechen.
- Melden Sie sich in Meetings dann zu Wort, wenn zuvor lange geschwiegen wurde.
- Erwecken Sie den Eindruck, hellwach und konzentriert zu sein, wenn alle anderen müde und erschöpft sind.

4. Schritt: Wirkungskontrolle
Die Kontrasttechnik ist ein Sahnehäubchen, ein Mehr auf dem Weg zur Beeinflussung von Personen. Das Erfolgspotential kleiner alltäglicher Beeinflussungen sollten Sie nicht unterschätzen.

Skala der ethischen Bedenklichkeit

☐ ☐ ☐ ☐ ☐ ☐ ☐ ☐ ☐

Eine erfolgreiche Anwendung der Technik erfordert das Überdenken folgender Verhaltensweisen:
→ keine

Lügentechnik

Ihre Ziele
- Eigene Position innerhalb einer Gruppe stärken
- Jemanden ablenken
- Jemanden täuschen
  - Um bereits erlangte Vorteile zu sichern
  - Um die Glaubwürdigkeit zu erhöhen
- Macht ausüben
  - Um Angriffen von Wahrheitsermittlern ausweichen zu können

Diese Ziele erreichen Sie
- Weil Sie die von Wahrheitsermittlern verwendeten Fragetechniken kennen und sich zu behaupten wissen

Besondere Voraussetzungen
- Keine

Überblick

Lügen heißt, gekonnt das Vertrauen in Aufrichtigkeit missbrauchen. Aber darin benötigen die wenigsten eine Unterweisung. Es scheint vielmehr so zu sein, dass bereits jedermann weiß, wie man lügt. So fand der Psychologe John Frazer in einer Studie heraus, dass der Mensch täglich bis zu 200 Mal lügt. Der Mentiologe (Lügenforscher) Peter Stiegnitz gibt an, dass 41 Prozent lügen, um sich Ärger zu ersparen, 14 Prozent, um sich das Leben bequemer zu gestalten, 8,5 Prozent, um geliebt zu werden und 6 Prozent einfach aus Faulheit. Wir bewegen uns also bereits in einem Umfeld der herrschenden Unmoral. Die Belogenen sind keinesfalls unschuldige Opfer, sondern gleichwertige Gegner, gegen deren Aufdeckungsmethoden Sie sich zu verteidigen wissen sollten.

Hintergrundwissen

Was ist eine Lüge?
Der klassische Lügenbegriff versteht Lüge als »Abweichung zwischen dem, was ein Mensch sagt, und dem, was er weiß«. Eine Lüge ist eine in täuschender Absicht gemachte Aussage.

Wie entsteht eine Lüge?
Eine Lüge kann nur dann entstehen, wenn Sie sich der »Wahrheit« verpflichtet fühlen. Was immer Wahrheit ist und wer immer zu beurteilen glaubt, sie erkennen zu können, Sie lügen nur dann, wenn Ihnen andere etwas entgegensetzen, das diese ihrerseits als »Wahrheit« titulieren. Was heißt schon Pflicht zur Wahrheit? Wer immer die Wahrheit sagt, der stellt sich mit diesem Anspruch außerhalb des sozial üblichen Verhaltens mit all den nachteiligen Folgen, die ein solches Außenseiterdasein nach sich zieht.

Wie funktioniert die Lügentechnik?

Eine Lüge, die von niemandem als »Lüge« entlarvt wird, ist eine perfekte Lüge, denn sie wandelt sich auf diese Art in Wahrheit um. »Wahrheiten« stellen Sie folgendermaßen her:

1. durch kunstgerechtes Lügen unter Befolgung einiger Grundregeln
2. durch die erfolgreiche Abwehr aller Angriffe von denjenigen, die verhindern wollen, dass Sie Ihre eigenen »Wahrheiten« setzen

1. Schritt	Auswahl der geeigneten Zielpersonen
2. Schritt	Richtig lügen unter Befolgung einiger Grundregeln
3. Schritt	Erfolgreiche Verteidigung gegen Aufdeckungsversuche
4. Schritt	Wirkungskontrolle

1. Schritt: Auswahl der geeigneten Zielperson

Mit einer Lüge sind Sie umso erfolgreicher, je vehementer eine »Vorschrift zur Wahrheit« in einem sozialen Umfeld eingehalten wird. Mit anderen Worten: Wenn alle lügen, glaubt Ihnen eh keiner. Wenn keiner lügt, dann ist es entsetzlich, wenn Sie dabei erwischt werden, dass Sie es als Einziger tun. Wenn Sie aber nicht erwischt werden, und die Wahrscheinlichkeit ist hoch in einem solchen Raum des gegenseitigen Vertrauens, dann haben Sie die allerhöchsten Erfolgsaussichten. In einem solchen Fall ist jeder eine geeignete Zielperson, solange alle in naiver Arglosigkeit und im Vertrauen auf Gegenseitigkeit davon ausgehen, dass auch Sie sich an die Regeln halten. Es gilt also grundsätzlich:

Je strenger sich eine Person an die Wahrheit hält, desto leichter ist sie zu belügen. Da es in der Realität keine völlig lügenfreie Zone gibt (manche lügen mehr als andere, der eine besser, der andere schlechter, der eine häufiger, der andere seltener usw.), ist eine Zielperson (der zu Belügende) nach folgenden Kriterien auszusuchen:

a) **Sie wissen, dass eine Person ein schlechter Lügner ist und von anderen Aufrichtigkeit erwartet.**
Das heißt: Sie ist eine einfach zu täuschende Person, selbst unerfahren im guten Lügen und arglos im Vertrauen auf die Aufrichtigkeit der sie umgebenden Menschen. Mit solchen Personen sollten Sie beginnen.

b) **Sie haben Anhaltspunkte dafür, dass eine Person es selber mit der Wahrheit nicht so genau nimmt.**
Das heißt: Sie kennt sich mit Lügenstrategien bestens aus und ist ein wirklicher Gegner. Eine solche Person sollten Sie nur dann belügen, wenn es nicht anders geht oder wenn Sie in ihr einen gleichwertigen Gegner suchen.

Eine Besonderheit ergibt sich bei den professionellen »Entlarvern« von Lügnern: Weil Sie sich die Zielperson nicht aussuchen konnten, haben Sie sie nun vor sich und damit einen soliden Gegner, der mit allen ihm zur Verfügung stehenden strategischen und taktischen Mitteln versuchen wird, Sie als Lügner zu entlarven. Sich gegen Profis dieser Art erfolgreich zu verteidigen zeichnet einen Könner aus.

Beispiele:
Steuerfahnder, Polizisten, Kriminalfahnder, Gerichtsvollzieher, Beamte des Jugendamtes, Richter, Staatsanwälte, Gutachter usw. zählen zu den »professionellen Entlarvern« und »Wahrheitsermittlern«.

2. Schritt: Richtig lügen unter Befolgung einiger Grundregeln

> Wenn wir gezwungen wären, wirklich immer nur das zu sagen, was wir für wahr halten und über alles wahrhaftig sofort Auskunft zu geben, dann hätte der Fragende unbegrenzte Macht über uns.
> *Simone Dietz, Philosophin*

Richtig lügen erfordert nicht viel, wenn Sie sich eine gutgläubige Person ausgewählt haben. Bei allen anderen Zielpersonen ist erhöhte Umsicht angebracht. Denn diese werden, sobald sie Anhaltspunkte für Verdachtsmomente haben, eine Wahrscheinlichkeitsanalyse vornehmen: Sagt er/sie die Wahrheit? Wie wahrscheinlich ist das Gesagte? Kann ich ihm/ihr Glauben schenken? Um solche Verdachtserörterungen erst gar nicht aufkommen zu lassen, sollten Sie von Beginn an einige Grundsätze befolgen.

Voraussetzungen für eine gute Lüge:
1. Sie sind aus Perspektive Ihrer Zielperson glaubwürdig
2. Sie beherrschen die authentische Nachahmung von wahren Aussagen
3. Sie vermeiden Übertreibungen, Unverhältnismäßigkeiten, Unstimmigkeiten, Auffälligkeiten der Darstellung und Selbstdarstellung
4. Sie fördern die Arglosigkeit der Zielperson durch Beiläufigkeit, Gelassenheit und Zurückhaltung
5. Sie sind präzise, konstant und widerspruchsfrei in den Details der Lüge
6. Ihr Täuschungsmotiv bleibt nur Ihnen bekannt, Sie vertrauen niemandem
7. Sie etikettieren eine eventuell entlarvte Lüge mit harmlosen Motiven

Wie funktioniert die Lügentechnik?

Der Kommunikationspsychologe Albert Mehrabian hat eine Versuchsanordnung konzipiert, bei der die Probanden herausfinden sollten, ob der Gesprächspartner lügt. Mehrabian kam zu dem Schluss, dass die meisten Menschen annehmen, man könne einen Lügner durch seine Körpersprache entlarven. Daraus ergibt sich für die praktische Anwendung: Schöpft eine Zielperson (die nicht zu den professionellen Entlarvern gehört) Verdacht, dann wird diese zu 55 Prozent auf Ihre Körpersprache achten, zu 38 Prozent auf den Klang Ihrer Stimme und zu nur 7 Prozent auf den Inhalt.

Dass ein Lügner sich durch körperliche Signale verraten könne, ist kaum mehr als ein hartnäckig sich haltender Mythos. In vielerlei Handbüchern zur Körpersprache werden die angeblich »geheimen Signale« des Lügners vorgestellt. Die Wahrheit ist, dass es solche Signale nicht gibt. Wer nur ein wenig im Lügen geübt ist, dem stehen keine Schweißperlen auf der Stirn und der wird sich nicht durch anfängerhaftes »deliberatives Wegblicken« verraten. Er wird auch nicht die Fußspitzen in eine andere Richtung schieben oder nervös seine Finger kneten. Nur den noch ungeübten Kindern sieht man an der Nasenspitze an, wenn sie lügen. Denn wer gut lügt, der wird durch authentische Nachahmung von wahren Aussagen keinerlei Lügensignale aussenden. Berühmtes Beispiel ist Bill Clinton, der keine außergewöhnlichen körperlichen Lügensignale zeigte, als er behauptete, keine sexuelle Beziehung zu Monica Lewinsky unterhalten zu haben. Denn der Definition zufolge, die er sich zurechtgelegt hatte, erfüllte Oralsex nicht seine Bedingungen einer sexuellen Beziehung. Er hat also gar nicht gelogen. Die »Inszenierung einer weiteren personalen Identität«, die »rhetorische Konstruktion des Selbst«, die »Erzeugung des Scheins« oder welche Worte man immer dafür wählen mag, sind das A und O des erfolgreichen Lügens. Machen Sie sich bewusst, dass:

a) lügen legitim ist,
b) Ihre Lüge auch Wahrheit sein könnte,

> Du musst dich nicht durch Worte schrecken lassen, Ernest. Was die Leute Unaufrichtigkeit nennen, ist einfach eine Methode, unsere Persönlichkeit zu vervielfältigen.
> *Oscar Wilde*

c) jede für wahr erkannte Aussage Ergebnis einer subjektiven Interpretation ist,
d) Ihre Interpretation der Ereignisse also der Wahrheit entspricht,

um anschließend wie in einem Vexierbild von einer Position des Scheins in eine andere wechseln zu können.

3. Schritt: Erfolgreiche Verteidigung gegen Aufdeckungsversuche

> Seine freimütigen, furchtlosen Erklärungen, seine großartige Verantwortungslosigkeit, seine gesunde, natürliche Geringschätzung von Beweisen irgendwelcher Art!
> Oscar Wilde

Professionelle Entlarver wenden gekonnte Fragetechniken an, um Sie aufs Glatteis zu führen. Im Folgenden werden die wichtigsten Fragetechniken der Entlarver aufgezählt, damit Sie sich auf deren Angriffe vorbereiten und eine entsprechende Abwehrstrategie erarbeiten können.

In einer Art Lügenanalyse versuchen Ermittler Realitätskriterien von Lügensignalen zu unterscheiden. Sie bilden dabei häufig verschiedene Hypothesen über Sie, die sie durch Ihr gezeigtes Verhalten entweder verifizieren oder widerlegen. Solche Hypothesen sind:

1. Sie sagen die Wahrheit, weil Ihre Aussage auf dem tatsächlichen Erleben beruht (Wahrheitshypothese)
2. Sie sind aufgrund kognitiver Schwächen oder psychopathologischer Störungen nicht in der Lage, über erlebte Ereignisse zu berichten (Untüchtigkeitshypothese)
3. Sie wollen bewusst täuschen und geben vor, etwas erlebt zu haben, das Sie aber tatsächlich nicht erlebt haben (Täuschungshypothese)
4. Sie sind bewusst instruiert worden, eine unwahre Aussage zu machen, und darauf entsprechend vorbereitet (Instruktionshypothese)

1. Anstoßfrage

Ermittler versuchen sich eine sichere Basis zu erarbeiten, um einzuschätzen, ob Sie lügen oder nicht. Dabei folgen sie dem Gebot der umfassenden Berücksichtigung aller zugänglichen

Wie funktioniert die Lügentechnik?

Informationen. Durch Anwendung von so genannten Anstoßfragen wollen sie Sie dazu bringen, mehr zu erzählen, als Sie eigentlich wollen. Es sollen in Ihnen Assoziationen entstehen, die Sie dazu verleiten, mehr (nachprüfbare) Details preiszugeben.

Beispiele:
- »Können Sie sich vielleicht noch an das Wetter am Tag des Verschwindens Ihres Freundes erinnern?«
- »Was befand sich im Nebenraum?«
- »Und wem begegneten Sie auf diesem Weg?«
- »Was fuhr Ihr Geschäftspartner denn für einen Wagen?«

Planen Sie bereits bei der Vorbereitung Ihrer Lüge Details mit ein. Bedenken Sie dabei, dass ein übermäßiger Detailreichtum unglaubhaft wirkt. Machen Sie mal die Realitätsprobe: Was ist Ihnen heute noch präsent von einem Tag vor vier Wochen? Das wird nicht besonders viel sein. Und daher sollte Ihre Lüge auch nicht mehr Details enthalten. Handelt es sich dagegen um ein besonderes Datum (Geburtstag, Geschäftsabschluss, Jahresfeier, Anschlag auf die Twin Towers usw.), dann gehen auch die professionellen Ermittler davon aus, dass Sie sich an mehr Details erinnern. Machen Sie auch hier wieder die Probe: Wie viel fällt mir von besonderen Tagen ein? Wenn Sie ein gründlicher Planer sind und die Lüge sehr bedeutend ist, dann erstellen Sie eine vergleichende Liste. Halten Sie fest, an welche und an wie viele Details eines bestimmten Tages in der Vergangenheit Sie sich erinnern. Übertragen Sie wenn möglich wahre Begebenheiten und flechten Sie diese in Ihre Behauptungen ein. Als nachprüfbare und erweislich wahre Fakten stützen solche Details Ihre Aussagen.

Wenn eine Frage trotz aller Vorbereitung für Sie überraschend kommt, dann antworten Sie darauf so unbestimmt und subjektiv wie möglich. Alles, was auf Ihrer subjektiven Empfindung beruht, kann Ihnen nicht als falsch unterstellt werden.

Beispiel für unbestimmte, auf Subjektivität beruhende Repliken:
- »Ich weiß noch, dass ich mich wohl gefühlt und eigentlich auf gar nichts Besonderes geachtet habe ...«
- »Darauf habe ich nicht geachtet ...«
- »Ich war ziemlich in Gedanken und auch aufgeregt ...«
- »Zu diesem Zeitpunkt war ich mit dem Abwägen der Vor- und Nachteile beschäftigt und erinnere mich nicht mehr an eine Wagenmarke.«

2. Gegensatzfrage

Gegner finden dann und wann raffinierte Ansätze. So zum Beispiel, wenn mit einer Gegensatzfrage, das ist eine Frage, in die das glatte Gegenteil dessen eingebaut wurde, was sie gerade zuvor gesagt haben, herausgefunden werden soll, ob Sie eine leicht beeinflussbare Person sind, deren Aussagen nicht viel wert sind. Wenn Sie so eingeschätzt werden, dann kann das für Sie vorteilig sein. Denn dann werden Sie unterschätzt. Wer den Feind unterschätzt, hat den Krieg ja bekanntlich schon verloren.

Beispiel:
Herr Maier hat eben noch angegeben, die Unterlagen weitergereicht zu haben. Nun wird er gefragt: »Sie haben also die Unterlagen nicht an Herrn Müller weitergereicht?« Herr Maier antwortet mit »Ja«. Darauf: »Ja, wie denn nun? Eben haben Sie noch gesagt, Sie hätten sie weitergereicht. Was stimmt denn nun?« Maier fängt an zu schwitzen und zeigt Anzeichen von Nervosität: »Sie machen mich ja ganz nervös, doch, ich habe sie weitergereicht.« Dann hat Herr Maier sehr gut reagiert. Denn mit dem Vorspielen von Nervosität liefert er falsche Hinweise. Ist er nun eine durch Befragung leicht beeinflussbare Person? Dann müsste man ihn als unzuverlässigen Zeugen nicht weiter befragen. Angenommen, Maier wäre tatsächlich Drahtzieher in einer Unterschlagungsaffäre, dann wäre das sehr vorteilhaft für ihn.

3. Herausforderungsfrage

Mit einer Herausforderungsfrage versucht man Sie zu provozieren. Sie wird in unterschiedlichen Umfeldern häufig benutzt, obwohl damit leicht die Grenze zur verbotenen Vernehmungsmethode (§ 136a StPO) überschritten wird. Zu-

Wie funktioniert die Lügentechnik?

rückhaltung ist angebracht, wenn man Sie auf folgende Art und Weise zu provozieren versucht:

Beispiele:
- »Warum haben Sie beim ersten Mal genau das Gegenteil von dem gesagt, was Sie jetzt sagen?«
- »Warum haben Sie sich nicht sofort in der Abteilung gemeldet, als Sie ...?«
- »Sie wollen uns jetzt ernsthaft weismachen, dass Sie sich an nichts mehr erinnern, obwohl Sie bereits eine Aussage von zehn Seiten gemacht haben?«
- »Jetzt aber mal ehrlich, Sie spielen uns doch hier Theater vor!«

In solchen Fällen ist folgendes Verhalten sinnvoll:
- Entrüsten Sie sich über den respektlosen Ton
- Verwahren Sie sich gegen Unterstellungen jeglicher Art
- Verweigern Sie »unter diesen Voraussetzungen« Ihre Kooperation
- Reagieren Sie betroffen (vgl. *Mitleidtechnik*)

> »Für mich ist die Lüge ein notwendiges Übel, das zur allgemeinen Harmonie beiträgt. Doch Ehrlichkeit und Aufrichtigkeit bleiben die Tugenden.«
> *Jean Gervais*

Auf keinen Fall sollten Sie den Fehler begehen, in die Falle zu tappen und mit einer Rechtfertigungsstrategie zu kontern. Es wäre falsch, wenn Sie mit »Weil ...« oder »Nein, das stimmt nicht, weil ...« reagieren. Damit lassen Sie sich in die Ecke drängen, zeigen Unterlegenheit und stärken die Position des Gegners. Erfinden Sie in diesen Momenten bloß keine weiteren Folgelügen, denn dann verlieren Sie den Überblick. Halten Sie konsequent den Kurs. Versuchen Sie, das Machtgleichgewicht beizubehalten.

4. *Auswahlfragen*

Wenn Sie Ihre Lüge auf ungenauen Tatsachen aufgebaut haben, dann wird man mit Auswahlfragen versuchen, Sie zu überführen. Fragen dieser Art werden als Wahlfragen rasch hintereinander gestellt, damit Ihnen keine Zeit bleibt, passende Konstruktionen zu erfinden. Denn die Befrager gehen davon aus, dass kaum jemand in Windeseile Tatsachen erfinden kann, die zu dem bisher Gesagten passen. Allerdings handelt es sich hierbei um ein Element, das Sie einüben können. Es ist durchaus sinnvoll, im Alltag zu üben, auf Fragen rasch passende Konstruktionen zu erfinden. Gut zu lügen ist ja nicht nur im Ernstfall von Nutzen.

Beispiele:
- »War der Pkw rot, schwarz oder welche Farbe hatte er sonst?«
- »War der Mann, den Sie gesehen haben, groß, klein oder wie?«
- »Waren die Daten auf CD-Rom oder auf Diskette?«
- »Nahmen Sie per E-Mail oder telefonisch miteinander Kontakt auf?«
- »War sie Ihre Geliebte, Kollegin, Freundin oder was?«

Wenn es Ihnen zu gefährlich ist, spontan Lügenkonstruktionen einzubinden, dann schweigen Sie. Holen Sie sich umständlich ein Taschentuch aus der Aktentasche oder ziehen Sie Ihr Jackett aus, um Zeit zu schinden. Fragen Sie nach einer Tasse Kaffee oder ob Rauchen erlaubt ist. Das verschafft Ihnen wertvolle Zeit, um passende Muster zu erfinden und als Antwort zu präsentieren.

5. Situationsfragen

Mit Situationsfragen versucht man, das Randgeschehen Ihrer Lüge abzuklopfen. Damit glaubt man überprüfen zu können, ob Sie die Wahrheit sagen oder nicht. Es werden Ihnen Fragen über die Umstände wie z.B. die Tageszeit, Wetterverhältnisse oder andere Besonderheiten, die nur Ihnen bekannt sein dürften, gestellt. Dabei wird davon ausgegangen, dass keiner, der die Unwahrheit sagt, sich an so viele unbedeutende Umstände erinnern kann.

Beispiele:
- »Wer hat denn bei dem Skatspiel gewonnen, bei dem Sie vorgeben, gewesen zu sein?«
- »Und, war die Straßenbahn voll, als Sie zu Herrn Müller fuhren?«
- »War der Umschlag denn frankiert oder unfrankiert, den Herr Müller Ihrer Beobachtung nach Ihrem Kollegen abgegeben hat?«

Stellen Sie sich in Vorbereitung auf mögliche Situationsfragen Ihre Verfälschungen bildlich vor. Gehen Sie im Geiste chronologisch vor und lassen Sie das Geschehen wie in einem Film vor Ihrem geistigen Auge ablaufen. Achten Sie dabei auch darauf, sich bewusst nicht an alle Einzelheiten zu erinnern. Denn das menschliche Gedächtnis selektiert Bedeutsames vom Unbedeutsamen. Es verleiht Ihrer Lüge also Glaubhaftigkeit, wenn Sie zugeben, sich an manche Details einfach nicht mehr erinnern zu können. Ebenso auffällig wäre es, wenn Sie sich an exakte Uhrzeiten und das genaue Tagesdatum erinnern. Formulieren Sie also bewusst ungenau, um zu täuschen:

Beispiele:
→ »Ich weiß nicht mehr so genau, aber ich geh immer so um acht aus dem Haus. Kurz danach habe ich Herrn Müller dann im Auto vorbeifahren sehen.«
→ »Also ich war etwa zwischen elf und zwölf dort, genau kann ich es gar nicht mehr sagen ...«
→ »Der Mann war dunkel gekleidet, vielleicht braun oder schwarz, da kann ich mich nicht mehr so genau erinnern ...«
→ »Es war morgens um sieben. Ich denke, die Straßenbahn war voll mit Berufstätigen ...«

6. Zickzackfragen

Um die Glaubwürdigkeit Ihrer Aussage zu überprüfen, werden auch Zickzackfragen gestellt. Das sind Fragen, die kreuz und quer ohne einen inhaltlichen Zusammenhang von einem Sachverhalt zum nächsten springen. Man geht davon aus, dass kaum ein Lügengebäude dieser Fragetechnik standhalten könne:

Beispiele:
→ »Und wie kamen Sie an die gefälschten Papiere? Was sagte denn Ihre Frau dazu?« (Unvermuteter Wechsel vom Thema zum Privatleben)
→ »Und wie kam die fremde Unterschrift auf das Dokument? Müssten Sie heute nicht schon längst wieder in Ihrer Firma sein?« (Plötzlicher Wechsel zwischen Thema und Befragungssituation)

→ »Sind Sie gut hergekommen? Haben Sie die Unterlagen an sich genommen?« (Unmittelbarer Übergang von harmloser Begrüßung mitten in das Thema)

Bewahren Sie Ihre rhetorische Distanz. Nehmen Sie sich für die Beantwortung jeder Frage ausreichend Zeit. Wenn das Fragetempo beschleunigt wird, dann bedeutet das für Sie, das Antworttempo zu verlangsamen.

Beispiele:
→ Nach einigen Sekunden Schweigen: »Ich denke, die Antwort auf diese Frage tut nichts zur Sache."
→ »Das geht doch wohl nur mich etwas an.«
→ »Wenn ich mich recht erinnere, habe ich das bereits erläutert.«
→ »Na, wie ich heute nach Hause komme, lassen Sie mal meine Sorge sein.«

Wenn Ihnen danach ist, springen Sie einfach mal auf die Metaebene und sprechen Sie den Gegner auf sein Frageverhalten an. Wenn er erkennt, dass seine Strategie von Ihnen durchschaut wurde, wird er sie nicht weiter einsetzen. Das kann für Sie vorteilhaft sein, aber auch nachteilig. Denn nun erwartet Sie der nächste Trick, auf den Sie vielleicht weniger gut reagieren können.

Beispiel für das Ergreifen der Metaebene:
→ »Sie haben keinerlei Erfolg bei mir, wenn Sie versuchen, mich mit dem Springen von Thema zu Thema zu verwirren.«
→ »Lassen Sie doch den alten Hut mit den Zickzackfragen ...«
→ »Bitte keine Tricks mit ausgelutschten Fragetechniken. Ich denke, hier geht es darum, die Wahrheit herauszufinden.«

7. Wahrheitsfragen

Nicht selten gehen die Befrager davon aus, dass es ein Beleg für die Glaubhaftigkeit einer Person sei, wenn auch peinliche Fragen beantwortet werden. Machen Sie sich deshalb auf Fragen folgender Art gefasst:

Wie funktioniert die Lügentechnik?

Beispiele:
- »Fanden Sie nicht, dass Frau Andrea Müller eine attraktive Arbeitskollegin war?«
- »Fühlten Sie sich nicht in Ihrem Schamgefühl verletzt, als Herr Eckart Sie mit Herrn Pütz in eindeutiger Situation erwischte?«
- »Sie sind homosexuell, nicht wahr?«
- »Sie hatten mit Kollegin Deggendorff sexuellen Kontakt in der Küche des Hotels?«
- »Wie lange hängen Sie bereits in dieser untergeordneten Tätigkeit fest?«

4. Schritt: Wirkungskontrolle

Reflektieren Sie Ihr Lügenverhalten und verbessern Sie es. Gesteuert Verfälschungen der Tatsachen zum eigenen Vorteil einzusetzen ist reine Trainingssache. Lügen Sie mehr und häufiger.

Beobachten Sie sich dabei und registrieren Sie:

- Wie lange kann ich eine Lüge aufrechterhalten? Und woran lag es, dass ich zugeben musste, gelogen zu haben? Wie vermeide ich das das nächste Mal?
- Wie viele Stützlügen benötige ich für eine Lüge? Und warum konnte ich keine einheitliche Konstruktion herstellen? Wo haperte es und wie kann ich es optimieren?
- Wie viel Zeitaufwand benötige ich zur Aufrechterhaltung der Lüge? An wem kann ich üben?
- Bin ich charakterfest? Oder benötige ich noch immer Komplizen, vor denen ich mein Vorgehen rechtfertigen muss? Wie kann ich mich unabhängig machen? (vgl. *Abhängigkeitstechnik*)

Wenn Sie merken sollten, dass Sie sich zu weit aus dem Fenster gelehnt haben, dann stellt sich die Frage des geschickten Rückzugs. Möglichkeiten sind:

Beispiele für Ausweichen:
- »Ich weiß gar nicht, was du meinst ...«
- »Du, heute nicht, ich bin zu müde und kann jetzt gar nichts dazu sagen ...«

→ »Du, lass uns später darüber reden ...«
→ »Ja? Du, ich hab im Moment so viel um die Ohren, da weiß ich gar nicht mehr so genau, was gestern war ...«

Beispiele für moralisches Entrüsten:
→ »Wie kannst du nur glauben, ich würde dich anlügen!«
→ »Wo wir so lange zusammenarbeiten, unterstellst du mir derartiges!«
→ »Dabei hab ich dir immer vertraut. Und jetzt stelle ich fest, dass du mir nie vertraut hast!«

Beispiele für die Rechtfertigung von Lügen als Notwendigkeit:
→ »Hier lügt doch jeder. Ich hab doch nur Nachteile, wenn ich nicht mitmache. Das willst du doch nicht, oder?«
→ »Sollen wir denn auf der Strecke bleiben? Siehst du denn nicht, dass nur die profitieren, die mithalten können?«
→ »Ach was, du bist ja realitätsfern. So einen moralischen Anspruch kannst du im Bibelkreis vertreten, aber doch nicht im Job.«

Thematisieren Sie dann das Geschehene nicht weiter (vgl. *Aktualisierungstechnik*), sondern lassen Sie Zeit vergehen und die Lüge auf diese Weise austrocknen, bis sie ganz an Saft verloren hat.

Skala der ethischen Bedenklichkeit

Eine erfolgreiche Anwendung der Technik erfordert das Überdenken folgender Verhaltensweisen:
→ Arglosigkeit ausnutzen
→ Hinterlistig vorgehen
→ Lügen
→ Vertrauen missbrauchen

Mitleidtechnik

Ziele
→ Jemanden dazu bringen, gegen seine Interessen zu handeln
→ Jemanden hintergehen
  • Um seine Dienste zu gebrauchen
→ Jemanden in eine bestimmte Stimmung versetzen
  • Damit ein bestimmtes Verhalten »eingefordert« werden kann
→ Jemanden täuschen
  • Um einen Vorteil durchzusetzen

Diese Ziele erreichen Sie
→ Indem Sie gezielt Mitleid erregen und das derart erzeugte Mitgefühl zu Ihrem Vorteil nutzen

Besondere Voraussetzungen
→ Nur bei gefühlsbetonten Personen anwendbar

Überblick
Die Empfindsamkeit und Sensibilität anderer ist eine gute Ausgangslage, um sich Vorteile zu verschaffen. Je mitfühlender eine Person ist, desto einfacher kann man sie ausnutzen. Der amerikanische Sozialpsychologe Piliavin erklärt dieses Reaktionsmuster folgendermaßen: Die lebensnahe und emotionale Darstellung von Notsituationen löst bei vielen Personen eine Perspektivübernahme aus, welche die Hilfsbereitschaft erhöht. Wunderbar, dass Manipulieren so einfach sein kann!

Hintergrundwissen

Was ist Mitleid?
Mitleid ist die Anteilnahme am Unglück anderer und erhöht die Bereitwilligkeit, dem Leidenden zu helfen.

Was können Sie durch Mitleid erreichen?
Indem Sie geschickt an das Mitleid einer Person appellieren, können Sie diese beeinflussen und sich dadurch Vorteile verschaffen. Ein gutes Beispiel für die erfolgreiche Anwendung der Mitleidtechnik ist Friedrich Schiller, der nur durch die großzügige Unterstützung mitleidiger Freunde die Anfangszeit als Dichter überstand. Auch wenn es peinlich sein mag, anzunehmen – wer nicht nimmt, was ihm angeboten wird, ist selber an seinem Unglück schuld.

Wie funktioniert die Mitleidtechnik?

»*Argumentum ad misericordiam*« wurde diese Manipulationstechnik von antiken Rhetorikern genannt. Heute kann man sagen, dass die Mitleidtechnik besonders für Anfänger in der verbotenen Rhetorik geeignet ist. Sie ist eine stille Technik, ohne großes Aufsehen und einfach anzuwenden. Zwei Voraussetzungen sollten Sie allerdings mitbringen: schauspielerisches Talent und die Skrupellosigkeit, nett Gemeintes auszunutzen. Eine noch so geschickte Mitleidserregung ist vergebens, wenn Sie nicht auch den festen Willen mitbringen, die sich daraus bietenden Vorteile anzunehmen.

1. Schritt	Auswahl der geeigneten Zielperson
2. Schritt	Fingierte Notsituationen präsentieren
3. Schritt	Hilfsbereitschaft ausnutzen
4. Schritt	Wirkungskontrolle

Die Beeinflussung selber ist leicht: Sie schildern eine Notlage. Daraufhin erlebt die mitfühlende Person eine unangenehme empathische Reaktion. Anschließend bietet sie ihre Hilfe an, um Schuldgefühle zu vermeiden, die eintreten würden, wenn sie es nicht täte. Sie nehmen an. So simpel ist das.

1. Schritt: Auswahl der geeigneten Zielperson

Viele, aber bei weitem nicht alle Menschen lassen sich durch die Erregung von Mitleid ausnutzen. Geeignet sind all diejenigen, die durch empathische Reaktionen auffallen. In dem Begriff Empathie steckt das altgriechische Wort *pathos*, was *Gefühl, Leidenschaft, Gemütserregung* bedeutet. Gute Zielpersonen sind also vor allem die gefühlsbetonten, leidenschaftlichen Menschen, die bei jedem Liebesfilm weinen und häufig emotional besetzte Worte verwenden. Achten Sie darauf, wie Personen sprechen. Wenn sich folgende Charakteristik in der Sprachverwendung einer Person zeigt, dann ist sie einen (Manipulations-)Versuch wert.

Beispiele:
- »Ich *empfinde* das aber ganz anders als du.«
- »*Empfindest* du das auch so?«
- »Ich hab mich dabei so schlecht *gefühlt* wie noch nie.«
- »Das hat mich total *betroffen* gemacht ...«
- »Da war dann auf einmal das *Gefühl*, schlechter als andere zu sein.«
- »Ich *spüre* sofort, wenn etwas nicht stimmt.«

2. Schritt: Fingierte Notsituationen präsentieren

Um Ihrer Zielperson eine Notlage vorzuspielen, heißt es, Paradoxes in sich zu vereinen. Zum einen sind Sie als Rhetoriker ein berechnender, stringent sein Ziel verfolgender Denker und Planer, zum anderen wird bei dieser Technik von Ihnen ein emotionales und die Seele des Opfers anrührendes Verhalten verlangt. Das kann zu einem inneren Widerspruch führen: Entweder Sie sind wirklich ein kühler Denker. Dann wird Ihnen nur schwerlich ein herzzerreißender Auftritt gelingen. Oder Sie sind ein emotionaler Mensch, dann wer-

Derjenige der Mitleid empfindet wird nicht reich. Der, der reich ist, empfindet kein Mitleid.
Chinesisches Sprichwort

den Sie moralische Bedenken bei dieser Technik haben. Was Sie also in sich vereinen müssen, ist die kühle, sachlich berechnende, die Reaktionen seiner Opfer kalkulierende Einstellung des Rhetorikers und die herzerweichenden, empfindsam-rührenden Fähigkeiten eines Schauspielers. Das sichert den Erfolg. Je eher und je stärker Sie Ihre Opfer mitreißen, desto weniger werden diese von Ihnen vermuten, dass kühle Berechnung dahintersteckt.

Nun aber zu der Frage, wie Sie Situationen so darstellen und damit Ihre Zielperson so anrühren, dass diese sich aus Mitleid zu dem von Ihnen intendierten Verhalten bereit erklärt. Es gibt mindestens drei Möglichkeiten:

1. Kindchenschema

Stellen Sie sich einmal ein kleines Tierbaby vor, ein Kätzchen oder einen Hund, und Sie werden sicherlich denken: wie niedlich. Ebenso, wenn Sie kleine Kinder vor Augen haben mit ihren großen Kulleraugen und dem rosa Schmollmund unter den Pausbäckchen. Ein solcher Anblick löst so genannte Schlüsselreize aus, die in der Evolution eine Rolle spielen und genetisch verankert sind. Daher kann kaum jemand derartige Merkmale eines Menschen oder Tieres als abstoßend oder widerlich empfinden. Frauen betonen und verstärken (ob bewusst oder unbewusst) diesen Schlüsselreiz, indem sie ihre Augen größer schminken und ihre Lippen praller und röter. Das Aussehen von Brigitte Bardot beispielsweise entsprach in besonderer Weise solchen Schlüsselreizen. Wenn Sie eine Frau sind und von Natur aus einem solchen Kindchenschema entsprechen, dann sollten Sie dieses Glück der Natur zu Ihrem Vorteil nutzen.

Beispiele:
➜ Frau Schmidt hat sich als Call-Center-Agentin angewöhnt, Ihre Stimme kindlich-niedlich klingen zu lassen. Dadurch mildert sie die wütenden Anrufe von Kunden ab.
➜ Frau Meier betont ihre großen Augen mit schwarzem Kajal und senkt

den Blick, bevor sie ihren Chef um etwas bittet. Sie weiß, dass er ein eher unsicherer Mensch ist, und hat damit die richtige Taktik gewählt.

Selbstverständlich können Sie sich aber auch der bloßen Vorstellung vom »süßen Kindchen« bedienen, um den Schlüsselreiz für sich zu instrumentalisieren. Schieben Sie Ihre kleinen Kinder vor, wenn Sie sich herausreden müssen. Gehen Sie mit einem süßen Hund spazieren, um die Aufmerksamkeit einer Frau zu erregen, oder geben Sie den treusorgenden Familienvater, um sich grundsätzlich Sympathien zu verschaffen.

Beispiele:
- Herr Paulus vom Vorstand verschafft sich Sympathien bei seinen Mitarbeitern, indem er stolz von der Geburt seines kleinen Sohnes erzählt. Wohlkalkuliert setzt er darauf, in Zukunft diese Sympathien für sich nutzen zu können.
- Herr Meier rührt seine Kollegin, indem er ihr bei Gelegenheit erzählt, wie er als alleinerziehender Vater mehr schlecht als recht auskommt. Nach einiger Zeit ist sie bereit, für ihn kleinere Aufgaben zu erledigen, damit er seine Kinder vom Kindergarten abholen kann.
- Frau Huber schiebt gerne ihren kleinen Schreihals vor, um den besten Parkplatz zu bekommen, von ihren Freunden chauffiert zu werden, ihren Eltern kleine Geldsummen abzuluchsen oder die sonstigen Vorzüge einer gestressten Mutter zu genießen.

2. In eine Rolle schlüpfen

Schauspielern kann man natürlich erlernen. Um überzeugend im beruflichen Kontext in Rollen zu schlüpfen, üben Sie vorher bei vielen kleinen Alltagsgelegenheiten. Anlässe gibt es genug. Es bedarf am Anfang zwar einiger Überwindung, aber wenn es Ihnen ein paarmal gelungen ist, sich damit Vorteile zu verschaffen, werden Sie sich daran gewöhnt haben.

Beispiel:
Sie wählen als Übungsanlass den Besuch einer Varietévorstellung heute Abend. Ihr Ziel: ein begehrter Platz in der ersten Reihe. In der Nähe des Eingangs beginnen Sie zu humpeln und zeigen die Miene eines von

Schmerzen geplagten Mannes. Dennoch bewahren Sie eine gewisse Würde. Personen in Ihrer Nähe werfen Ihnen verstohlen bewundernde Blicke zu, weil Sie derart souverän mit Ihrem Handicap umzugehen scheinen. Kurz vor dem Platzanweiser gleitet Ihnen Ihre Eintrittskarte aus der Hand. Ein hilfesuchender Blick, und dieser zögert nicht, die Karte aufzuheben. Ein erster Erfolg für Sie. Sie lassen sich nun viel Zeit (denn die Zielperson Platzanweiser benötigt Zeit, um ihr Verhalten der neuen Situation anzupassen) und warten geduldig auf Ihren nächsten Erfolg. Der Platzanweiser schlägt vor: »Warten Sie mal, ich gebe Ihnen einen der vorderen Plätze, da können Sie Ihr Bein ausstrecken ...« Jetzt humpeln Sie bis zu Ihrem Platz und lassen sich noch von dem freundlichen Mann stützen, während Sie es sich in dem Sessel mit dem besten Blick auf die Bühne bequem machen.

Das funktioniert doch nie, denken Sie? Sie irren, denn Ihre Mitmenschen sind nicht so misstrauisch, weil kaum jemand damit rechnet, so hintergangen zu werden.

3. *Emotionsworte verwenden*
Wenn Sie keine Freude am Schauspielern haben, dann nutzen Sie das Potential der Sprache. Verwenden Sie dabei emotional gefärbte Begriffe bei der Schilderung der Notlage, denn das rührt Ihre Zielperson eher, als wenn Sie sachliche Begebenheiten darlegen.

Beispiel:
Sie haben heimlich Aufträge an einen Ihrer Freunde vergeben, und das nicht zum Wohle des Unternehmens. Nun sitzen Sie vor Ihrem Vorgesetzten. Als Verteidigungsstrategie wählen Sie die *Lügentechnik* in Kombination mit Mitleidserregung. Ihr Ziel ist, den Chef milde zu stimmen, um Ihren Arbeitsplatz zu behalten. Da Sie sich selber nur wenig schauspielerisches Talent zutrauen, zudem in dieser Stresssituation, verwenden Sie Emotionsworte, die Mitleid erregen sollen: *Ausweglosigkeit, Zwangslage, psychischer Ausnahmezustand, aussichtslos, trostlos, weder ein noch aus wissen, der einzige Weg, Hilfe gesucht, notgedrungen, Reue, bereuen, wiedergutmachen, nie wieder* oder dergleichen.

4. *Der Trick mit der Fallhöhe*
Wenn es sich im beruflichen Kontext nicht vermeiden lässt, einen Fehler zuzugeben, dann bewirken Tränen manchmal

Wunder. Arbeiten Sie mit der Fallhöhe. Die Fallhöhe ist ein Begriff aus der Literaturwissenschaft. Die Regel der Fallhöhe besagt, dass das Mitleid bei Zuschauern einer Tragödie umso intensiver ist, je tiefer der Held fällt. Wenn der Held eines Stückes hochstehend ist, ein Adeliger, ein Reicher, einer, der Achtung und Respekt erfahren hat und der dann durch widrige Umstände stürzt, dann leiden die Zuschauer am meisten mit. Übertragen auf den beruflichen Alltag bedeutet das: Wenn Sie eine hohe Position innehaben und einen Fehler so darstellen können, dass Sie selber Opfer waren, dann zeigen Sie berechnend Gefühle. Die Wahrscheinlichkeit, Hilfsbereitschaft in Ihrem nahen sozialen Umfeld zu erwecken, steigt damit deutlich an.

Beispiel 1:
Angenommen, Sie haben als verantwortlicher Abteilungsleiter Ihr Soll in diesem Quartal nicht erfüllt. Aufgrund eines Fehlers konnte nicht termingerecht geliefert werden, wodurch dem Unternehmen ein großer Schaden entstanden ist. Wenn Sie bisher hoch geschätzt wurden und einiges Ansehen genossen, dann stehen Sie nicht schlecht da, wenn Sie jetzt vor den Verantwortlichen sitzen und (erfolgreich) weinen.

Beispiel 2:
Michael ist verantwortlicher Teamleiter und hat erfahren, dass er fünf von acht Kollegen aus dem Team werfen muss. Er setzt sich still in eine Ecke, vergräbt den Kopf in die Hände und seine Augen beginnen glasig zu werden. Ein Teammitglied bemerkt ihn und fragt, was denn los sei. Mit roten Augen erzählt Michael nun, dass man ihn beauftragt habe, diejenigen auszuwählen, die das Team verlassen müssten. Er müsste diese Entscheidung vor der Geschäftsführung verantworten und wisse nicht mehr ein noch aus. Die nach und nach sich um ihn versammelnden Teammitglieder trösten ihn ...

3. Schritt: Hilfsbereitschaft ausnutzen

Angebotene Hilfsbereitschaft anzunehmen ist der dritte Schritt in der Anwendung. Unterschätzen Sie diesen nicht. Hemmungen beim Annehmen von (kostenlosen) Leistungen sind nicht selten. Hier vermuten viele, mehr oder weniger unbewusst, dass Sie dem anderen dann auch etwas schulden würden (vgl. *Reziprozitätstechnik*). Aber das ist selbstverständlich nicht so. Skrupel sind nicht angebracht.

4. Schritt: Wirkungskontrolle
Ob Sie erfolgreich waren mit dieser Technik, erkennen Sie unmittelbar an der Reaktion Ihrer Zielpersonen. Übertreiben Sie nicht, aber scheuen Sie sich auch nicht, einmal dicker aufzutragen, als Sie es sonst tun würden.

Skala der ethischen Bedenklichkeit

Eine erfolgreiche Anwendung der Technik erfordert das Überdenken folgender Verhaltensweisen:
→ Arglosigkeit ausnutzen

Prediger-Technik

Ziele
- Den Zusammenhalt innerhalb einer Gruppe stärken
- Jemanden an mich binden
  - Damit Mitarbeiter zu meinen Bedingungen Leistungen erbringen
  - Weil es nützlich ist, von ihm geschätzt zu werden
- Jemanden beeindrucken
  - Um respektiert zu werden
  - Um von der eigenen »außergewöhnlichen« Persönlichkeit zu überzeugen
- Jemanden in eine bestimmte Stimmung versetzen
  - Um ihn anschließend leichter beeinflussen zu können
- Jemanden in Sicherheit wiegen
  - Um seine Dienste zu gebrauchen
- Jemanden täuschen
  - Um zu erreichen, dass dieser tut, was ich will

Diese Ziele erreichen Sie
- Indem Sie rhetorische Tricks von Predigern verwenden

Besondere Voraussetzungen
- Keine

Überblick

Prediger gleich welcher Religionen haben im Laufe der Jahrhunderte die effektvollsten Tricks zur Beeinflussung von Personen tradiert. Ihrem missionarischen Eifer verdanken wir wundervoll einfach anzuwendende Elemente, die in Kombination mit anderen Techniken dieses Buchs suggestive Wirkkraft verstärken. Verwenden Sie sie, wenn Sie vor einer Gruppe sprechen, vor Mitarbeitern, Teams, Kunden.

Hintergrundwissen

Was ist ein Prediger?
Ein guter Prediger ist ein rhetorisches Vorbild.

Was bewirkt ein Prediger?
Prediger, vor allem radikale amerikanische Evangelisten, erzielen durch ihre Rhetorik ganz erstaunliche Erfolge. »Erweckungsgeschichten« entstehen und fremde Menschen fallen einander glücklich aufgelöst und »erlöst« in die Arme. Das ist das Ergebnis technisch einwandfreier und versiert angewandter Tricks. Einige davon werden hier vorgestellt und zum Nachmachen empfohlen.

Wie funktioniert die Prediger-Technik?

1. Schritt Auswahl der geeigneten Zielpersonen
2. Schritt Inhaltliche und körpersprachliche Tricks
3. Schritt Stimmliche Tricks und sonstige Effekte
4. Schritt Wirkungskontrolle

1. Schritt: Auswahl der geeigneten Zielpersonen
Jede Gruppe ist geeignet und jede Versammlung, vor der Sie sprechen.

2. Schritt: Inhaltliche und körpersprachliche Tricks
Inhaltliche Tricks
Manche Inhalte kommen immer wieder gut an und schaffen Vertrauen. Wer den Schwachen helfen will, Personen so nimmt, wie Sie sind, und mehr auf innere Werte denn auf Äußerlichkeiten achtet, kann nur ein guter Mensch sein. Machen Sie sich diese Kategorien aus dem christlichen Glaubensbereich zunutze. Sie ziehen immer. Flechten Sie an passender Stelle die eine oder andere derartige Wendung in Ihre Rede ein. Denn es ist nützlich, zu sagen, was andere gerne hören wollen.

Gemeinsamer Glaubenshintergrund

Schaffen Sie Gemeinsamkeit, denn Gemeinsamkeiten bewirken Nähe (vgl. *Attraktivitätstechnik*), diese wiederum schafft Sympathie und das erhöht Ihre Glaubwürdigkeit.

Beispiele:
- »Wir wissen doch alle, dass die Marketingabteilung des Lola-Unternehmens einen Wissensvorsprung hat.«
- »Uns allen ist klar: Das kann man nicht bis morgen schaffen.«
- »Wir alle glauben an den Erfolg unseres Produkts.«
- »Wir sind alle davon überzeugt, dass unsere Leistung, unser Einsatz und unser Ehrgeiz der richtigen Sache dienen.«

Gemeinsame Handlungsausrichtung

Alle Menschen hören immer wieder gern, dass sie gemeinsam an einem Strang ziehen. In der Gruppe fühlen sich die meisten geborgen. Das schafft Sicherheit und erlöst von lästigen Selbstzweifeln. Zeigen Sie auf, dass es eine gemeinsame Handlungsausrichtung vieler Personen gibt, bzw. lenken Sie den Blick auf diesen Punkt.

Beispiele:
- »Wir wollen alle nur eins: das Projekt bis zum 30.1. zu Ende bringen, komme, was wolle.«
- »Auch wenn wir alle an verschiedenen Stellen arbeiten, unser Ziel ist dasselbe: die Kurbelwelle bis zur Messe konzipiert zu haben.«
- »Jeder von uns arbeitet isoliert an einem kleinen Teil. Aber diese Teile sollen am Ende zusammengefügt werden zu einem Ganzen. Obwohl wir also, der eine hier, die andere da, scheinbar jeder für sich ein Aufgabe lösen, arbeiten wir doch am selben Ziel.«

Äußerlichkeiten zählen wenig, das Innere um so mehr

Nicht nur in privaten Beziehungen, sondern auch im beruflichen Umfeld wird es häufig geschätzt, wenn Wert auf die »wahren« Dinge gelegt wird und man sich nicht von Äußerlichkeiten blenden lässt.

Beispiele:

- »Es ist egal, ob unser Prospekt nun auf seidenmattem oder Hochglanzpapier gedruckt wird, es kommt auf den Inhalt an! Auf die Qualität unseres Produkts!«
- »Mir ist es egal, wie Sie angezogen sind. Mich interessieren ihr Fachwissen und ihre Kompetenz in Bezug auf unser neues Produkt.«
- »Von außen mag unsere Firma nur wenig hermachen, aber wir wollen ja auch keine Blender sein. Wir legen keinen Wert auf ein schmuckes Aussehen, sondern auf eine hochwertige Produktentwicklung!«

Den anderen annehmen, wie er ist

Jeder freut sich, wenn er so angenommen wird, wie er ist – was immer das bedeuten mag. Tun Sie also so, als ob das der Fall sei.

Beispiele:

- »Es ist uns egal, wie Ihre Zeugnisse sind und ob Sie überhaupt welche haben. Was für uns zählt, ist Ihr Verhalten im Unternehmen: Was sind Sie bereit, hier für uns zu leisten?«
- »Hier im Team gibt es keine Hierarchien. Es zählt nur das kreative Potential.«

Den Schwachen helfen

Durchscheinen zu lassen, dass man den Schwachen hilft, gerne und uneigennützige Ziele verfolgt, kommt besonders gut bei denjenigen an, die sowieso ständig befürchten, übervorteilt zu werden. Bauen Sie also einige »Samariter-Gedanken« in Ihre Rede ein.

Beispiele:

- »Es geht nicht, dass manche eine Lohnerhöhung bekommen und andere nicht. Es geht darum, zu erreichen, dass wir alle genug haben!«
- »Mit unserem Produkt unterstützen wir alle diejenigen, die bisher im Alltag auf Hilfe angewiesen waren.«

Wie funktioniert die Prediger-Technik?

Nächstenliebe
Ein gern betontes Kennzeichen des Christentums ist die Nächstenliebe. Variieren Sie diesen Gedanken und betonen Sie ihn, denn so zu tun, als »liebe« man seinen Nächsten, kann nicht schaden.

Beispiele:
→ »Ich lege allergrößten Wert darauf, dass ein respektvoller Umgang unter uns herrscht. Wir sind alle hochqualifiziert und sollten uns gegenseitig unterstützen.«
→ »Respekt und Achtung zeigen sich vor allem darin, dass wir einander ausreden lassen.«

Wer lernt, wächst
Alles Schlechte hat etwas Gutes, sonst wäre das Leben sinnlos, nicht wahr?

Beispiel:
»Bei dem rasanten Wissenszuwachs auf dem Gebiet der Funktechnologie unterliegen wir alle der Herausforderung, uns ständig weiter qualifizieren zu müssen. Damit wächst aber nicht nur ihr Wissen, sondern auch ihre Kompetenz. Sie werden für uns und andere Unternehmen wertvoller. Denn Sie werden Experten auf einem Gebiet, das zukunftsweisend ist.«

Einbringen und Wiederholen starker Worte
Bringen Sie starke Worte ein und wiederholen Sie diese häufiger. In Frage kommen Schlüsselworte wie: *Zusammenhalt, gemeinsame Ziele, Arbeitseinsatz, Leistung, Motivation, Energie, Power.*

Beispiele:
→ »Ich weiß, sie alle erbringen hier Höchstleistungen.«
→ »Die Luft hier ist ja aufgeladen von Power!«
→ »Ich sehe motivierte und leistungsbereite Mitarbeiter vor mir!«
→ »Der Zusammenhalt, der in diesem Team herrscht, ist vorbildlich.«

Auf Skeptiker eingehen

Ignorieren Sie Skeptiker nicht, denn das macht diese stark. Heben Sie sie stattdessen aus der Menge hervor, das verursacht Unsicherheit. Fixieren Sie sie mit Blicken, zeigen Sie (im übertragenen Sinne) mit Fingern auf sie. Als Zuhörer können diese sich gegen solche Spielchen nicht wehren – Sie sind also auf jeden Fall in der besseren Position.

Beispiele:
- »Ich sehe hier einige skeptische Gesichter. Aber keine Angst, wenn wir strukturiert an die Sache herangehen und alle gemeinsam Hand in Hand arbeiten, dann erreichen wir, was wir uns vorgenommen haben.«
- »Ich sehe Befürchtungen in manchen Gesichtern. Aber keine Angst, dieses Unternehmen lässt seine Mitarbeiter nicht im Stich!«

Schwank aus der Jugend

Es schafft Nähe und Gemeinsamkeit, wenn Sie etwas Privates von sich »geben« oder »offenbaren« (diesen Anschein sollten Sie erwecken).

Beispiele:
- »Ich weiß noch, wie ich in diesem Unternehmen angefangen habe ...«
- »Als ich als junger Kaufmann in dieses Unternehmen kam ...«
- »Als ich damals vor dem Personalchef stand ...«

Ihr seid hier sicher

Bieten Sie Sicherheiten an, das beruhigt die Hörer.

Beispiele:
- »Gemeinsam sind wir stark!«
- »In meiner Firma wurde noch niemand im Stich gelassen.«
- »Bisher wurden immer alle Mitarbeiter entschädigt.«

Ihr werdet gebraucht!
Wer hört nicht gerne, das es ohne ihn nicht geht, also tun Sie dem Publikum den Gefallen.

Beispiele:
- »Was ist ein Unternehmen ohne seine Mitarbeiter?«
- »Wenn nicht ihr das Produkt auf den Markt bringt, wer soll es dann tun?«
- »Die Firma braucht euch! Wir alle verlassen uns auf euch!«

Alle arbeiten für uns!
Spielen Sie mit dem Gedanken der Dankbarkeit: Wenn andere etwas für uns tun, dann müssen wir auch etwas zurückgeben. (Vgl. *Reziprozitätstechnik*)

Beispiele:
- »Alle Mitarbeiter schaffen die Grundlage dafür, dass es uns so gut geht.«
- »Alle anderen Abteilungen arbeiten uns zu, wir dürfen sie jetzt nicht im Stich lassen, indem wir zu verstehen geben, dass wir nicht rechtzeitig fertig werden könnten.«
- »Jetzt haben wir von den anderen Teams die Konzepte bekommen, besser können wir's gar nicht haben!«

Ich trete für euch ein
Auch der »Märtyrer-Aspekt« kommt immer wieder gut an. Man hört einfach gerne, wenn jemand anderes sich für einen einsetzt.

Beispiele:
- »Ich hab bereits mit dem Projektleiter gesprochen und mich dafür eingesetzt, dass ...«
- »Ich habe mit dem Chef gesprochen und ihm die Problematik erklärt ...«
- »Ich war bereits beim Personalchef und habe mit ihm lange über unser Problem diskutiert ...«

Rhetorische Fragen
Machen Sie's ruhig wie die Prediger: »Wer von uns ist ohne Schuld? Wer erhebt sich und sagt, er sei vollkommen?«

Beispiele:
- »Wer von euch kann sagen, dass er bereits alles gegeben hat?«
- »Wer von euch sagt, dass er morgens schon um sieben da ist und hochkonzentriert bis abends um zwanzig Uhr an seiner Aufgabe gearbeitet hat?«
- »Wer von euch sagt, dass er nicht mehr Einsatz bringen kann?«

Körpersprachliche Tricks

Weniger im Gespräch, sondern vor allem bei einer Rede kommt der Körpersprache als Unterstützung des Gesagten hohe Bedeutung zu. Nutzen Sie dafür die gesamte Spannweite Ihrer Arme. Eng am Körper anliegende Gesten bringen dem Publikum in der hintersten Reihe nichts – denn sie sind aus dieser Entfernung nicht zu erkennen. Denken Sie an die Christusfigur, die als Wahrzeichen von Rio de Janeiro gilt: Die Arme weit ausgestreckt von sich weg haltend.

Geste tiefsten Sinnierens, Ehrlichkeit, Überlegen
Hände zu Fäusten geballt vor der Brust und gegebenenfalls die Augen dabei schließen.

Bei Aussagen wie:
- »Wenn ich überlege, was alles möglich ist ...«
- »Fange ich doch bei mir an und überlege ...«

Geste des Wegweisens
Handflächen zusammen, Fingerspitzen weisen nach vorne.

Bei Aussagen wie:
- »Da müssen wir hin.«
- »Das ist unser Ziel.«

Wie funktioniert die Prediger-Technik?

Geste der Akzeptanz
Hände schütteln, auf die Schulter klopfen, an den Oberarm einer Person fassen.

Bei Aussagen wie:
→ »Herr Meier, was täten wir ohne Sie!«
→ »Ich bin froh, Ihre Kompetenz bei uns zu wissen.«

Geste der Stärke, Offenheit
Arme beinahe ausgestreckt rechts und links vom Körper, Handflächen offen nach oben.

Bei Aussagen wie:
→ »Und jetzt? Jetzt sind wir an dem Punkt, an dem wir alle zusammenarbeiten sollten.«
→ »Ich bitte Sie! Vorschläge!«

Geste höchster Aufmerksamkeit
Das Wort »aber« betonen durch zwei nach oben gestreckte Zeigefinger.
Benutzen Sie stets beide Zeigefinger, denn einer allein weckt Assoziationen an die Schulzeit (wirkt lehrerhaft) und ist somit negativ behaftet.

Bei Aussagen wie:
→ »Aber, sage ich, aber – noch ist es nicht so weit!«
→ »Aber – wenn wir jetzt die Energien bündeln, dann ist es machbar!«

Geste der Dynamik, Kraft, des Einsatzes
Beim Reden von einer Seite zur anderen laufen.

Geste des Unmöglichen, was möglich gemacht wird
Beide Hände nach oben, als ob sie etwas greifen wollen.

Bei Aussagen wie:
- »Die Visionen in die Köpfe der Mitarbeiter bringen.«
- »Das, was nur in Gedanken existiert, auf Papier bringen.«
- »Visionen Wirklichkeit werden lassen.«

Geste für Konflikt, Auseinandersetzung
Handflächen aneinander reiben.

Bei Aussagen wie:
- »Es darf keine Reibereien geben.«
- »Reibereien gibt es überall.«
- »Diese Konflikte lähmen und halten auf.«

Geste des Verdeutlichens, der Betonung
Leicht in die Knie gehen und die Beine wieder straffen.

Bei Aussagen wie:
- »Und gerade deswegen sollten wir ...«
- »Und nur aus diesem Grunde ...«
- »Das ist genau der Punkt, der auf den ...«

Geste des Zugeständnisses
Rechte Hand flach vor die Brust.

Bei Aussagen wie:
- »Ich weiß, dass wir alle nicht frei von Fehlern sind ...«
- »Auch seitens der Unternehmensleitung gab es Versäumnisse.«

Geste für sich entwickelnden Kampfgeist
Rechte Faust vor die Brust, die sich anschließend flach nach vorne ausgestreckt öffnet.

Bei Aussagen wie:
- »Meine Antwort steht fest: Nicht mit mir!«
- »Für mich ist klar: dieses Projekt durchführen? – Niemals!«

Wie funktioniert die Prediger-Technik?

Geste für Differenzierung
Arme schulterhoch relativ weit gewinkelt auseinander gehalten, Handflächen nach außen zum Publikum gerichtet, den Blick einmal auf die eine, dann auf die andere Hand gerichtet.

Bei Aussagen wie:
»Zwei Bereiche sind zu unterscheiden: Konzeption und Realisierung.«

Geste des Kraftholens
Arme von oben nach unten. Prediger sagen mit dieser Geste: »Komm in meine Seele, komm in meine Herz.«

Bei Aussagen wie:
→ »Und wenn Sie alle Ihre Gedanken zusammenführen ...«
→ »Und wenn alle Ideen in diesem Raum in eine Idee einmünden ...«

Geste des Einholens
Arme weit auseinander von unten nach oben einholen.

Bei Aussagen wie:
→ »Deswegen bitte ich alle, nach vorne zu treten!«
→ »Bitte sammeln Sie sich hier vorne!«

Geste der Akzentuierung oder »Prediger-Hüpfer«
Kurz in die Knie gehen und wieder hochschnellen bei bedeutenden Aussagen aus dem Publikum.

Bei Aussagen wie:
→ »Ja, Sie sagen es, genau so ist es!«
→ »Prima, genau auf diese Frage habe ich gewartet!«
→ »Sehr gut, dass Sie mich das jetzt fragen!«

Geste des Führens, der charismatischen Ausstrahlung, Kraft, Energie
Ausfallschritt auf das Publikum zu, womöglich mit ausgestreckter Hand.

Bei Aussagen wie:
→ »Und dann sehe ich uns auf unser Ziel zugehen!«
→ »Auf diese Weise wird das, was bisher unerreichbar schien, machbar!«

»Lehrer-Geste«
Ausgestreckter Zeigefinger über den Kopf gehalten, nach oben zeigend, in Verbindung mit einem dreifachen »weil«.

Bei Aussagen wie:
»*Weil* wir hart an uns gearbeitet haben, *weil* wir uns als Team zusammengerauft haben und *weil* wir nicht aufgegeben haben, deswegen haben wir den Auftrag bekommen!«

»Mikrophon-Geste«
Wenn Sie mit einem Mikrophon vor einer größeren Gruppe sprechen, dann nehmen Sie es in die Hand, damit Sie bei voller Bewegungsfreiheit die gesamte Breite der Bühne für sich nutzen können. Um dem Publikum Abwechslung zu verschaffen und es in der Aufmerksamkeit zu halten, nehmen Sie das Mikro einmal in die linke und dann wieder in die rechte Hand.

»Lasso-Geste«
Wenn schließlich die Menge tobt und begeistert ist, dann halten Sie diesen Level, indem Sie mit einer Hand über Ihrem Kopf ein imaginäres Lasso kreisen lassen.

3. Schritt: Stimmliche Tricks und sonstige Effekte
Stimmliche Tricks
Wie effektvoll die Stimme als Beeinflussungsinstrument eingesetzt werden kann, zeigen erfolgreiche US-Prediger wie zum Beispiel Billy Graham. Die Variationsbreite reicht von Flüstern bis Brüllen, von hoch bis tief, von langgezogenen Vokalen bis zum kurzen Stakkato der Konsonanten. Es gehört Mut dazu, die Stimme wirklich als Instrument zu verwenden. Zum Einüben vor Publikum sind übrigens Kinder hervorragend geeignet. Wenn Sie diesen eine Geschichte vor-

lesen oder erzählen, dann strahlen sie und sind fasziniert, wenn Sie Ihre gesamte stimmliche Bandbreite nutzen.

Vokalisches Ziehen
Um ein wichtiges Wort zu betonen, setzen Sie nicht die Lautstärke ein, sondern ziehen einen Vokal lang.
→ »Nein, nicht wir haben unrecht, sondern der Kläääääger!«
→ »Und was haben sie gemacht? Sie haben Informationen verheimlicht und sich versteckt, haben Spitzel eingeschleust und haben versucht zu spioniiiieren« (zum Beispiel in Kombination mit der *Feindbildtechnik*)

Laut-leise-Wechsel
Variieren Sie zwischen sehr leisem und sehr lautem Sprechen, wechseln Sie zwischen aufwühlend und still.
→ »Ich weiß, es ist wichtig, an dieser Sache dranzubleiben (laut), oder meint jemand etwas anderes (leise)?«

Pausen
Setzen Sie gezielt eine Pause nach großer Lautstärke (vgl. *Kontrasttechnik*).
→ » ... werden alle Daten von diesem System erfasst!« (Pause) »Nachdem das geschehen ist ...«
→ »Ihr könnt nicht dabei sein-« (Pause) »-heute.« (Anschließend Erleichterung bei den Zuhörern, denn es impliziert, dass diese zwar nicht heute (weil Feierabend ist), dafür aber morgen (bei Arbeitsbeginn) dabei sind.)

Sonstige Effekte
Zum Schluss noch einige weitere Effekte aus der Prediger-Rhetorik, die übertragbar und wirkungsvoll sind.

Talk-Show-Effekt
Wenn jemand aus dem Auditorium etwas Ihrer Sache Dienliches geäußert hat, dann sollten Sie ihn loben und die Gruppe zum Applaudieren animieren.

Beispiel:
»Sehr gut, was Sie gesagt haben, sehr gut!« (Sie klopfen auf den Tisch, die Gruppe klopft ebenfalls, vgl. *Claqueurtechnik*)

Familien-Effekt
Die Familie ist immer das Wichtigste im Leben. Verkaufen Sie diese als höchste Werte.

Beispiel:
»Was liegt uns denn allen am Herzen? Was ist das Wichtigste? Nur die Familie ist es, ihre Sicherheit und das gesunde Aufwachsen unserer Kinder.«

Yes-Yes-Set-Effekt
Holen Sie Zustimmung ein. Stellen Sie mindestens drei Fragen, die die Zuhörer innerlich mit »Ja« beantworten. Danach stellen Sie die eigentliche Frage. Die meisten neigen dann dazu, diese ebenfalls mit »Ja« zu beantworten.

Beispiele:
- »Wollt ihr mehr Geld? Mehr Erfolg? Mehr Einfluss? Hart arbeiten! Dann seid ihr richtig hier.«
- »Möchten Sie beruflich aufsteigen? Finanzielle Sicherheit? Nette Kollegen? Dann kommen Sie doch zu uns!«

No-No-Set-Effekt
Ähnlich wie der Yes-Yes-Set-Effekt, nur mit umgekehrtem Vorzeichen.

Beispiel:
»Wer will denn schon im Verborgenen blühen? Oder zusehen, wie seine Ergebnisse von anderen verwertet werden? Oder erleiden, dass er ungerecht behandelt wird? Sie etwa?«

Vater-Effekt
Geben Sie sich väterlich, fordern Sie das Publikum mit Gesten auf, zu Ihnen zu kommen, erwidern Sie starke Emotio-

nen, indem Sie Geborgenheit demonstrieren, klopfen Sie loyal auf die Schulter, fassen Sie aufmunternd und stützend den Oberarm einiger aus dem Publikum, beugen Sie sich väterlich herab, mildtätig und voller Güte. Übertreiben Sie aber nicht. Seien Sie aber auch nicht zu schüchtern, Personen genauso zu behandeln, wie diese es sich in ihrem Inneren wünschen.

Halt-mal-Effekt
Es ist für die meisten eine Art Anerkennung und Besonderheit, wenn sie vom Redner um Hilfe gebeten werden. Schließlich wählt er »sie« unter all den »anderen« aus, ihn zu unterstützen. Das gilt als Auszeichnung. Sie wissen das und machen es sich zunutze. Bitten Sie wortlos jemanden, Ihr Sakko auf den Tisch zu legen oder Ihnen ein Buch zu reichen. Reichen Sie ohne viel Worte das Mikro an irgendeinen aus der Gruppe, wenn Sie gerade die Hände frei haben müssen. Je länger dieser etwas für Sie in der Hand hält, desto »auserwählter« kommt er sich vor, auch wenn Sie währenddessen einfach in Ihrer Rede fortfahren. Meist ist er unsicher, was er tun soll. Er kann Sie schließlich nicht unterbrechen. Erlösen Sie ihn nach einiger Zeit und bedanken Sie sich mit einem netten Kopfnicken. Aber nicht zu viel Aufmerksamkeit schenken (vgl. *Abhängigkeitstechnik*).

4. Schritt: Wirkungskontrolle
Als Redner sehen Sie die Reaktionen Ihrer Hörer. Zumindest sollten Sie vor einem Publikum anfangen, diese Tricks einzustudieren. Für die Arbeit mit Medien gelten noch einmal abgewandelte Regeln.

Skala der ethischen Bedenklichkeit

☐ ☐ ☐ ☐ ☐ ☐ ☐ ☐ ☐

Eine erfolgreiche Anwendung der Technik erfordert das Überdenken folgender Verhaltensweisen:
→ keine

Reziprozitätstechnik

Ziele
→ Jemandem etwas Gutes tun
  • Damit auch ich zu gegebener Zeit ein bestimmtes Verhalten »einfordern« kann
→ Jemanden unter Druck setzen
  • Um zu erreichen, dass dieser etwas sagt oder tut

Diese Ziele erreichen Sie
→ Indem Sie Abhängigkeiten schaffen und ausnutzen

Besondere Voraussetzungen
→ Keine

Überblick
Als Anwender dieser Technik spielen Sie mit einer Norm, die lautet: Wenn du etwas bekommst, dann gib auch etwas. Mit dem Sozialpsychologen Robert Cialdini spricht man auch vom »Kodex der Gegenseitigkeit«. Er vermutet, dass dieses Verhaltensmuster sich durch evolutionären Selektionsdruck sozialer Tiere entwickelt hat. Doch gleichgültig, wie der Kodex der Gegenseitigkeit entstanden sein mag, er ist rhetorisch verwertbar. Da sich viele Menschen nach dieser ungeschriebenen sozialen Norm richten, wird ihr Verhalten prognostizierbar. Was prognostizierbar ist, ist auch manipulierbar. Durch gezieltes Herbeiführen eines Auslösers kann mit dem Eintreten der Wirkung gerechnet werden. Das sind geradezu ideale Bedingungen für rhetorische Beeinflussungen.

Hintergrundwissen

Was heißt Reziprozität?
Der Begriff Reziprozität bedeutet »wechselseitiger Vorteilstausch«.

Wie entsteht Reziprozität?

Do ut des.
Ich gebe dir,
weil du mir gibst.
Lateinisches
Sprichwort

Die ungeschriebene Norm des »Bleibe-niemandem-etwas-schuldig« wird in Erziehungsgrundsätzen von Generation zu Generation weitergegeben. Im westlichen Kulturkreis geschieht das durch Eltern, Bekannte, Freunde, Lehrer. Kaum jemandem fällt das weiter auf. Oder haben Sie schon einmal darüber nachgedacht, warum Sie einer Person etwas schuldig sein sollten, die Ihnen (freiwillig) etwas gegeben hat? Warum antworten Sie beinah automatisch mit »ich dich auch«, wenn Ihnen Ihre Frau sagt, dass sie Sie liebe? Wieso erwidern Sie häufig »du aber auch«, wenn eine Freundin Ihnen sagt, dass Sie gut aussähen? Etwas zurückzugeben, wenn man etwas bekommen hat, ist ein tiefverwurzeltes Reaktionsschema. Auch in Politik und Wirtschaft, wo bekanntermaßen eine Hand die andere wäscht, kann man dieses Verhalten beobachten.

Beispiel:
Wenn sich Wirtschaftsminister verschiedener Nationen verpflichten, industrielle Transaktionen nur auf Gegenseitigkeit abzuwickeln oder die Zulassung von ausländischen Firmen im eigenen Land davon abhängig zu machen, ob die heimischen Unternehmen im Land des Antragstellers ebenfalls zugelassen werden, dann beruht das auf wechselseitiger Gewissheit, für Investitionen oder Zugeständnisse auf die eine oder andere Weise ebenfalls entlohnt zu werden.

Wie funktioniert die Reziprozitätstechnik?

Sie »geben« nur wohl kalkuliert. Dabei kann es auch etwas Gutes (was dem anderen weiterhilft) sein. Je häufiger Sie einer Person etwas geben, desto eher fühlt sie sich Ihnen verpflichtet. Je verpflichteter sie sich Ihnen gegenüber fühlt, desto leichter können Sie sie zur Ausführung bestimmter Handlungen bewegen.

1. Schritt   Auswahl der geeigneten Zielperson
2. Schritt   Geben und schlechtes Gewissen erzeugen
3. Schritt   Schlechtes Gewissen ausnutzen
4. Schritt   Wirkungskontrolle

1. Schritt: Auswahl der geeigneten Zielperson

Ungeeignet sind all diejenigen, die sich keinerlei Zwang unterwerfen, die gerne etwas annehmen und nur selten etwas zurückgeben. Bei solchen gewissenlosen Schmarotzern läuft die Anwendung der Reziprozitätstechnik ins Leere. Im Grunde ähneln diese Menschen Ihnen sehr, sie sind nur dümmer und plumper in ihrer Vorgehensweise. Sie setzen zwar auch ihre Ziele durch, haben aber meist nur kurzfristigen Erfolg damit. Schmarotzer liebt man nicht. Sie dagegen wird man lieben, denn Sie tun Gutes, weil Sie gerne geben.

Beispiel:
Sie wollen feststellen, ob Kollege Meier eine geeignete Zielperson ist. Sie sind noch nicht lange in der Abteilung, also beobachten Sie ihn und holen unauffällig Informationen ein:
→ Er nimmt sich niemals einen Kaffee, ohne gleichzeitig in die Kaffeekasse zu zahlen.
→ Er gibt ausgeliehene Unterlagen gleich wieder zurück.
→ Er macht Kollegin Eckart ein kleines Präsent, weil diese so nett war, ihm bei der Einarbeitung zu helfen.

Kollege Meier legt folglich Wert darauf, auf irgendeine Art und Weise wiederzugeben, was er bekommen hat. Er ist prädestiniert als Zielperson.

2. Schritt: Geben und schlechtes Gewissen erzeugen

Durch Gutes unter Druck setzen.

Nachdem Sie sich als Zielperson den geeigneten sozial angepassten Zeitgenossen ausgesucht haben, fahren Sie fort mit dem zweiten Schritt: Sie beginnen damit, in ihm ein schlechtes Gewissen hervorzurufen: Sie tun ihm Gutes an.

Laden Sie ihn zum Essen ein, spendieren Sie einen Kaffee, machen Sie kleinere Zugeständnisse, um ihm das Leben zu erleichtern.

Beispiele:
- Im Büro: »Ich geh auch zum Kopierer, warte, ich mach deine Kopie gleich mit!«
- In der Cafeteria: »Nein, du bist natürlich eingeladen!«
- Beim After-Work-Pils: »Komm, ich geb dir einen aus!«
- Im Laden: »Bitte schön, übernimm du den Kunden. Ich weiß ja, dass du Abschlüsse brauchst. Gib Bescheid, wenn ich dir helfen kann.«
- Nach Büroschluss: »Na, soll ich dich mitnehmen?«

Vorsicht:
Nicht allen Zielpersonen kann man so einfach Gutes antun. Viele haben einen siebten Sinn und ahnen, dass ihnen später eine Rechnung präsentiert wird, der sie sich dann nur schwer entziehen können. Sie versuchen dem vorzubeugen und rasch wieder ein Gleichgewicht herzustellen. Sie laden Sie ihrerseits ein, machen Ihnen kleine Geschenke usw. Das bringt Sie alles nicht weiter, weil es verhindert, dass Sie sie unter Druck setzen können, wenn Sie es brauchen.

Es ist deshalb notwendig, dass Sie nicht nur ein Ungleichgewicht von Geben und Nehmen schaffen, sondern dieses auch absichern. Zur Sicherung und damit zum Aufrechterhalten der »Ich-bin-dir-was-schuldig«-Situation bieten sich unter anderem folgende Möglichkeiten an:

So tun, als wolle man die Freude des Schenkens genießen
- »Lass nur, mir genügt, wenn du dich freust!«
- »Dein Lächeln reicht mir als Gegenleistung völlig aus.«
- »Ich hab Freude daran, wenn's dir gefällt!«
- »Nein, ich helfe dir wirklich gerne.«

Wie funktioniert die Reziprozitätstechnik?

Absicht offen legen und Entrüstung vorspielen
- »Was glaubst du eigentlich, wieso ich dich zum Essen einlade? Meinst du, nur damit ich wieder ein Essen von dir bezahlt bekomme? Da kennst du mich schlecht.«
- »Wenn du glaubst, ich helfe dir nur, damit du mich nachher mit zu dir nach Hause nimmst, dann kennst du mich schlecht.«
- »Denkst du etwa, ich helfe dir nur, damit du mir eine Einladung gibst? Ich weiß nicht, wieso du so schlecht von mir denkst ...«

So tun, als würde die Zielperson Ihnen mit einer Gegenleistung den Spaß verderben
- »Lass mir doch die Freude, dir einen Gefallen tun zu dürfen!«
- »Ach, was soll ich denn damit? Lass mal gut sein.«
- »Jetzt lass mir doch die Freude!«

Lügen
- »Nee, mach dir keine Gedanken, das geht auf Spesen.«
- »Kann ich doch alles absetzen!«
- »Zahlt die Firma!«

Anvisiertes Verhalten als Gegenleistung vorschlagen
- »Ach lass mal, du kannst mir ja dafür bei der Einarbeitung helfen!«
- »Nee, komm, lass stecken, wenn du willst, dann nimm mich das nächste Mal zum Netzwerktreffen mit.«
- »Ach komm, ist schon gut. Wenn du willst, dann kopier mir doch einfach mal die Software, die du Thomas gestern gegeben hast.«
- »Schon gut, Chef, aber denken Sie bei der nächsten Gehaltserhöhung an mich!«

Unbestimmte Absichtserklärung
- »Ach, ich sag dir schon, was du demnächst mal für mich tun könntest.«
- »Ich komm drauf zurück!«
- »Ja, bei Gelegenheit rechnen wir das auf.«
- »Ja, ich hätte da schon so eine Idee, wenn du dich revanchieren möchtest ...«

Wenn die Zielperson darauf nicht anspricht und weiterhin versucht, sich mit für Sie uninteressanten Gegenleistungen aus der Beeinflussbarkeit zu winden, dann können Sie es mit noch größeren Gefallen versuchen. Es sollte aber keinesfalls zu einem Wettlauf der guten Taten ausarten. Denn dann lohnt sich der Aufwand nicht, weil die Zielperson zu widerspenstig und zumindest mit der Reziprozitätstechnik nicht zu steuern ist. Wenden Sie sich dann einer leichter zu manipulierenden Zielperson zu, oder versuchen Sie, Ihr Ziel mit anderen Techniken zu erreichen.

3. Schritt: Schlechtes Gewissen ausnutzen

Im nächsten Schritt profitieren Sie von dem schlechten Gewissen Ihrer Zielperson. Dazu brauchen Sie kein Meister der Formulierungskunst zu sein. Es genügt, zu dem von Ihnen gewählten Zeitpunkt das Opfer um einen Gefallen zu bitten. Weil Sie bisher immer so nett waren und ihr im Vorfeld so viel Gutes getan haben, wird das Opfer die drückende Last der Reziprozität empfinden. Sie wird sich ihr mit großer Wahrscheinlichkeit auch beugen. Schließlich will sie sich wieder von allen Belastungen frei fühlen und Ihnen »nichts mehr schuldig« sein. Ihr Plan wäre damit aufgegangen, Ihr Ziel erreicht.

Zu gegebener Zeit das Gewollte einfordern.

Falls Sie ohne großen Aufwand rasch etwas von Ihrer Zielperson bekommen wollen, dann wenden Sie diesen Manipulationstrick an:

Sie bitten Ihre Zielperson um einen Gefallen. Und zwar nicht den, um den es Ihnen wirklich geht, sondern um einen, der viel zu groß ist und mit Sicherheit abgelehnt wird. Dennoch fragen Sie danach. Die Ablehnung überrascht Sie nicht. Nach einiger Zeit erbitten Sie von Ihrem Opfer wieder einen Gefallen. Diesmal das, was Sie von Anfang an von ihr wollten. Mit hoher Wahrscheinlichkeit werden Sie es dann bekommen. Schließlich, so denkt die Zielperson, sind Sie ihr ja eben entgegengekommen und äußern jetzt nur noch einen viel kleineren Wunsch. Also fühlt sie sich genötigt, Ihnen nun auch entgegenzukommen und diesen (scheinbar) viel kleineren Gefallen zu erfüllen. (Einen ähnlichen Mechanismus wenden Sie auch bei der *Kontrasttechnik* an.)

Beispiel:
Sie wollen den letzten Rundgang heute nicht mehr machen. Also wenden Sie sich an Ihren Kollegen mit der Frage: »Sag mal, würdest du mir einen großen Gefallen tun und heute meinen Dienst übernehmen?« Sie gehen davon aus, dass Ihr Kollege das ablehnen wird. Und tatsächlich: »Nee, du, tut mir leid, aber heute geht nicht, ich hab doch meiner Frau versprochen, heut Abend zu Hause zu sein.« Nun erbitten Sie das, was Sie von Anfang an wollten: »Würdest du dann vielleicht den letzten Rundgang für mich erledigen, ich muss supereilig hier draußen sein ... ?« Nur wenn Ihr Kollege Sie nicht leiden kann, wird er in einem solchen Fall ebenfalls ablehnen. Wahrscheinlich aber ist, dass Sie nun eine Zusage erhalten.

Beeinflussung durch Reziprozität funktioniert auch bei mehreren Personen und im Dreieck:

Beispiele:
- »Sag mal, wir haben euch doch letzten Monat den Marketingbericht überlassen. Wollt ihr uns jetzt nicht mit unserer Website helfen?«
- »Die Susanne tut doch immer so viel für uns. Wir sollten sie deswegen doch bei uns aufnehmen.«
- »Von denen bekommen wir immer so tolle Ausarbeitungen. Ich meine, wir sollten uns mit einer kleinen Beteiligung revanchieren.«

Reziprozität ist übrigens auch eine raffinierte Mobbingmethode:

Beispiele:
- »Du hast doch dem Müller letztens bei seinem Auto geholfen. Hat der sich bei dir irgendwie dafür revanchiert?«
- »Die Müller nimmt sich hier ständig die Kekse aus dem Schrank. Hast du mal gesehen, wie die mal Nachschub gekauft hat?«
- »Mir hat der Müller noch nie was gegeben, obwohl ich für den immer die gesamten Abrechnungen prüfe.«

4. Schritt: Wirkungskontrolle
Reflektieren Sie Ihre persönliche Erfolgsskala. Was haben Sie bisher erreicht? Waren Sie auch zielgerichtet genug? Rutschen Sie nicht in ein unreflektiert-gutes Verhalten ab und helfen ohne Absicht. Damit vergeuden Sie Ihre Energie.

Skala der ethischen Bedenklichkeit

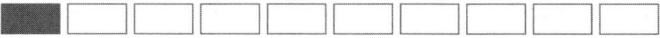

Eine erfolgreiche Anwendung der Technik erfordert das Überdenken folgender Verhaltensweisen:
-➤ Hinterlistig vorgehen

Sprachmanipulationstechnik

Ziele
- Eigene Position innerhalb einer Gruppe stärken
- Jemanden dazu bringen, gegen seine Interessen zu handeln
  - Um dadurch einen Vorteil zu erlangen
- Jemanden in eine bestimmte Stimmung versetzen
  - Um ihn anschließend leichter beeinflussen zu können
  - Damit ein bestimmtes Verhalten »eingefordert« werden kann
- Jemanden kontrollieren
  - Um die eigenen Grenzen und Möglichkeiten zu erfahren
  - Um (weiterhin) Einfluss auf ihn ausüben zu können
- Jemandem schaden
  - Um einen Vorteil durchzusetzen
  - Um sich eine bessere Position zu verschaffen
- Jemanden verunsichern
  - Um das Machtgefühl zu erleben
  - Um selber besser dazustehen
- Macht ausüben

Diese Ziele erreichen Sie
- Indem Sie sprecherische und sprachliche Tricks anwenden

Besondere Voraussetzungen
- Keine

Überblick
Die Wirkungsweise der Technik beruht auf typischen Verhaltensweisen von Zuhörern. Bestimmte Worte rufen vorhersehbare Assoziationen hervor. Modulationen von Stimmhöhe und Sprechgeschwindigkeit bewirken berechenbare Rezeptionsformen. Durch das Wissen um die Wirkung der Verwendung bestimmter Worte, Satzgefüge und Sprechweisen agieren Sie mit prognostizierbaren Wahrscheinlichkeiten, die einen zielgerichteten Einsatz ermöglichen.

Hintergrundwissen

Was ist Sprachmanipulation?
Was Sprachmanipulation bedeutet, machen vor allem Politik und Militär vor. Eine gezielte Wort- und Sprachverwendung soll dazu beitragen, militärisches Eingreifen in Konflikte zu rechtfertigen oder zu legitimieren. Es werden religiöse, nationale, ideologische oder andere »Begründungen« angegeben. Denn ohne Rückhalt in der Bevölkerung ist kein Krieg zu führen. Gleichförmiges Verhalten und Denken zu schaffen und berechenbare Wirkungen durch kontrollierte Anwendung von Sprache zu erreichen sind Ziele, die im beruflichen Umfeld nicht minder erstrebenswert sind.

> Der Zweck des Sprechens ist immer der, den Willen einer Person so zu beeinflussen, wie es dem Sprechenden gefällt.
> *Unbekannt*

Wie entsteht Sprachmanipulation?
Durch unkritische Rezeption der Hörerschaft auf der einen Seite und durch durchdachte Wortwahl bzw. Sprechweise auf der anderen.

Wie funktioniert die Sprachmanipulationstechnik?

1. Schritt	Auswahl der geeigneten Zielpersonen
2. Schritt	Sprachmanipulationen Teil 1 – Passive und unpersönliche Formulierungen
3. Schritt	Sprachmanipulationen Teil 2 – Sprache der Unterwerfung
4. Schritt	Wirkungskontrolle

1. Schritt: Auswahl der geeigneten Zielperson
Zielpersonen sind untergeordnete Mitarbeiter. In begrenztem Rahmen auch Kollegen und Vorgesetzte.

2. Schritt: Sprachmanipulationen Teil 1 – Passive und unpersönliche Formulierungen

In der deutschen Sprache erwecken Sie durch die Verwendung des Passivs in Kombination mit unpersönlichen Formulierungen sowie Daten und Fakten den Eindruck des Unausweichlichen. Dieser sprachliche Trick bietet sich dann an, wenn Sie selber Urheber einer Misere sind, die Verantwortung dafür aber von sich weisen wollen.

Beispiel:
Im Krieg »schießt« keiner, sondern es »kommen Schusswaffen zum Einsatz«. Militär und Politiker ergänzen das Passiv noch meisterlich durch die Verwendung von unpersönlichen Formen und Zahlen: »150 Einsätze wurden geflogen. Die dabei entstandenen Verluste lagen innerhalb des Erwartungshorizontes.«

Auf diese Art und Weise erscheint beinahe unausweichlich, was geschah und geschieht, und der Bevölkerung kann der Eindruck vermittelt werden, dass es niemanden gibt, der Einfluss auf das Geschehen hat. Krieg, Gewalt, Aggression werden entpersonifiziert, es scheint weder Verursacher noch Ausführende noch Tote zu geben. Sachschäden entstehen, wie zum Beispiel »zivile Schäden« oder »Kollateralschäden«.

Im beruflichen Alltag lassen sich, in deutlich abgemilderter Form, ebenfalls durch die Verwendung des Passivs Beeinflussungserfolge erzielen.

Beispiel:
Wenn Sie vor den Verantwortlichen erklären müssen, wie es zum Scheitern eines Projektes kommen konnte, dann entheben Passiv und unpersönliche Formulierungen Sie zwar nicht Ihrer Verantwortung, tragen aber dazu bei, ein wenig davon abzulenken:

Weist auf Verantwortung hin	Lenkt von Verantwortung ab
Wir haben eine Matrix entwickelt	Es wurde eine Matrix entwickelt
Wir haben diese Matrix dann im Unternehmen des Kunden eingesetzt	Die Matrix kam zum Einsatz im Unternehmen
Wir begeisterten mit unseren Ideen.	Unsere Ideen wurden mit großem Interesse aufgenommen.
Wir haben dann eine Vor-Ort-Besichtigung durchgeführt.	Man lud uns ein, eine Vor-Ort-Besichtigung vorzunehmen.
Dann sahen wir uns die Computeranlage an.	Dort wurde uns die Computeranlage vorgeführt.
Wir haben es versäumt, uns in die dort verwendete Technologie einzuarbeiten.	Allerdings wurde versäumt, uns in die dort verwendete Technologie einzuarbeiten.
Deswegen haben wir sie bei der Planung nicht adäquat berücksichtigt.	Aus diesem Grunde konnte diese von uns in der Planung auch keine Berücksichtigung finden.
So kam es dann zu Kommunikationsschwierigkeiten.	Dass dann Kommunikationsschwierigkeiten auftraten, war eine Folge davon.
Wir haben alles versucht, um das Projekt dennoch gut zu Ende zu bringen.	Dennoch wurde von unserer Seite alles unternommen, um das Projekt zu einem guten Ende zu führen.

3. Schritt: Sprachmanipulationen Teil 2 – Sprache der Unterwerfung

Die Sprache der Unterwerfung setzt sich aus Elementen der psychotherapeutischen Gesprächstechnik zusammen. Dort kommt es besonders darauf an, dass der Therapeut stets die überlegene Position gegenüber dem Patienten beibehält. Denn wenn er Sie verliert, büßt er seine Autorität als Therapeut ein und die Behandlung muss abgebrochen werden.

Im beruflichen Alltag unterstützt Sie die Sprache der Unterwerfung darin, sich im täglichen Konkurrenzkampf mit den Kollegen durchzusetzen. Schlimm genug, wenn Sie mit Menschen den Tag verbringen müssen, die Sie sich nicht selber ausgesucht haben. Dann nutzen Sie wenigstens diese Zeit, um ausgewählte Kollegen mit kleineren Bemerkungen im Zaum zu halten und, soweit es geht, die Oberhand zu behalten.

1. Schweigen

Schweigen ist mehr als Nichtssagen. Es demonstriert Überlegenheit. Wer konsequent zu etwas schweigt, der lässt sich nicht aus der Reserve locken. Dem anderen bleibt nichts anderes übrig, als in eine unterlegene Position (zurück) zu fallen.

Beispiel:
Sie teilen sich zusammen mit Maria und vier weiteren Kollegen und Kolleginnen ein Büro. Vordergründig unterhalten Sie zu ihr ein kollegial-vertrautes Verhältnis. In Wirklichkeit versuchen Sie sie, so oft es geht, bloßzustellen (typische »Nach-außen-Freund-im-Innern-Feind-Konstruktion«). Weil Sie wissen, dass Kollegin Maria nicht gerne bei geöffnetem Fenster arbeitet, öffnen Sie es, bevor sie den Raum betritt. Erwartungsgemäß stellt diese gleich fest: »Schon wieder ist das Fenster auf.« Sie schweigen. Sie geht darauf zu und schlägt es hörbar zu: »Ich kann bei dem Lärm nicht arbeiten!« Sie blicken kurz auf und arbeiten dann schweigend weiter. Maria fühlt sich dadurch provoziert und zetert weiter, auf eine Reaktion von Ihnen hoffend: »Warum muss das Fenster ständig auf sein, und das bei dem Lärm und außerdem gehen mir die Anrufe heute wahnsinnig auf den Geist!« Sie reagieren mit einem kurzen »Mhh«. Die anderen Kollegen sind auf Maria aufmerksam geworden. Da sie nur deren Äußerungen hören, bewerten sie ihr Verhalten als unangenehm-zickig. Falls zufällig die Tür zum Chef geöffnet war, wird dieser bei Gelegenheit nachfragen, ob Maria denn die Anrufe der Kunden schon seit längerem »auf den Geist gehen«.

Ergebnis: Durch provokatives Schweigen haben Sie Maria immer weiter gereizt. Dabei sind Sie auf keinen Fall unhöflich oder abweisend gewesen. Sie hätten sie auch anblicken können, aber Sie sollten so wenig Reaktion zeigen wie möglich. Wenn Sie diesen Trick häufiger anwenden, bekommen Sie ein Gespür dafür, wer sich wie weit durch Schweigen provozieren lässt.

2. Zweifel wecken

Um eine Person zu verunsichern, wecken Sie Zweifel in ihr. Durch derartige Verunsicherungen stärken Sie Ihre überlegene Position.

Beispiel:
Zielperson: »So, ich bin fertig.«
    Replik: »Wirklich?«
Zielperson: »Ja.«
    Replik: »Aha ...«
Sollte Ihre Zielperson nachfragen, wieso Sie derartige Kommentare machen, dann dementieren Sie.

Beispiel:
→ »Das bildest du dir ein.«
→ »Ach, ich bin grad selber so beschäftigt.«
→ »Nee, alles okay.«

Wenn Sie eine Person häufiger auf so verunsichern, dann kann es dazu kommen, dass diese bald in die (ihr von Ihnen zugedachte) unterlegene Position fällt. Dass dieser Zustand erreicht ist, merken Sie daran, dass sie sich wie ein quengelndes Kind verhält mit Fragen wie:

→ »Jetzt, sag doch, was du meinst. Findest du das nicht gut, was ich gemacht habe?«
→ »Sag mal, zu wem rede ich denn? Du sagst ja gar nichts Richtiges dazu!«
→ »Jetzt äußere dich doch mal in einem ganzen Satz!«

Nicht immer hat die Zielperson die Möglichkeit, sich über Ihr Verhalten zu beschweren. Wenn kein persönliches Vertrauensverhältnis besteht, dann bleibt in ihr der Zweifel haften und sie wundert sich, wieso Sie so verhalten reagieren. Wenn Sie sich in anderen Kontexten sozial üblich, also normal, verhalten, dann ist die Zielperson umso verunsicherter, wenn Sie sich ihr gegenüber »auf einmal« anders verhalten. Personen, die verunsichert sind, sind für diesen Moment aus der Bahn geworfen. Dann können Sie sie, sofern das Ihre Absicht war, überholen.

Beispiel:
Zielperson: »Du, meine Präsentation für heute Nachmittag ist fertig.«
　Replik: »Ja, bist du sicher?«
　Zielperson: »Wieso, was meinst du?«
　Replik: »Ach, nur so. Hängt ja viel für dich ab heute, oder?«
Ergebnis: Die Zielperson ist verunsichert, Sie dagegen bestens für heute Nachmittag vorbereitet.

3. Mehrdeutigkeiten einsetzen

Drücken Sie sich häufig zwei- oder mehrdeutig aus. Wer verstehen will, was genau Sie meinen, muss Fragen stellen und begibt sich dadurch in die unterlegene Position.

Beispiel
→ Statt: »Bist du gewappnet für das Meeting?«
　»Bist du gewappnet?« »Wofür?« »Na, für das Meeting!«
→ Statt: »So, ich geh jetzt in die Kantine«
　»So, ich geh jetzt.« »Wohin?« »In die Kantine« »Ich dachte, wir wollten gemeinsam gehen ...« »Ja, dann komm!«
→ Statt: »So, ich bin wieder da. Das Gespräch mit dem Kunden ist gut verlaufen, wir haben den Auftrag.«
　»So, ich bin wieder da.« »Ja, und wie war's?« »Gut.« »Was heißt gut?« »Wir haben den Auftrag!«

4. Rogers-Trick

Carl Rogers war ein amerikanischer Psychotherapeut, der unter anderem durch sein Konzept der personenzentrierten Haltung als Grundeinstellung des Therapeuten gegenüber seinem Patienten bekannt geworden ist. Eine solche Haltung ist gekennzeichnet durch ein klares Wahrnehmen der verbalen und nonverbalen Mitteilungen der ratsuchenden Person, ein einfühlsames Verstehen der Probleme sowie Achtung und Wertschätzung ihr gegenüber. Daraus entstand eine bestimmte Art und Weise, sich dem Patienten gegenüber zu verhalten und zu äußern. Im Alltag angewandt kann diese Methode nützlich sein, wenn Sie erreichen möchten, dass Sie Ihrem Gegenüber keinerlei Angriffsfläche mehr bieten. Die Methode ist einfach anzuwenden: Sie geben im Gespräch stets nur das wider, was Ihre Zielperson zu Ihnen sagt, was Sie von ihr wahrnehmen oder was Sie aus ihrer Körpersprache herauslesen.

Beispiel:
Ein Mitarbeiter beschwert sich bei Ihnen: »Die Zustände sind unmöglich!«
»So, Sie empfinden die Zustände als unmöglich und ärgern sich, wie ich sehe.«

Sie nehmen dem Mitarbeiter die Luft, indem Sie ihn darauf aufmerksam machen, dass die Zustände (objektiv) keineswegs unmöglich »sind«, sondern ihm nur (subjektiv) so »erscheinen«. Darüber hinaus spiegeln Sie ihn, indem Sie seinen Ärger verbalisieren. Dadurch fühlt er sich zunächst verstanden. Er antwortet:

»Ja, ich bin total sauer, weil der Anton den Auftrag gekriegt hat.«
Der Mitarbeiter gibt Ihnen eine Begründung für seinen Ärger. Sie subjektivieren wieder:

»Aha, Sie fühlen sich also benachteiligt.«
Durch die treffende Feststellung bestätigt, sagt der Mitarbeiter:
»Klar, der ist viel schlechter als ich.«

Sie gehen nicht weiter darauf ein, wer ein besserer oder schlechterer Mitarbeiter ist, weil das nicht zielführend ist. Sie wollen erreichen, dass Ihre Autorität erhalten bleibt und Ihre Anordnungen befolgt werden. Deswegen müssen Sie sich als Führungsperson positionieren, die stets in ihren Anordnungen gerecht ist und immer wohlerwogene Gründe für eine getroffene Entscheidung hat. Deswegen fragen Sie:

»Wie kommen Sie darauf, dass das eine Benachteiligung ist?«, wobei in dieser Frage der Vorwurf: *Wie können Sie nur annehmen, dass ich jemanden benachteilige!* mitschwingt.

»Na, weil er den Auftrag gekriegt hat und ich nicht«, antwortet der Mitarbeiter wahrheitsgemäß. Nun greifen Sie wieder Ihr Objektiv-Subjektiv-Argument auf und wiederholen:

»Und daraus schließen Sie das?«
worauf Ihr Mitarbeiter sagt:
»Ja.«

Nach dieser Vorbereitung, die aus Spiegelung und Objektiv-Subjektiv-Perspektivübernahmen besteht, verweisen Sie auf Ihre Autorität, demonstrieren diese durch Ihre Erfolge in der Vergangenheit und untermischen das Ganze mit ein wenig Mitleidserregung:

»Glauben Sie nicht, dass ich für alles Gründe habe? Hatten Sie in der Vergangenheit auch nur einmal einen Grund, mir Benachteiligung vorzuwerfen?«

Der Mitarbeiter ist verwirrt:

»Nein ...«

Er weiß nicht recht, was er sagen soll ...

»Also bitte, dann gehen Sie jetzt wieder an Ihre Arbeit.«

Den Rogers-Trick können Sie vielfältig verwenden. Am Anfang wird Ihnen wahrscheinlich keine so perfekte Ausführung gelingen, aber Übung macht ja bekanntlich den Meister.

5. *Ins Leere laufen lassen*

Eine praktikable Dominanzgeste besteht darin, eine Person aufzufordern, etwas zu erzählen (am besten etwas Persönliches/Privates), und dann das Interesse zu verlieren. Die Person fühlt sich entblößt und durch Offenbarungen in eine unterlegene Position gedrängt.

Beispiel:

Sie fragen den Kollegen Schulze: »Was ist denn los? Du siehst so geschafft aus, hast du Ärger mit deiner Frau?« Ihre mitfühlende Frage, unterstützt durch eine entsprechende Geste, veranlasst Schulze, Ihnen zu offenbaren, dass er kurz vor seiner Scheidung steht. Anfangs hören Sie interessiert zu, muntern ihn durch Gesten und Blicke auf, sich mehr und mehr zu öffnen. Wenn er so richtig in Fahrt geraten ist und in Ihnen einen ehrlichen Gesprächspartner vermutet, beginnen Sie, ihm weniger und weniger konzentriert zuzuhören. Sie schielen mit einem Seitenblick auf die Akten auf Ihrem Schreibtisch, suchen etwas in der Schublade, bis Sie schließlich ganz unauffällig und kommentarlos mit Ihrer Arbeit weitermachen. Ihre Antwortsequenzen haben sich mehr und mehr verkürzt und laufen schließlich in »mhh« und »aha« aus. Falls Schulze nachfragt, dementieren Sie und fordern ihn auf, ruhig weiterzuerzählen: »Nein, nein, erzähl bitte weiter, ich hör dir zu!« Das ist natürlich eine Lüge, aber er soll sich ruhig weiter offenbaren, während Sie ihm demonstrieren, dass er sich im Moment in einer wirklich unterlegenen Position befindet.

6. Selbstdarstellungen angreifen
Selbstdarstellungen eignen sich gut für eine wirksame Selbst- und Fremdmanipulation. Wer sich häufig einredet, verdammt gut zu sein, der wirkt mit der Zeit überzeugend, nicht nur auf andere, sondern sogar auf sich selbst. Wenn Sie bei einem Konkurrenten derartige Bemühungen feststellen, unterbrechen Sie ihn, indem Sie seine positive Selbstdarstellung anzweifeln.

Beispiel:
- »Ich bin der Beste!« »Okay. Wenn du meinst ...«
- »Das hab ich toll gemacht.« »Ja, war nicht ganz übel.« (Understatement als humoristische Bemerkung getarnt)
- »Der Chef hat mich heute gelobt.« »Na, das ist doch immerhin etwas.« (Ironischer Angriff der Selbstdarstellung)
- »Heute bin ich mit dem Fahrrad gekommen!« »Man sieht's ...«
- »So, ich glaub, ich hab den Kunden am Wickel!« »So, am Wickel ...« (Wörtliche Wiederholung als Neutralisierung der positiven Ausrichtung)

4. Schritt: Wirkungskontrolle

Der Erfolg mancher Sprachmanipulationen wie zum Beispiel die Anwendung des Rogers-Tricks ist unmittelbar ablesbar. Die Verwendung des Passivs und unpersönlicher Formulierungen sind hingegen eher Begleitmusik für Ihre Beeinflussungen. Testen Sie Sprachmanipulationen in harmlosen Situationen so lange, bis Sie die einzelnen Elemente dieser Technik beherrschen. Wenn Sie sich die Tricks derart angeeignet haben, können Sie im entscheidenden Moment auf Ihren Fundus zurückgreifen.

Skala der ethischen Bedenklichkeit

Eine erfolgreiche Anwendung der Technik erfordert das Überdenken folgender Verhaltensweisen:
→ Arglosigkeit ausnutzen
→ Hinterlistig vorgehen
→ Respektloses Umgehen des freien Willens

Sündenbocktechnik

Ihre Ziele
→ Eigene Position innerhalb einer Gruppe stärken
→ Jemandem schaden
  - Um die eigene berufliche Existenz zu retten
  - Um einen Konkurrenten aus dem Weg zu räumen
→ Zusammenhalt innerhalb einer Gruppe stärken

Diese Ziele erreichen Sie
→ Indem Sie einem Unschuldigen die Schuld für eigene Fehlleistungen zuschreiben

Besondere Voraussetzungen
→ Keine

Überblick

Die Schuld für eigenes Versagen einer anderen Ursache zuzuschieben ist ein Mechanismus, der bei fast allen Menschen stattfindet, denn nur so kann auch schwere Schuld ertragen werden. Der Vater aller Psychologen, Freud, würde von einem Abwehrmechanismus durch Verschiebung sprechen.

Es ist erfreulich nützlich, wenn man für eigene Fehler nicht zur Verantwortung gezogen wird. Denken Sie an das eigene Fortkommen, denn die anderen tun es auch. Setzen Sie Sündenböcke ein, bevor Sie selber zu einem gemacht werden.

Hintergrundwissen

Was ist ein Sündenbock?
Ein Sündenbock ist eine Person, der die Hauptschuld für ein Verhalten aufgebürdet wird, obwohl sie keine oder höchstens eine Mitschuld, niemals aber die Gesamtschuld trifft. Ein Sündenbock ist Mittel zum Zweck, bedeutet Beichte ohne Buße und Freispruch ohne ordentliche Verhandlung.

Wie entsteht ein Sündenbock?
Sündenböcke entstehen nicht, sie werden gemacht.

Wie funktioniert die Sündenbocktechnik?

Die Sündenbocktechnik ist im Grunde einfach. Die zwei Schritte der Anwendung sind: Zuerst einen Sündenbock suchen und ihm dann alle Schuld zuschieben. Das größte Hindernis dürften moralische Skrupel darstellen. Falls Sie einmal dieses hinderliche Gefühl bedrängen sollte, dann führen Sie eine sachliche Kosten-Nutzen-Analyse durch.

Was bringt Ihnen moralisches Verhalten? Und welche Erfolge erzielen Sie auf der anderen Seite durch ein Verhalten, das Politiker, Vorstände und sonstige erfolgreiche Personen seit jeher anwenden? Wieso dürfen andere erfolgreich sein und Sie nicht?

1. Schritt	Auswahl der geeigneten Zielperson
2. Schritt	Sündenbock suchen und finden
3. Schritt	Sündenbock die Schuld zuschieben
4. Schritt	Wirkungskontrolle

1. Schritt: Auswahl der geeigneten Zielperson
Mit der Sündenbocktechnik manipulieren Sie diejenigen, deren Vertrauen Sie wiedergewinnen wollen. Wenn zum Beispiel im Unternehmen ein Projektvorhaben durch Ihre Schuld

scheiterte, dann schadet es Ihnen, das zuzugeben. Denn schließlich werden diejenigen, die Ihretwegen Geld verloren haben, Ihnen die Absolution nicht erteilen. Sie stehen nicht vor Ihren Eltern und bitten um Verzeihung. Hier geht es um reine Gewinn- und Verlustrechnungen. Aus diesem Grunde ist es eine Frage des Überlebens, anderen die Schuld für eigenes Versagen zuzuschieben. Diese notwendige berufliche Überlebensstrategie bedarf eines menschlichen Werkzeugs: des Sündenbocks.

Für die Anwendung der Sündenbocktechnik benötigen Sie

→ **die Zielperson bzw. mehrere Zielpersonen:** Das ist derjenige bzw. sind diejenigen, die Sie manipulieren wollen. Denn Sie wollen diese glauben machen, Sie seien unschuldig.
→ **den Sündenbock:** Das ist Ihr menschliches Werkzeug, welches Sie dazu verwenden, um sich von aller Schuld freizusprechen. Es erleidet statt Ihnen alle Nachteile.

2. Schritt: Sündenbock suchen und finden
Es gibt viele Möglichkeiten, sich einen Sündenbock zu beschaffen. Eine moralisch einwandfreie Form ist es, sich einen zu kaufen. Unmoralisch ist es dagegen, jemanden dazu zu bestimmen, der die entsprechenden Merkmale aufweist und vollkommen unschuldig an der Misere ist. Wenn in einem solchen Fall der Sündenbock zusätzlich Ihr Feind ist, umso besser.

Der gekaufte Sündenbock
Eine einfache, aber nicht ganz billige Art einen Sündenbock zu finden ist, ihn sich einzukaufen. So bieten Unternehmensberater Manager auf Zeit (Interimsmanager) an, die weder besser noch schlechter als interne Mitarbeiter sind. Aber sie besitzen einen entscheidenden Vorteil: Sie sind nach der Durchführung des Auftrags wieder verschwunden. Und damit können Fehl- und Schlechtleistungen getrost auf die

externen Berater verschoben werden. Dafür werden sie bezahlt. Eine saubere Sache, die immer wieder gut funktioniert.

Beispiel:
»Es ist nicht ratsam, in kritischen Situationen eigene Mitarbeiter zu exponieren: Besser ist es, stattdessen in einem Zeitraum großer Umbrüche, Widerstände und Ängste einen externen Mitarbeiter auf Zeit einzusetzen, der die Konflikte auf sich zieht. Nachdem die schwierige Umbruchphase überwunden und Konsens über das weitere Vorgehen erzielt ist, ist die »Ressource«, der Sündenbock, der externe Manager »verbraucht«; das Unternehmen kann dann mit frischen, unverbrauchten eigenen Kräften weiterarbeiten.«
(Auszug aus der Leistungsbeschreibung einer IT-Unternehmensberatung, die Sündenböcke verleiht)

Der ranghohe Sündenbock
Ranghohe Personen eignen sich als Sündenböcke ebenso gut wie rangniedere. Es kommt auf die Situation an, in der Sie sich befinden.
Wenn Sie sich selber in einer untergeordneten Position befinden, dann schieben Sie Ihre Schuld auf den Vorgesetzten.

Beispiele:
→ »Ich hab nur getan, was mir gesagt worden ist.«
→ »Ich werde dafür bezahlt, die Aufgaben zu erledigen und nicht zu kritisieren.«
→ »Niemand hat mir gezeigt, wie ich vorgehen soll.«
→ »Wenn die Anweisung von oben kommt, dann führ ich die aus und frag nicht lange, wieso und warum.«

Wenn Sie aber Ihre eigene Führungsposition unter Zuhilfenahme eines Sündenbocks sichern wollen, dann empfiehlt sich ein ranggleicher Kollege. Sie schieben ihm alle Schuld zu, waschen damit Ihre Hände in Unschuld und eliminieren gleichzeitig Ihren Konkurrenten. Die Manipulation richtet sich dann auf die Gruppe, als deren Führer Sie weiterhin anerkannt werden möchten. Diese durchschauen nur sehr selten, auf welche Weise sie beeinflusst werden.

Beispiel:
Für die Anwendung der Sündenbocktechnik unter Verwendung eines ranghohen Sündenbocks gibt es ein historisches Beispiel aus dem 16. Jahrhundert. Das Opfer (Sündenbock) war Kapitän Doughty, Anwender der Sündenbocktechnik (Täter) der berühmte Sir Francis Drake, Pirat im Dienste der englischen Königin Elisabeth I. Verschiedene Quellen berichten, dass Drake ein begabter Expeditionsleiter und Seefahrer mit geradezu unglaublichen Fähigkeiten war. Auf einer Geheimmission mit Wissen und Auftrag der Queen sollte er die Schätze des spanischen Königs in Amerika plündern. Unruhig und äußerst gewaltbereit war Drake auf der Reise. Dazu erlebten ihn die 164 Mann Besatzung seiner fünf Schiffe als draufgängerisch, risikobereit, herrisch, hochfahrend und autoritär. Das führte zu einer Welle von Gewalttaten und Aggressionen in der Mannschaft und die Fahrt wurde immer unerträglicher. Drake reagierte auf die Unruhen mit der Suche nach einem Sündenbock. Er fand ihn in Kapitän Doughty: ranghoch, in Führungsposition und ein perfektes Opfer, dem alle Schuld für Versagen und Misslingen zugeschoben werden konnte (kraft seiner Position trug er Verantwortung). Also verurteilte Drake ihn in einem willkürlichen Verfahren nach Schiffsrecht zum Tode. Das Todesurteil wurde sogleich vor aller Augen vollstreckt. Die Expedition konnte erfolgreich zu Ende geführt werden.

Nach der Heimkehr wurde der Prozess um die Mordtat von den ordentlichen Gerichten in England übrigens niedergeschlagen.

Eine besondere Schwere der Tat besteht in der Tatsache, dass Drake seinen Freund als Sündenbock auswählte. Mit Kalkül für das Notwendige erkannte er, dass Doughty alle Voraussetzungen für einen Sündenbock in dieser Situation erfüllte. Durch sein Opfer konnte die Einheit der Mannschaft wiederhergestellt werden. Persönliche Gefühle hatten keine Rolle zu spielen. Sicher, Drake ist bis zum Äußersten gegangen. Auf der anderen Seite darf man nicht vergessen, dass durch die Unruhen in der Mannschaft das Leben aller auf See gefährdet war.

Rangniedere Sündenböcke
Minderheiten, Außenseiter oder unbeliebte Personen als Sündenbock zu nutzen ist eine beliebte Mobbingtechnik. Zum einen kanalisiert das die Aggressionen der Gruppe in eine von Ihnen kontrollierte Richtung, zum anderen lenkt es von anderen Problemen ab. Zudem bleibt Ihre Position unberührt, weil die Zielpersonen (Gruppenmitglieder) auf den Sündenbock fixiert sind.

Kennzeichen eines guten Sündenbocks sind folgende Merkmale:

→ **Sozial wenig kompetent,** also die Personen, die wenig im Mittelpunkt stehen, wenig Witze machen, leise sind und schüchtern.
→ **Unbeliebt,** weil sie zu dick oder zu dünn sind, zu hässlich oder zu gutaussehend, zu ungewaschen oder zu parfümiert – kurz, weil sie von der Norm abweichen.
→ **Hoher Wiedererkennungswert,** sie sind charakteristisch im Auftreten.
→ **Machtlos,** haben innerhalb der Gruppe keinen großen Stellenwert, sind keine Initiatoren oder Mediatoren, sondern unauffällige Mitläufer.

Diese Personen sind relativ gefahrlos als Sündenböcke zu gebrauchen. Bedenken Sie aber den zeitlichen Aspekt. Die meisten Sündenböcke (Werkzeuge) halten dem Druck (Mobbing) der Gruppe (Ihrer Zielpersonen) nicht stand und erleiden psychische und physische Schäden. Nach Schätzungen von Wissenschaftlern in Schweden stehen 10 bis 20 Prozent aller Suizide mit Mobbing im Zusammenhang. Da heißt es, die Situation rasch zu nutzen. Denn sonst wäre Ihr Sündenbock möglicherweise gar nicht mehr für Sie verfügbar. Sündenböcke leiden unter:

- Isolation
- fortlaufende psychische Verletzungen
- Angst und Depression
- Kopfschmerzen, Übelkeit, Rückenschmerzen und weitere psychosomatische Erscheinungen
- Absentismus (also steigende Fehlzeiten)
- innere Kündigung

Achten Sie beim Einsatz von Sündenböcken darauf, dass diese möglichst lange ihre Funktion erfüllen können. Versuchen Sie im Voraus zu berechnen, wie sensibel der Sündenbock wohl ist und wie lange er der schuldtragenden Situation gewachsen ist. Sehen Sie sich rechtzeitig nach Ersatz-Sündenböcken um. Und geben Sie sich freundlich zu den Sündenböcken, denn diese leiden (wenn auch nicht freiwillig), damit Sie weiterkommen.

3. Schritt: Sündenbock die Schuld zuschieben

Derjenige der lächelt, wenn etwas schief geht, hat bereits einen Sündenbock gefunden.
Unbekannt

Nachdem ein Sündenbock gefunden wurde, gilt es nun, alle Schuld auf ihn zu schieben.

Bei diesem wichtigen Anwendungsschritt beachten Sie, dass der Einsatz eines Unschuldigen als Sündenbock weder sozial anerkannt noch juristisch erlaubt ist. Selbstverständlich gehört diese Technik damit zu den ethisch bedenklichen. Achten Sie penibel darauf, sich möglichst verdeckt zu geben. Vermeiden Sie sorgsam jedes Verhalten, das als fortgesetzte, aufeinander aufbauende oder ineinander übergreifende Anfeindung, Schikane oder Diskriminierung (miss-)verstanden werden könnte. Vertrauen Sie niemandem Ihre Ziele an. Verheimlichen Sie die Absicht, die Sie mit dem Einsatz eines Sündenbocks verfolgen. Vertrauensseligkeit bricht jedem Rhetoriker das Genick. Ihr Handeln darf nicht als systematisches Handeln entlarvt werden können. Gehen Sie umsichtig und vorsichtig vor und arbeiten Sie mit offenen, auslegbaren Formulierungen.

Beispiele:
Sie scheinheilig zu (Sündenbock) Susanne:
»Du kannst doch da nichts dafür! Wie soll denn überhaupt jemand unter diesen Umständen arbeiten können. Ich weiß genau, dass du das mit links geschafft hättest, wenn die Umstände anders gewesen wären!«
Dann anschließend zu den Kollegen (Susanne wird als Sündenbock präsentiert):

→ »Susanne war dafür verantwortlich. So nett ich sie finde, aber das muss man doch sagen können.« oder
→ »Ich weiß nicht, hat Susanne denn überhaupt die Qualifikationen?« und »Susanne ist ja wirklich nett, aber ... mhh, naja.« und »Was meinst du über Susanne? Ja, ja, ich auch ...«

Bei ranghohen bzw. ranggleichen Sündenböcken ist häufig der direkte Angriff die beste Möglichkeit, Schuld zuzuschieben. Dabei ist es günstig, wenn das Opfer arglos ist. Im Beispiel von Kapitän Doughty war Kapitän Drake geschickt genug, einen Freund als Sündenbock zu wählen. Da dieser ihm vertraute, konnte er auf leichte Weise geopfert werden. Die Zielpersonen waren besänftigt und die Machtposition von Kapitän Drake gesichert. Je länger Sie eine derartige Manipulation Ihrer Zielpersonen planen oder damit rechnen, dass eine solche Notwendigkeit einmal eintreten könnte, desto besser ist es, sich den Sündenbock bereits frühzeitig auszusuchen. Das verschafft Ihnen ausreichend Zeit, diesen in gutem Glauben auf Ihre Loyalität quasi in petto zu halten.

4. Schritt: Wirkungskontrolle

Ob Sie die Sündenbocktechnik erfolgreich anwenden konnten, erkennen Sie an der Reaktion Ihrer Zielpersonen. Erkennen sie den Sündenbock an? Es kann sein, dass Sie den falschen Sündenbock ausgewählt haben und nun die Aufmerksamkeit der Zielpersonen gegen Sie gerichtet ist. Dann bieten Sie einen anderen Sündenbock an. Grundsätzlich sollten Sie niemals eigenes Versagen zugeben. Es gibt nur eine einzige Ausnahme, weswegen Sie das doch tun könnten:

wenn Sie es bewusst und zielgerichtet tun zum Beispiel während einer Anwendung der *Mitleidtechnik*.

Skala der ethischen Bedenklichkeit

Eine erfolgreiche Anwendung der Technik erfordert das Überdenken folgender Verhaltensweisen:
- Arglosigkeit ausnutzen
- Hinterlistig vorgehen
- Lügen
- Vertrauen missbrauchen
- Freude am Leid anderer

Traumtechnik

Ziele
→ Jemanden dazu bringen, gegen seine Interessen zu handeln
  • Um dadurch einen Vorteil zu erlangen
→ Jemanden unter Druck setzen
  • Um zu erreichen, dass dieser in seiner Leistungsfähigkeit gemindert wird
→ Jemanden verunsichern
  • Um zu erreichen, dass dieser in seiner Leistungsfähigkeit gemindert wird

Diese Ziele erreichen Sie
→ Weil intensiv empfundene Schädigungsabsicht Sie dazu treibt, selbst kleinste Manipulationsmöglichkeiten nicht unversucht zu lassen

Besondere Voraussetzungen
→ Nach außen Freund, im Innern Feind

Überblick
Eine Technik für alle diejenigen, die eine Feindschaft zu jemandem unterhalten, der seinerseits davon nichts ahnt. Nach außen halten Sie den Anschein einer Freundschaft aufrecht, im Inneren dagegen planen Sie Angriffe, um ihm zu schaden. Es sind ja nicht immer die großen Angriffe, die sich dazu eignen. Im Gegenteil, kleine Gemeinheiten schwächen den Gegner und halten die »Nach-außen-Freund-im-Innern-Feind-Konstruktion« aufrecht.

Hintergrundwissen

Was ist ein Traum?

Ein Traum besteht aus inneren Erlebnisbildern, die während des Schlafes auftreten. Das Traumgeschehen findet immer statt, wird aber nicht in jedem Fall vom Träumenden nach dem Aufwachen erinnert. Die Erinnerungsfähigkeit variiert von Person zu Person und ist beim Einzelnen nicht während aller Phasen des Lebens gleich stark vorhanden. Generell wird die Erinnerungsfähigkeit begünstigt, wenn sich jemand mit den Inhalten seiner Träume bewusst beschäftigt.

> Traum ist all das, woraus man erwachen kann.
> *Paul Valéry*

Wie entsteht ein Traum?

Vielfach berichten Patienten in psychologischen Therapiesitzungen, dass ihre Träume Informationen enthalten, die der Träumer am Tage übersehen hat. So gibt etwa im Traum eine Balkonbrüstung nach, und tatsächlich ist das Geländer am eigenen Hause locker.

Wie funktioniert die Traumtechnik?

Der Psychotherapeut Silverman (1982) hat als Erster das Phänomen, dass Alltagsinformationen in Träumen wieder auftauchen, therapeutisch genutzt. Er bot seinen Patienten unterschwellige Mitteilungen an, die ihre Symptomatik betrafen und die, im Gegensatz zu bewusst wahrgenommenen Mitteilungen, später in ihren Träumen wieder auftauchten. Dies trifft jedoch nur auf Inhalte zu, die auf die Symptomatik gemünzt, also subjektiv bedeutsam waren.

Auf diese Art und Weise findet eine unterschwellige Beeinflussung statt, die vor allem wegen ihrer Reichweite einen besonderen Reiz ausübt.

Wie funktioniert die Traumtechnik?

1. Schritt Auswahl der geeigneten Zielperson
2. Schritt Intensive Gesprächssituationen schaffen bzw. ausnutzen
3. Schritt Hinweisen
4. Schritt Wirkungskontrolle

1. Schritt: Auswahl der geeigneten Zielperson

Die Anwendung der Traumtechnik kommt nur bei Personen in Betracht, die Ihnen vertrauen. Sie müssen sich Ihnen so nahe fühlen, dass sie Ihnen selbst ihre geheimsten Träume anvertrauen. Das können also Freunde sein oder Geschwister (die glauben, Sie würden sie mögen), Beziehungspartner (soweit sie Ihnen noch immer vertrauen) und dann und wann auch mal eine gute Kollegin oder ein guter Kollege (bzw. die, die meinen, solche für Sie zu sein). Bei allen anderen Personen übersteigt der Aufwand der Herstellung eines Vertrauensverhältnisses den Nutzen dieser Technik. Wenn Sie allerdings sowieso vorhaben, sich an eine bestimmte Person heranzupirschen, um eine »Nach-außen-Freund-im-Innern-Feind-Konstruktion« herzustellen, dann ist das etwas anderes. Da für die meisten Techniken dieses Buchs eine arglose Leutseligkeit der Zielperson Voraussetzung ist, kann sich die Mühe, in den Aufbau eines Vertrauensverhältnisses zu investieren, dennoch lohnen.

Je größer das entgegengebrachte Vertrauen desto wirkungsvoller sein Mißbrauch.

Tipp:
Um Ihre »heimtückische« Gesinnung während des Aufbaus des Vertrauensverhältnisses aufrechtzuerhalten, wahren Sie die rhetorische Distanz. Wenden Sie neben Ihren persönlichen individuellen Methoden zum Schaffen von Vertrauen auch Tricks an, die unterstützend glauben machen, dass von Ihrer Seite Nähe/Zuneigung empfunden wird (während Sie diese jedoch zu keinem Zeitpunkt wirklich empfinden):

 Offenbaren Sie ein wenig von Ihrem Privatleben. Je intimer (aber nicht im Sinne sexueller Intimität) das angeblich

Anvertraute scheint, desto geschmeichelter fühlt sich die Person als (angeblich) einzige, der Sie jemals so etwas Privates anvertrauen. Rechnen Sie aber damit, dass alles Gesagte irgendwann wie ein Bumerang zurückkommt. Wenn Sie die Arglosigkeit unterschätzt haben, dann verwendet jene die ihr gegebenen Informationen gegen Sie. Also »vertrauen« Sie nur solche Informationen an, die, falls sie weitergetratscht würden, Ihrem Image nicht schaden.

- Wenden Sie die *Attraktivitätstechnik* an, um Nähe zur Zielperson herzustellen. (Angeblich) Gemeinsames verbindet, also sprechen Sie Gemeinsamkeiten an.
- Hören Sie zu. Zeigen Sie typische Anzeichen des aktiven Zuhörens: Nicken Sie verständnisvoll, blicken Sie ihr in die Augen, nehmen Sie sich Zeit für sie, denken Sie ihre Gedanken mit.
- Bieten Sie Ihre Hilfe an, allerdings nur dann, wenn Sie das nicht von wichtigeren Aufgaben ablenkt. Erwähnen Sie das jedoch nicht. Geben Sie der Zielperson stets zu verstehen, dass sie zu den wichtigen Personen in Ihrem persönlichen Umfeld gehört.

2. Schritt: Intensive Gesprächssituation schaffen bzw. ausnutzen

Wenn Ihre Zielperson sich Ihnen in langen intensiven Gesprächen öffnet, von ihren Sorgen und Befürchtungen erzählt, dann haben Sie das Ziel von Schritt 2 erreicht.

Achtung:
Das leutselige Vertrauen, das Ihre Zielperson Ihnen entgegenbringen soll, können Sie nicht erzwingen. Wenn sie sich aber in einer schwachen Stunde im übertragenen Sinne an Sie anlehnt, dann ist der Zeitpunkt gekommen, aufmerksam alle später verwertbaren Informationen zu registrieren.

3. Schritt: Hinweisen

Im dritten Schritt geht es nun in Richtung Traumbeeinflussung. Er besteht darin, unauffällig auf ein bestimmtes Thema hinzuweisen. Das Thema legen Sie fest. Es sollte folgenden Kriterien genügen:

→ Geeignet, die Konzentration in Anspruch zu nehmen.
→ Emotional aufwühlend.
→ Es lässt die Zielperson nicht mehr los, sie muss immer wieder daran denken.
→ Es knüpft an Ängste an (Verlustangst, Versagensangst, Todesangst).

Versuchen Sie nicht ein Thema frei zu erfinden. Erfolgversprechender ist es, wenn das Thema aus dem Sorgenkreis des Opfers selber stammt.

Beispiel:
Angenommen, Sie können Kollegin Susanne nicht ausstehen. Dann zeigen Sie ihr das nicht, denn offene Feindschaft gegen eine Person, mit der Sie zusammenarbeiten müssen, ist belastend und hindert Sie in Ihrer Leistungsfähigkeit. Also beginnen Sie mit kleinen, unauffälligen Sticheleien, die Sie nach den Erkenntnissen der unterschwelligen Beeinflussung mit gewisser Wahrscheinlichkeit für geeignet halten, dass sie Ihrer Kollegin schaden. Wenn Ihnen also Kollegin Susanne in der Annahme, Sie hätten eine Vertrauensbeziehung, gesteht, dass sie früher Probleme damit hatte, große Plätze aufzusuchen, dann registrieren Sie diese Information. Nehmen Sie sich zum Ziel, ihre Agoraphobie (Angst vor großen Plätzen) durch subtile Beeinflussung zu verstärken. Sie agieren dabei wirklich unauffällig, so unauffällig, dass es selbst Susanne kaum auffällt. Letztlich sind es nur kleine Mimikbewegungen und minimale Gesten, die unterhalb der Wahrnehmungsschwelle liegen.
→ Kurz vor dem Betreten der Messehalle fragen Sie mit besorgter Miene: »Sag mal, geht das denn jetzt wieder? Oder kann ich dir irgendwie helfen?«
→ Beiläufig beim Kaffeetrinken erzählen Sie (scheinbar unbedacht): »Letztens hab ich mir vorgestellt, wie ich mit Peter auf der Domplatte bin, nachts, als keiner da war. Alles menschenleer, nur der Mond schien. Total romantisch ...«

→ Beim Überqueren des Parkplatzes ein sehr kurzer mitleidiger Blick mit aufmunternder Geste usw.

Auf diese Art und Weise aktualisiert (vgl. *Aktualisierungstechnik*), erhöht sich die Wahrscheinlichkeit, dass die Beschäftigung mit dem Thema nachts in ihren Träumen auftaucht. Nach einiger Zeit ist es durchaus möglich, dass die Zielperson auch tagsüber davon verfolgt wird. Man sollte nichts auslassen, um dem anderen zu schaden.

Beispiel:
Kollege Michael ist ein Überflieger. Kaum in der Abteilung, erbringt er außergewöhnlich gute Leistungen. Sie beschließen, nichts unversucht zu lassen, um ihn in seiner Leistungsfähigkeit zu schwächen. Weil er Ihnen am Arbeitsplatz gegenübersitzt, bauen Sie rasch ein Vertrauensverhältnis auf und erfahren innerhalb kurzer Zeit, dass er bei seiner Freundin zur Eifersucht neigt. Sie täuschen Interesse an seiner Person vor und stellen vertrauliche Nähe her. Wenn er dann leutselig erzählt, dass seine Freundin heute, während Sie beide länger arbeiten, mit ihrer besten Freundin ins Kino geht, tun Sie nicht mehr, als erstaunt ein wenig die Augenbraue hochziehen. Dieser Reiz ist so subtil und unterhalb der Wahrnehmung, dass er Sie darauf nicht ansprechen wird. Dadurch erhöhen Sie die Wahrscheinlichkeit, dass sich sein eifersüchtiges Unterbewusstsein mit der Frage beschäftigt: »War sie tatsächlich mit ihrer besten Freundin im Kino?« Des Nachts wird ihm vielleicht Ihre Geste einfallen ...

4. Schritt: Wirkungskontrolle

Meist werden Sie die Traumtechnik in Kombination mit anderen Techniken einsetzen. Daher ist der Erfolg häufig nicht auf die einzelne Technik zu beziehen. Aber wenn Sie Glück haben, bemerken Sie an Ihrer Zielperson kleine Anzeichen des Erfolges: Unaufmerksamkeiten, Konzentrationsschwächen, ärgerliche Bemerkungen, Leistungsabfall.

Skala der ethischen Bedenklichkeit

■■■☐☐☐☐☐☐☐

Eine erfolgreiche Anwendung der Technik erfordert das Überdenken folgender Verhaltensweisen:
→ Arglosigkeit ausnutzen
→ Hinterlistig vorgehen
→ Vertrauen missbrauchen

Vernichtungstechnik

Ziele
→ Eigene Position innerhalb einer Gruppe stärken
→ Jemanden ablenken
  • Um Widerstände einer Person zu brechen
→ Jemanden dazu bringen, gegen seine Interessen zu handeln
  • Um dadurch einen Vorteil zu erlangen
→ Jemandem schaden
  • Um einen Vorteil durchzusetzen
→ Jemanden täuschen
  • Um bereits erlangte Vorteile zu sichern
  • Um zu erreichen, dass dieser mir zu Gefallen etwas sagt oder tut
  • Um zu erreichen, dass dieser tut, was ich will
→ Jemanden unter Druck setzen
  • Um respektiert zu werden

Diese Ziele erreichen Sie
→ Indem Sie »verbotene« rhetorische Stilelemente einsetzen

Besondere Voraussetzungen
→ Keine

Überblick
Es gibt so einige rhetorische Tricks, die man anwenden kann, aber nicht sollte. Erschreckend dabei ist die Absicht dahinter. Aber das wäre ja, als ob Sie sich vor Ihrem eigenen Spiegelbild fürchten würden ...

Hintergrundwissen

Was heißt Vernichtung?
Es gibt rhetorische Methoden, die wie kaum andere über Manipulationspotential verfügen. An dieser Stelle soll deutlich darauf hingewiesen werden, dass nicht die Darstellung einer solchen Technik, sondern höchstens deren Anwendung mit subjektivem Schädigungsvorsatz »verboten« sein könnte.

Wie entsteht Vernichtung?
Zum Untergang einer Person kann vieles beitragen: die Verführung zu finanziellen Risikogeschäften, Mobbing oder häufiges unauffälliges Unter-Druck-Setzen und Ausspielen der eigenen Position. Sie können auch jemanden vernichten, indem Sie einfach keine Rücksicht auf seine existentiellen Bedürfnisse nehmen. Da liegt ein wirklich großes Spielfeld vor Ihnen.

Wie funktioniert die Vernichtungstechnik?

→ 1. Schritt Auswahl der geeigneten Zielpersonen
→ 2. Schritt Rhetorische Fiesheiten aneignen
→ 3. Schritt Rhetorische Fiesheiten gezielt einsetzen
→ 4. Schritt Wirkungskontrolle

1. Schritt: Auswahl der geeigneten Zielperson
Keine besonderen Anforderungen, es kommt jeder in Betracht.

2. Schritt: Rhetorische Fiesheiten aneignen
Es gibt sechs typische rhetorische Fiesheiten. Es sind allesamt Elemente, die dazu dienen, eine dahinterstehende böse Absicht zu verbergen. Personen sollen unauffällig hintergangen, unter Druck gesetzt oder Wahres soll verschleiert werden.

1. Polarisieren durch die Dimension größtmöglicher Unausweichlichkeit
2. Etablieren als Problemlöser durch Erzeugen von Furcht
3. Konstruieren faktischer Notwendigkeit
4. Was bin ich nett!
5. Wirklichkeitssuggestion durch Intensivierung
6. Reihung von Substantiven

1. Polarisierung durch die Dimension größtmöglicher Unausweichlichkeit

<small>Niedere Geburt verrät sich durch Furcht.
Äneis, 4. Gesang, 13</small>

Wenn Sie erreichen wollen, dass jemand etwas für Sie tut, dann liefern Sie ihm einen Grund, warum er es tun sollte. Verbalisieren Sie diesen Grund aber nicht, sondern verheimlichen Sie ihn. Sagen Sie nicht: »Du tust das jetzt, weil du Angst haben solltest, denn, wenn du es nicht tust, dann geschieht etwas Schlimmes«, sondern stellen Sie etwas Schlimmes in Aussicht. Damit lassen Sie Ihrer Zielperson die scheinbare Freiheit, aus eigenem Antrieb ein bestimmtes Verhalten zu zeigen.

Beispiele:
- Sie wollen erreichen, dass Müller Sie in seinem Wagen nach Hause fährt. Sie sagen nicht: »Kollege, wenn du mich heute nicht nach Hause fährst, dann kannst du dich morgen beim Meeting nicht auf meine Unterstützung verlassen«,
sondern: »Das Meeting morgen steht ja auf Messers Schneide. Sag mal, kannst du mich heute nach Hause fahren?«
- Als Vorgesetzter wollen Sie, dass Frau Müller Überstunden macht. Sie sagen nicht: »Also, wenn Sie auf die Beförderung schielen, dann sollten Sie noch etwas dableiben«,
sondern: »Ihre Kolleginnen haben schon hervorragend vorgearbeitet. Etwas ist aber noch zu erledigen. Frau Müller, bleiben Sie heute noch?«
- Sie wollen als Teamleiter, dass das Meeting Ergebnisse bringt. Sie sagen nicht: »Wenn wir jetzt nicht endlich zu Punkt eins auf der Liste kommen, werden wir ja nie fertig«,
sondern: »Vielleicht ist einem von euch aufgefallen, dass es kurz vor knapp steht und die Abteilung hier über kurz oder lang geschlossen

werden wird, wenn wir unsere Arbeitsweise nicht effektiver gestalten. Also schlage ich vor, dass wir jetzt zu Punkt eins auf der Liste kommen.«

Eskalieren Sie: Je mehr Widerstand eine Person Ihrer Verhaltensaufforderung entgegenbringen wird, desto unausweichlicher sollte die Alternative erscheinen, die Sie in Aussicht stellen.

Beispiel:
Wenn Ihr Ziel darin besteht, eine Frau dazu zu bringen, ihren Mann zu betrügen, dann gehört eine entsprechende Dimension der Unausweichlichkeit dazu. So ist ihr Widerstand dann zu brechen, wenn die Existenz der Familie auf dem Spiel steht, die Gesundheit der Kinder, manchmal aber auch schon die Karriere des Mannes und die damit verbundene Aussicht auf finanziellen und sozialen Abstieg.

Achtung:
Nicht die Grenze zur Nötigung überschreiten! Die Erfüllung strafrechtlicher Tatbestände ist nicht mehr rhetorisch. Deswegen geben Sie Interpretationsspielraum, deuten Sie nur an und lassen Sie Ihrer Zielperson stets die Freiheit der Wahl!

Es gibt kein Pauschalrezept. Aber es existiert ein Verhältnis zwischen dem möglichen Widerstand Ihrer Zielperson und dem Grad der Angsterzeugung, der dazu führt, dass die entsprechende Handlung ausgeführt wird. Der Erfolg resultiert aus Ihrer Fähigkeit, den potentiellen Widerstand der Zielperson richtig einzuschätzen. Wenn Sie Ihren Kollegen dazu bringen wollen, dass er seine Frau betrügt, dann können Sie diesen Umstand dazu verwenden, zu einem späteren Zeitpunkt die *Abhängigkeits-*, die *Intrigen-* oder die *Gerüchtetechnik* einzusetzen und ihn dadurch entweder für sich arbeiten zu lassen oder aber als Konkurrenten auszuschalten. Gleichwohl ist es stets lohnenswert, Wissen zu besitzen, das geeignet ist, Konkurrenten in der Hand zu haben. Auf der anderen Seite sollten Sie dafür Sorge tragen, dass umgekehrt

Jeder hat so viel Recht, wie er Macht hat.
Spinoza

kein anderer Wissen von Ihnen hat, das er möglicherweise gegen Sie verwenden könnte.

Beispiel:
Im Kollegenkreis hat es sich eingebürgert, regelmäßig einmal im Monat ein Striplokal aufzusuchen. Dabei hat sich Müller immer erfolgreich den Annäherungsversuchen der Mädchen entzogen. Ihnen passt das nicht, denn Müller ist so der Einzige, der alle Kollegen in der Hand hat, weil jeder andere mindestens einmal seine Ehefrau betrogen hat. Um nicht durch Müller erpressbar zu sein, wollen Sie erreichen, dass Müller mitzieht. Der Widerstand von Zielperson Müller ist hoch. Also ist eine entsprechend hohe Dimension der Unausweichlichkeit erforderlich, um ihn durch Angsterzeugung zu dem gewünschten Verhalten zu bringen. Formulierungen wie »Du stehst ja unter dem Pantoffel« oder »Du bist ja kein richtiger Mann« haben Sie bisher nicht weitergebracht. Mindestens die folgenden zwei möglichen Angstpotentiale zur Verhaltensbeeinflussung von Müller haben Sie noch:

Drohender Ausschluss aus der Gemeinschaft
- »Wenn du jetzt nicht zeigst, was in dir steckt, dann bleib das nächste Mal daheim!«
- »Wir können keine Drückeberger gebrauchen!«
- »Wenn du glaubst, was Besseres zu sein, dann schau ruhig, wie weit du damit kommst, dich gegen uns zu stellen.«

Ausgrenzung aus der Gemeinschaft, Stigmatisierung als Außenseiter mit anschließendem Mobbing
- »Der Müller kommt ja eh nicht mit ...«
- »Müller, die Spaßbremse!«
- »Müller ist ja eh so ein komischer Vogel ...«
- »Müller müssen wir erst gar nicht fragen, der hat ja eh keinen Sinn für Humor.«

Was hier aus didaktischen Gründen deutlich ausformuliert ist, sollte in der Realität subtiler erfolgen. Es ist vollkommen ausreichend für das Erzeugen von Angst, wenn Sie mit Andeutungen agieren oder auch nur die Konnotation eines Wortes die Drohung beinhaltet:

Beispiel:
So genügt es, wenn Sie zu Müller bemerken:
- »Sie möchten doch bestimmt wieder hier bleiben?«
- »Wollen Sie wieder nicht mitkommen?«
- »Fühlst dich eigentlich wohl? Mach mal schön weiter ... Wir gehen derweil schon.«
- »Mein Gott, gestern war wieder so ein Abend, den ich nicht so schnell vergessen werde. Schade, dass du nicht dabei warst.«

2. Etablieren als Problemlöser durch Erzeugen von Furcht
Angst erzeugen ist nicht dasselbe wie Furcht erzeugen. Furcht ist objektspezifisch, deswegen »fürchtet man sich *vor etwas* ...«. Wenn Sie Furcht in Personen erzeugen, dann geben Sie damit zugleich einen zu bekämpfenden Gegner vor (vgl. *Feindbildtechnik*). Wenn Sie geschickt Furcht erzeugen, dann wächst in den Zielpersonen der Wunsch nach jemandem, der vor diesen Gefahren Schutz bietet. Man kann diese Form von Furchterzeugung verwenden, um sich anschließend als Problemlöser zu präsentieren. Benutzen Sie dafür in Ihren Reden einen bestimmten Affektaufbau. Beginnen Sie Desorientierung zu erzeugen bzw. vorhandene auszunutzen. Halten Sie diese Richtung längere Zeit (gegebenenfalls eine bis anderthalb Stunden). Leiten Sie danach eine Spannungsauflösung ein und gestalten Sie den Übergang mit dem Plan für »eine bessere Zukunft«. Anschließend präsentieren Sie sich als Problemlöser. Nachdem Sie über Angst, Schrecken, vielleicht sogar Hass und Neid gesprochen haben, empfinden die Hörer angesichts der darauf folgenden positiven Aufbauphase (gemeinsame Ziele, Taten und Ermahnungen zum Guten) Ergriffenheit. In der Rhetoriklehre fällt das unter den Begriff des *Pathos*.

Das einzige, was wir zu fürchten haben, ist die Furcht.
Michel de Montaigne

Beispiel:
Ihr Ziel: Sich selber als Berater mit dem Produkt »Wissensmanagementsystem 2010« verkaufen.

Ihr Vorgehen bei der Präsentation:
1. Furcht erzeugen (macht 85 Prozent der Redezeit aus),
2. Spannungsauflösung ankündigen (5 Prozent der Redezeit),

3. Lösung anbieten (5 Prozent der Redezeit),
4. Sich selbst anbieten (5 Prozent der Redezeit).

1. Furcht erzeugen

»Die meisten Unternehmen, die glauben, auf Wissensmanagement verzichten zu können, werden eines Besseren belehrt. Wissen potenziert sich jeden Tag um ein Vielfaches. Mit dem Verlust von Wissen gehen gleichzeitig auch Wettbewerbsvorteile verloren. Denn heute fahren nur die Unternehmen Gewinne ein, die Wissen behalten ...«

= 85 Prozent der Redezeit. Kombiniert mit Statistiken, Zahlen, Belegen und in möglichst unpersönlichen Formulierungen sowie Passivkonstruktionen gehalten, um Gefahr zu erzeugen und Unausweichlichkeit darzustellen, vgl. *Sprachmanipulations-, Sündenbocktechnik.*

2. Spannungsauflösung ankündigen

»Aber es ist nicht unausweichlich so, dass mit jedem ausscheidenden Arbeitnehmer auch Wissen verloren geht ... .«

= 5 Prozent der Redezeit; wenn Sie die Furchterregung drastisch und realistisch ausgearbeitet haben, dann erkennen Sie »Erleichterung« in der Mimik Ihrer Hörer.

3. Lösung anbieten

»Das Wissen muss vom Arbeitnehmer getrennt werden, damit es verfügbar bleibt, auch wenn jener aus dem Arbeitsprozess ausscheidet. Dafür gibt es das Produkt ...«

= 5 Prozent der Redezeit, auch wenn Sie lieber länger über Ihr Produkt reden würden, es nutzt nichts, sondern schadet an dieser Stelle nur.

4. Sich selbst anbieten

»Einmal im Unternehmen eingeführt, wird es fester Bestandteil der Unternehmenskultur. Selbstverständlich bieten wir Unterstützung bei der Implementierung und begleiten Sie bei diesem Prozess ...«

= 5 Prozent der Redezeit; es soll nicht der Eindruck entstehen, Sie bzw. Ihr Team würde sich anbiedern. Sie haben lediglich einen Bedarf erkannt und bieten eine Lösung. Sprechen Sie in diesem letzten Teil von »wir«, »ich«, »unser«, »mein«, um Charisma zu fördern (vgl. *Charisma-Technik*), das durch den von Ihnen geschaffenen Kontrast des Wechsels von unpersönlichen Formulierungen zu persönlichen Formulierungen entstehen kann (vgl. *Kontrasttechnik*).

3. Konstruieren faktischer Notwendigkeit

Durch Schaffen von »faktischen Notwendigkeiten« (Sachzwängen) erzeugen Sie in Personen das Gefühl, als seien diese schicksalhaft in ein objektives Geschehen involviert und können nicht agieren, sondern lediglich das Geschehene (er)dulden. Wenn Sie entschieden haben, dass ein Ereignis stattfinden muss, komme, was wolle, und egal, welche Auswirkungen es auf die Betroffenen hat, dann helfen derartige Formulierungen mögliche Widerstände abzuschwächen:

Das Schicksal ist grausam und die Menschen sind erbärmlich.
Arthur Schopenhauer

Beispiele:
Die Unternehmensleitung hat beschlossen, die Gewinne zu erhöhen und eine neue Produktion zu fahren. Alte Arbeitnehmer sollen langfristig durch günstigere Mitarbeiter ersetzt werden. Sie formulieren:

»Der Absatz unserer Produkte durch die Großhändler ist im letzten Quartal um 15 Prozent gestiegen. Um die neue Order befriedigen zu können, müssen wir eine neue Produktionslinie in Betrieb nehmen. Weil das mit der bestehenden Kapazität nicht zu bewältigen ist, wurden neue Mitarbeiter eingestellt, die uns dabei helfen, diese in Produktion zu bringen. Freuen wir uns auf die neuen Kollegen und nehmen wir Sie mit offenen Armen auf, helfen wir ihnen, trotz ihrer Sprachprobleme ihre Aufgaben so schnell wie möglich fachgerecht zu bewältigen.«

Anstatt:

»Wir stellen die neue Produktion auf polnische Billigkräfte um und anschließend auch die alte, womit Sie, liebe Mitarbeiter, für uns zu teuer werden.«

Beispiel:
Es ist beschlossene Sache, dass Ihr Unternehmen keine Programmierer mehr braucht, sondern Tester. Nun geht es darum, Ihre drei Mitarbeiter davon zu überzeugen, dass sie sich entweder zu Testern umschulen lassen oder aber mit dem Verlust des Arbeitsplatzes zu rechnen haben:

»Leider hat ja nun die Geschäftsleitung beschlossen, das Projekt einzustellen, weshalb wir jetzt hier deutlich weniger Implementierer und Programmierer brauchen als bisher. Allerdings ist es ja nun so, dass wir in Sibirien gerade die Funkanlage im Tower von Nowosibirsk installieren und dort Systemtester brauchen. Dafür sind Sie ja alle bereits hervorragend vorqualifiziert und deswegen möchten wir Ihnen Gelegenheit bieten, sich dorthin weiterzuentwickeln.«

Anstatt:

»Sie wissen, wir leben im Kapitalismus, Arbeitplätze bleiben nicht ewig bestehen, entweder gehen Sie nach Nowosibirsk mit 20 Prozent weniger Gehalt oder arbeiten eben nicht mehr für uns.«

4. Was bin ich nett!

> Mit Freundlichkeit umgarnt man seine Feinde!
> Oscar Wilde

Es ist verwerflich, wenn man die Absicht, anderen zu schaden, nicht nur verharmlost, sondern ihr sogar Züge von Menschenfreundlichkeit gibt. Aber geschieht das nicht bereits ständig?

Beispiel:
Kollegin Müller arbeitet an einer für das Unternehmen bedeutsamen Aufgabe: Sie soll ein Marketingkonzept entwerfen. Es ist eine leichte Aufgabe, weil das Produkt bereits eingeführt ist. Sie wollen diese Aufgabe selber übernehmen, denn das sind leicht verdiente Lorbeeren. Sie können jetzt folgendermaßen vorgehen:

1. Ich bin so nett und nehm's dir weg!
Sie luchsen ihr die Aufgabe ab und tarnen das Ganze als Hilfsbereitschaft: »Da haben Sie ja ganz schön viel Arbeit damit und Ihre Aufgabe, die Absatzanalyse zu erstellen, bleibt ja liegen ... und ist dabei so wichtig für das Unternehmen. Vielleicht kann ich Ihnen ja ein wenig unter die Arme greifen, damit Sie sich ganz auf die Absatzanalyse konzentrieren können, und übernehme für Sie die Erstellung des Marketingkonzepts.«

2. Ich Menschenfreund!
Wenn Sie glauben, dass sie auf diese Tour nicht hereinfallen wird, dann versuchen Sie wenigstens, ihr einen Teil der Arbeit abzunehmen, um ihr anschließend falsche Daten unterzuschieben (oder sie auf andere Art und Weise gegen die Wand laufen zu lassen). All das sollte unter der Maske der Menschenfreundlichkeit geschehen:

»Für Ihre Untersuchungen brauchen Sie ja auch Daten für das Marktsegment Hauhaltskleingeräte. Da hab ich natürlich schon Erfahrungen und Unterlagen, die ich Ihnen gerne zur Verfügung stelle, da brauchen Sie die ganze Arbeit nicht noch mal zu machen ...«

Scheuen Sie sich nicht, derartige Mittel einzusetzen, und verabschieden Sie die moralistische Auffassung, dass Menschenfreundlichkeit Sie weiterbringt. Vorgetäuschte Menschenfreundlichkeit tut es, wirkliche nicht.

5. Wirklichkeitssuggestion durch Intensivierung
Als ein Mittel zur »Wirklichkeitssuggestion durch Intensivierung« kann man in seinen Äußerungen Superlative und Elative einsetzen. Superlative sind die höchste Steigerungsform von Eigenschaftswörtern, z.B. fies, fieser, *am fiesesten*. Elative sind hier Steigerungsformen durch bestimmte Vorsilben wie *super-, mega-, erz-* usw. Diese Sprachverwendung verdichtet Emotionen.

Durch das gesprochene Wort fallen mehr Schlachtopfer als durch das Schwert.
Leonardo da Vinci

Beispiele:
→ Ziel: Mobilisieren
»Wir haben wirklich den *geringsten* Nutzen davon und ausschließlich die Konkurrenz profitiert von unserem Patent.«
→ Ziel: Mitarbeitermotivation
»Die Mitarbeiter der Firma XY sind doch wirklich die *allerinkompetentesten*, die ich je gesehen habe. Ich hab noch keine Firma gesehen, die schlechter gearbeitet hätte. Das zu überbieten dürfte nicht schwer sein!«
→ Ziel: Verdeckter Aufruf zum Mobben gegen Herrn Meier
»Der ist ja echt *superunsympathisch*, der Meier.«
»Das ist wirklich das *Hinterhältigste*, was ich mir vorstellen kann. Kein Wunder, dass dem Meier keiner mehr vertraut.«
»Das ist das *Unkollegialste*, was ich mir vorstellen kann. Und das vom Meier ...«
»Der verhält sich immer *megaeigenartig* ...«

6. Reihung von Substantiven
Um sich den Anstrich eines kraftvoll-dynamischen Leaders zu geben, kann der interessante Effekt des Nominalstils verwendet werden. Er kommt durch Bevorzugung des Wortesprechens auf Kosten des Sätzesprechens zustande, die dann zu einer Art »Vokabelmusik« führt, die sich mehr an das Gefühl als an den Verstand wendet. Verwenden Sie üppige Sätze,

angefüllt mit Substantiven. Diese Häufung führt zu einer Intensivierung, einer starken Dynamik und wirkt sehr kraftvoll.

Beispiele:

→ Ihr Ziel: Personen mobilisieren
»Wir sollten nicht mehr zögern. Wir sollten heraus aus unserer Passivität, heraus aus unserer *Lethargie, Zögerlichkeit, Verzagtheit*. Wir sollten aufstehen und uns zur Wehr setzen, in die Offensive gehen, uns nichts mehr gefallen lassen!«

→ Ihr Ziel: Dem Ruf des konkurrierenden Unternehmens schaden
»Dieses Unternehmen gehört zur selben Sorte von *Korruptionsdienstleistern, Patentdieben, Wirtschaftsverbrechern und Subventionsempfängern*.«

→ Ihr Ziel: einen Kollegen mobben
»Herr Müller ist meiner Ansicht nach ein *Fähnchen im Wind, ein Einschleimer, Kofferträger, Fahrradfahrer und Maulheld*.«

3. Schritt: Rhetorische Fiesheiten gezielt anwenden

Wer mit der Welt fortschreiten will, muss vor allem hartherzig werden.
Emanuel Wertheimer, Philosoph

Es gehört schon eine gehörige Portion negative Energie dazu, Personen vorsätzlich zu schaden. Auf der anderen Seite müssen manchmal Verluste hingenommen werden auf dem Weg zur Sicherung des eigenen Erfolges. Was ist schon gut, was böse? Meist sind es die Opfer, die es böse finden. Die Täter haben ja kein Problem damit.

4. Schritt: Wirkungskontrolle

Übung gehört zur Rhetorik ebenso wie zu einem Handwerk, das Sie erlernen. Versuchen Sie sich auch hier an »Übungs-Opfern«, an denen Sie einzelne Elemente trainieren. Wenn Sie sich fit fühlen, dann greifen Sie in entsprechenden Situationen auf Ihren Fundus zurück.

Skala der ethischen Bedenklichkeit

Eine erfolgreiche Anwendung der Technik erfordert das Überdenken folgender Verhaltensweisen:
- Arglosigkeit ausnutzen
- Hinterlistig vorgehen
- Lügen
- Vertrauen missbrauchen
- Respektloses Umgehen des freien Willens
- Menschen als willenlose Werkzeuge seiner Zielerreichung einsetzen
- Gleichgültigkeit dem Leid anderer gegenüber

Anmerkungen zur Skala der ethischen Bedenklichkeit

Die bösen Absichten sind schillernd und vielfältig. Es ist nicht möglich, sie alle aufzulisten. Aber es gibt immer wiederkehrende Verhaltensweisen, die notwendige Voraussetzung sind, um mit einer Technik erfolgreich seine Ziele durchzusetzen. Diese Verhaltensweisen sind allesamt bedenklich und grundsätzlich unethisch. Überdenken Sie, ob Sie grundsätzlich willens sind, sich derart zu verhalten. Denn wer ohne zu zögern die unten stehenden Verhaltensweisen einsetzen kann, der beherrscht zweifellos die Kunst der skrupellosen Manipulation.

→ Aggressionen fördern
→ Arglosigkeit ausnutzen
→ Freude am Leid anderer
→ Hinterlistig vorgehen
→ Lügen
→ Menschen als willenlose Werkzeuge einsetzen
→ Mögliche Strafbarkeit des Verhaltens
→ Respektloses Umgehen des freien Willens
→ Vertrauen missbrauchen
→ Zuneigung vortäuschen

Eine Technik, die erst unter der Voraussetzung der Anwendung aller zehn Verhaltensweisen den Manipulationserfolg bewirkt, ist ethisch kaum vertretbar. Sie erhält den höchsten Bedenklichkeitswert und sollte von denjenigen, die die Welt zum Guten verändern möchten, nicht angewandt werden.

Skala der ethischen Bedenklichkeit

Weiterführende Literaturhinweise

Aberglauben-Technik
Völkel, H. (1992): Psychiatrische Aspekte des Aberglaubens. In: Dietz-Rüdiger Moser (Hg.): Glaube im Abseits. Beiträge zur Erforschung des Aberglaubens. Darmstadt, Wissenschaftliche Buchgesellschaft. 405-411.
Wagner, G. A./Morris, E. K. (1987): Superstitions Behavior in Children. In: The Psychological Record 37, 471-488.

Abhängigkeitstechnik
Coleman, J. S. (1992): Grundlagen der Sozialtheorie. Oldenbourg, München.
Emerson, R.M. (1962): Power-Dependence Relations. In: American Sociological Review. 27. 32-41.
Emerson, R.M. (1976): Social Exchange Theory. In: Annual Review of Sociology 2. 335-362.
Emerson, R.M. (1982): Power-Dependence-Relations. In: M.Olsen (ed.): Power in Societies. London. 44-53.

Aktualisierungstechnik
Roth, G. (1991): Neuronale Grundlagen des Lernens und des Gedächtnisses. In: Siegfried. J. Schmidt (Hg.): Gedächtnis. Probleme und Perspektiven der interdisziplinären Gedächtnisforschung. suhrkamp taschenbuch wissenschaft.

Assoziationstechnik
Kroeber-Riel, W. (1992): Konsumentenverhalten. 5. Auflage. Vahlen-Verlag, München

Attraktivitätstechnik
Aronson, E. (1969): Some antecedents of interpersonal attraction. In: W.J. Arnold / D. Levine (eds.): Nebraska Symposium on Motivation. Lincoln. 143-170.
O Keefe, D.I. (1992): Persuasion. Theory and Research. Sage Publications, Newbury Park.
Piontkowski, U. (1976): Psychologie der Interaktion. München.

Autoritätstechnik

Blass, T. (1991): Understanding behavior in the Milgram obedience experiment. In: Journal of Personality and Social Psychology, 60. 398-413.

Blass, T. (1999): The Milgram paradigm after 35 years: Some things we know about obedience to authority. In: Journal of Applied Social Psychology, 29. 955-978.

Kehr, H. M. (2000): Die Legitimation von Führung: ein Kleingruppenexperiment zum Einfluss der Quelle der Autorität auf die Akzeptanz des Führers, den Kleingruppenprozess und die Effektivität. Diss. Duncker und Humblot, Berlin.

Lück, H. (1996): Psychologie der sozialen Beeinflussung: Konformität und Gehorsam. Multimediale Lehrsoftware, Fernuniversität Gesamthochschule Hagen, Fachbereiche Erziehungs-, Sozial- und Geisteswissenschaften. ZFE Zentrum für Fernstudienentwicklung. 1 CD-ROM.

Lüttke, H. B. (2003): Gehorsam und Gewissen: die moralische Handlungskompetenz des Menschen aus Sicht des Milgram-Experimentes. Diss. Lang, Frankfurt/M.

Meinerz, K.-P. (2002): Management, Autorität und Führung: eine soziologische Analyse akteursgruppenspezifischer Orientierungsmuster zur Reorganisation ostdeutscher Industriebetriebe in der Transformation. Diss. Universität Jena.

Milgram, S. (1995): Das Milgram-Experiment: zur Gehorsamsbereitschaft gegenüber Autorität. Dt. von Roland Fleissner. Rowohlt, Reinbek bei Hamburg.

Bad Guy/Good Guy-Technik

Wikner, U. (2000): Crashkurs Verhandeln. Frankfurt/New York 2000, 196f.

Charisma-Technik

Czernin, H. (Hg.) (2000): Der Westentaschen-Haider, Czernin Verlag, Wien.

Ebertz, M. (1999): Die Institutionalisierung von Charisma und Stigma: Herrschaftsbegründung und Herrschaftskritik im frühen Christentum.

Häusermann, J. (Hg.): Inszeniertes Charisma: Medien und Persönlichkeit. Niemeyer, Tübingen.

Hendrich, F. (2003): Horse-Sense oder wie Alexander der Große erst ein Pferd und dann ein Weltreich eroberte: Drei Schritte zum Charisma der Führung. SignumWirtschaftsverlag, Wien.

House, R. / Shamir, B. (1995): Führungstheorien – Charismatische Führung. In: A.Kieser (Hg.): Handwörterbuch der Führung. Stuttgart. 878-894.
Schneebeli, R. (1999): Charisma bei Herrschern, Staatsmännern und Heerführern.
Steyrer, J. (1999): Charisma in Organisationen. Zum Stand der Theorienbildung und empirischen Forschung. Johannes Steyrer.
Weber, M. (1922): Wirtschaft und Gesellschaft. Erster Teil: Die Wirtschaft und die gesellschaftlichen Ordnungen und Mächte. 10. Merkmale der charismatischen Herrschaft.

Claqueurtechnik
Goffman, E. (2003): Wir alle spielen Theater: Die Selbstdarstellung im Alltag. Aus dem Amerikanischen von Peter Weber-Schäfer. Piper, Zürich.
Berlioz, H. (1909): Literarische Werke, Band 8, Abendunterhaltungen im Orchester.

Dissonanztechnik
Frey, D. / Gaska, A. (1993): Die Theorie der kognitiven Dissonanz. In: D. Frey / M. Irle (Hg.): Theorien der Sozialpsychologie. Bd.1. Bern.
Herkner, W. (1993): Lehrbuch Sozialpsychologie. Huber, Bern.
Irle, M. (1975): Lehrbuch der Sozialpsychologie. Göttingen.

Einschmeicheltechnik
Barth, H. (1988): Insinuatio. Strategien der Emotionslenkung in den Anfangssequenzen von G.W. Pabsts Die freudlose Gasse (1925). In: E. Ledig (Hg.): Der Stummfilm. Konstruktion und Rekonstruktion. 9-32.
Blickle, G. (2004): Einflusskompetenz in Organisationen. In: Psychologische Rundschau, 55. 82-93.
Blickle, G. (2003): Einflusstaktiken von Mitarbeitern und Vorgesetztenbeurteilung: eine prädikative Feldstudie. In: Zeitschrift für Personalpsychologie, 2. 4-12.
Blickle, G. / Wittmann, L. / Röck, T. (2002): Machtpotentiale, Ziele und Einflusstaktiken. Quasi-experimentelle Prüfung und Weiterentwicklung eines Modells zum Einsatz von Einflusstaktiken in Organisationen. In: Zeitschrift für Personalpsychologie, 1. 114-123.
Gordon, R.A. (1996): Impact of ingratiation on judgment and evaluations: A metaanalytic investigation. In: Journal of Personality and Social Psychology 71. 54-70.

Jones, E.E. (1964): Ingratiation: A social psychological analysis. Appleton-CenturyCrofts, New York.

Falsche Argumente-Technik
Jungermann, H. / Pfister, H.-R. / Fischer, K. (1998): Die Psychologie der Entscheidung. spektrum, Akademischer Verlag, Heidelberg.
Kleindorfer, P.R. / Kunreuther, H.C. / Schoenmaker, P.J.H. (1993): Decision sciences: An integrative perspective. Cambridge University Press, New York. Schwartz, Barry (?): The Paradox of Choice: Why More Is Less.

Feindbildtechnik
Burmester, U. (1992): Schlagworte der frühen deutschen Aufklärung. Exemplarische Textanalyse zu Gottfried Wilhelm Leibniz. Peter Lang, Frankfurt/M.
Czernin, H. (Hg.) (2001): Der Westentaschen-Haider. Czernin-Verlag, Wien.
Flohr, A.-K. (1991): Feindbilder in der internationalen Politik. Ihre Entstehung und ihre Funktion. Münster.
Gruber, H. (1988): Der kleine Mann und die alten Parteien. Ergebnisse einer Untersuchung zum Sprachgebrauch J. Haiders 1973-1988. (The little man and the old parties. Results of a study on J.Haiders language (1973-1989). In: Journal für Sozialforschung, 28,1. 137-147.
Hörner, K. (1993): Der Begriff Feindbild: Ursache und Abwehr. In: Verena Klemm / Karin Hörner (Hg.): Das Schwert des »Experten«. Peter Scholl-Latours verzerrtes Araber- und Islambild. Palmyra, Heidelberg. 34-43.
Keen, S. (1993): Gesichter des Bösen: über die Entstehung unserer Feindbilder. Aus dem Amerikanischen übersetzt von Rüdiger Runge. Heyne, München.
Wagener, S. (1999): Feindbilder: wie kollektiver Hass entsteht. Quadriga-Verlag, Berlin.
Wagenlehner, G. (1992): Politische Feindbilder in den Medien. In: Gerhard W. Wittkämper (Hg.): Medien und Politik. Wissenschaftliche Buchgesellschaft, Darmstadt. 63-72.
Wulff, E. (1992): Zur Entstehung und Wirkung von Feindbildern. In: Gert Sommer / Johannes M. Becker / Klaus Rehbein / Rüdiger Zimmermann (Hg.): Feindbilder im Dienste der Aufrüstung. Beiträge aus Psychologie und anderen Humanwissenschaften. Eigenverlag des Arbeitskreises Marburger Wissenschaftler für Friedens-

und Abrüstungsforschung und der Interdisziplinären Arbeitsgruppe Friedens- und Abrüstungsforschung an der Philipps-Universität Marburg. 108-118.

Fixierungstechnik

Bierhoff, H. (2002): Einführung in die Sozialpsychologie. Beltz Verlag, Basel.

Deutsch, M. / Gerard, H.B. (1955): A study of normative and informational social influences upon individual judgment. In: Journal of Abnormal and Social Psychology. 51, 629-636.

Freunde-Technik

Bless, H. / Bohner, G. / Schwarz, N. (1992): »Gut gelaunt und leicht beeinflussbar? Stimmungseinflüsse auf die Verarbeitung persuasiver Kommunikation. In: Psychologische Rundschau, 43, Januar 1992, 1-17.

Gerüchte-Technik

Schuh, H. (1981): Das Gerücht. Psychologie des Gerüchts im Krieg. München.

Sommer, G. (1986): Feindbilder im Dienste der Aufrüstung. Beiträge aus Psychologie und anderen Humanwissenschaften. Marburg.

Gruppen-Technik

Festinger, L. / Pepitone, A. / Newcomb, T. (1952): Some consequences of deinviduation in a group. In: Journal of Abnormal and Social Psychology, 47. 382-389.

Rehm, J. / Steinleitner, M. / Lilli, W. (1987): Wearing uniforms and aggression: A field study. In: European Journal of Social Psychology, 17. 437-443.

Hypnosetechnik

Bandler, R. / Grinder, J. (1996): Patterns. Muster der hypnotischen Techniken Milton H.Ericksons. Paderborn.

Brenman, M. (1942): Experiments in the Hypnotic Production of Antisocial and Self-Injurious Behavior. In: Psychiatry 5. 49-61.

Levitt, E.E. et.al. (1990): Some Conditions of Compliance and Resistance Among Hypnotic Subjects. In: American Journal of Clinical Hypnosis, 32 (4). 225-236.

Mayer, L. (1937): Das Verbrechen in Hypnose und seine Aufklärungsmethoden. J.F. Lehmanns Verlag, München/Berlin.

Mayer, L. (1951): Die Technik der Hypnose. Praktische Anleitung für Ärzte und Studierende. 4. Auflage. J.F.Lehmanns Verlag, München.
Register, P.A. / Kihlstrom, J.F. (1986): Finding the hypnotic virtuoso. In: Journal of Clinical and Experimental Hypnosis, 34. 84-97.
Reiter, P.J. (1958): Antisocial or Criminal Acts and Hypnosis. A case Study. Charles C. Thomas Publisher, Springfield.

Immunisierungstechnik
Bauer, H.H. (1990): Immun gegen Marketing? In: Marketing ZFP. 11.Jhg., Nr.2. 119121.
Bither, S.W. / Dolich, L. / Nell, D. (1971): The application of attitude immunization techniques in marketing. In: Journal of Marketing Research, 8 (1). 56-61.
Burgoon, M. / Cohen, M. / Miller, M.D. / Montgomery, C.L. (1978): An empirical test of a model of resistance to persuasion. In: Human Communication Research, Vol.4, No.1. 27-39.
Crane, E. (1987): Immunization – With and Without Use of Counter Arguments. In: Greg J. Lessne / Jr. Didow / M. Nicholas: Inoculation Theory and Resistance to Persuasion in Marketing. In: Psychology and Marketing, 4 (2). 157-165.

Impression Management-Technik
Kroeber-Riel, W. (1992): Konsumentenverhalten. Vahlen, München.
List, K.-H. (1999): Bewerbungskonzepte für Führungskräfte: Impression Management. Die wirkungsvolle Selbstpräsentation. Falken, Niedernhausen/Ts.
Machiavelli, N. (1977): Discorsi: Gedanken über Politik und Staatsführung. 2. Auflage. Kröner, Stuttgart.
Machiavelli, N. (1991): Il Principe / Der Fürst. Reclam, Stuttgart.
Mummendey, H.D. / Bolten, Heinz-Gerd (1983): Die Impression Management-Theorie von J.T. Tedeschi und B.R. Schlenker. H.D. Mummendey, Bielefeld.
Mummendey, H.D. / Mielke, R. / Sturm, G. (1987): Selbstkonzepte als Ergebnisse von Impression Management: erste Untersuchungen. Reihe: Bielefelder Arbeiten zur Sozialpsychologie. Universität Bielefeld.
Mummendey, H.D. (1994): Ein Fragebogen zur Erfassung positiver Selbstdarstellung (Impression Management-Skala). Reihe: Bielefelder Arbeiten zur Sozialpsychologie. Universität Bielefeld.
Mummendey, H.D. (1990): Psychologie der Selbstdarstellung. Hogrefe, Göttingen.

Mummendey, H.D. / Bolten, H.G. (1985): Die Impressions-Management-Theorie. In: D. Frey / M. Irle (Hg.): Theorien der Sozialpsychologie, Band 3: Motivations- und Informationsverarbeitungstheorien. Huber, Bern

Weißhaupt, M. (1997): Impression Management in Einstellungsinterviews: Effekte verschiedener Selbstdarstellungstaktiken auf die Wahrnehmung und Beurteilung von Personen. Diss. Universität Tübingen.

Intrigen-Technik

Pourroy, G.A. (1986): Das Prinzip Intrige. Über die gesellschaftliche Funktion eines Übels. Edition Interfrom, Zürich.

Simmel, G. (1903): Soziologie der Konkurrenz. In: Neue Deutsche Rundschau 14, 1009-1023.

Utz, R. (1998): Soziologie der Intrige. Der geheime Streit in der Triade, empirisch untersucht an drei historischen Fällen. DunckerHumblot, Berlin.

Kontrasttechnik

Wrosch, C. / Heckhausen, J. (1996): Adaptivität sozialer Vergleiche: Entwicklungsregulation durch primäre und sekundäre Kontrolle. In: Zeitschrift für Entwicklungspsychologie und Pädagogische Psychologie.2.

Lügentechnik

Arntzen, F. (1983): Psychologie der Zeugenaussage: System der Glaubwürdigkeitsmerkmale. Beck, München.

Dietzsch, S. (1998): Kleine Kulturgeschichte der Lüge. Reclam, Leipzig.

Dietz, S. (2003): Die Kunst des Lügens: eine sprachliche Fähigkeit und ihr moralischer Wert. Rowohlt-Taschenbuch-Verlag, Reinbek bei Hamburg.

Falkenberg, G. (1982): Lügen, Grundzüge einer Theorie sprachlicher Täuschung. Niemeyer, Tübingen.

Fichte, H. (1992): Jean Genet. Aachen.

Greuel, L. (2001): Wirklichkeit – Erinnerung – Aussage. Habil. Beltz, Weinheim.

Köhnken, G. (1982): Sprechverhalten und Glaubwürdigkeit, eine experimentelle Studie zur extralinguistischen und textstilistischen Aussagenanalyse. Diss. Universität Kiel.

Köhnken, G. (1990): Glaubwürdigkeit: Untersuchungen zu einem psychologischen Konstrukt. Habil. Psychologie-Verlags-Union, München.

Leonhardt, R. (Hg.) (2002): Dürfen wir lügen? Beiträge zu einem aktuellen Thema. Neukirchener-Vluyn.
Niehaus, S. (2001): Zur Anwendbarkeit inhaltlicher Glaubhaftigkeitsmerkmale bei Zeugenaussagen unterschiedlichen Wahrheitsgehaltes: eine Simulationsstudie mit kindlichen Verkehrsopfern. Diss. Lang, Frankfurt/M.
Schirrmeister, C. (2004): Geheimnisse. Über die Ambivalenz von Wissen und Nicht-Wissen. Deutscher Universitäts-Verlag, Wiesbaden.
Schmid, J. (2000): Lügen im Alltag – Zustandekommen und Bewerten kommunikativer Täuschungen. Habil. Lit, Münster.
Schneider, L. (1991): Nonverbale Zeugnisse gegen sich selbst: zur Bedeutung nichtsprachlicher Begleiterscheinungen der Aussage für die forensische Glaubwürdigkeitsbeurteilung. Diss. Attempto-Verlag, Tübingen.
Schockenhoff, E. (2000): Zur Lüge verdammt? Politik, Medien, Medizin, Justiz, Wissenschaft und Ethik der Wahrheit. Herder Verlag, Freiburg i.Br. ISBN 3451273691.
Stok, W. (1929): Geheimnis, Lüge und Missverständnis. Eine beziehungswissenschaftliche Untersuchung. Ergänzungsheft II zu den Kölner Vierteljahresheften für Soziologie. DunckerHumblot, Leipzig.

Mitleidstechnik
Schmidbauer, W. (2002): Helfersyndrom und Burnoutgefahr. UrbanFischer, München.

Prediger-Technik
Grözinger, A. (1991): Die Sprache des Menschen. München.
Härtner, A. / Eschmann, H. (2001): Predigen lernen. Ein Lehrbuch für die Praxis. Edition Anker, Stuttgart.

Reziprozitätstechnik
Becker, L.C. (1986): Reciprocity. London.
Cialdini, R.B. / Vincent, J.E. / Lewis, S.K. / Catalan, J. / Wheeler, D. / Darby, B.L. (1975): Reciprocal concessions procedure for inducing compliance: The door-in-the-foot-technique. In: Journal of Personality and Social Psychology. Vol. 31, No. 2. 206-215.
Cohen, A.R. / Bradford, D.L. (1989): Influence without authority: The use of alliances, reciprocity and exchange to accomplish work. In: Organizational Dynamics. Vol. 17, Nr. 3. 4-17.

Jalloh, B.S. (1992): Countertrade als Einkaufsinstrument: Phänomene im Welthandel. In: Beschaffung aktuell. Nr. 7. 16-19.

Sprachmanipulationstechnik

Buschmann, M.: Zur militärischen Onomastik und Terminologie. In: Muttersprache 3/95. 212 ff.

Forgas, J.P. (1994): Soziale Interaktion und Kommunikation: Eine Einführung in die Sozialpsychologie. Psychologie-Verlags-Union, Weinheim.

Heise, J. S. (2000): Reden über den Krieg – reden im Krieg. Eine linguistische Annäherung an den Ersten Weltkrieg. In: Muttersprache 2/2000.

Mehrabian, A. (1969): Some referents and measures of nonverbal behavior. In: Behavioral research methods and instruments 1. 203-207.

Sündenbocktechnik

Girard, R. (1992): Ausstoßung und Verfolgung: eine historische Theorie des Sündenbocks. Aus dem Französischen von Elisabeth Mainberger-Ruh. Benziger-Verlag, Zürich.

Traumtechnik

Silverman, A. (1982): The sublimal psychodynamic activation method. In: J. Mashing (Ed.): Empirical studies in psychoanalysis. Hillsdale, NJ.

Vernichtungstechnik

Beißwenger, M. (2000): Totalitäre Sprache und textuelle Konstruktion von Welt am Beispiel ausgewählter Aufsätze von Joseph Goebbels über »die Juden«. ibidem-Verlag, Stuttgart.

Ehlich, K. (1989): Sprache im Faschismus. Frankfurt/M.

Krupp, F. (1992): Führung und Verführung durch Sprache. Kritische Reflexionen zur Magie der Wörter. Köln.

Nill, U. (1997): Sprache der Gegenaufklärung. Zu Funktion und Wirkung der Rhetorik des Nationalsozialismus. In: Joachim Dyck / Walter Jens / Gert Ueding (Hg.): Rhetorik. Ein internationales Jahrbuch. Band 16: Rhetorik im Nationalsozialismus. 6 ff.

Polenz, P. von (1977): Geschichte der deutschen Sprache. Erweiterte Neubearbeitung der früheren Darstellung von Hans Sperber. Berlin.

Volmert, J. (1989): Politische Rhetorik des Nationalsozialismus. In: Konrad Ehlich (Hg.): Sprache im Faschismus. Frankfurt/M. 140 ff.

So überzeugt man an der Hochschule

berufsstrategie

Gloria Beck
Rhetorik für die Uni
200 Seiten · broschiert
€ 14,90 (D) · sFr 25,90 · € 15,40 (A)
ISBN 978-3-8218-5910-1

Ob Referate, Prüfungen oder das Gespräch mit Kommilitonen oder Professoren: Der Schlüssel für die perfekte Selbstdarstellung im Studium ist die Kunst der Rhetorik. Gloria Beck vermittelt anschaulich und praxisnah, wie Sie Ihren akademischen Erfolg methodisch und strategisch vorbereiten:

- Rhetorik für Seminare, Referate, Tagungen und Prüfungen
- Beitragsformen, die im Gedächtnis bleiben
- gekonntes Anwenden der »wissenschaftlichen Fachsprache«
- Notfallprogramm für kritische Situationen
- zahlreiche Beispieldialoge

www.eichborn.de

So kontern Sie überzeugend rhetorische Angriffe

berufsstrategie

Meike Müller
Lizenz zum Kontern
Rhetorische Selbstverteidigung im Job
144 Seiten · broschiert
€ 12,95 (D) · sFr 24,– · € 13,40 (A)
ISBN 978-3-8218-5953-8

»Theoretisch gut, aber ...« oder »Hier bestimme immer noch ich«: Solche und ähnlich unfaire verbale Attacken oder Provokationen hat garantiert schon jeder von uns gehört. Aber wie reagieren?
Die Kommunikationsexpertin Meike Müller präsentiert kommentierte Antwortmöglichkeiten für jede Situation – von humorvoll über ruhig und gelassen bis zu höflich, aber bestimmt. Und sie zeigt, wie man unsachliche Diskussionen durch gekonnte Gesprächsführung in konstruktive Kommunikation in entspannter Atmosphäre verwandelt.

www.eichborn.de

Schluss mit dem E-Mail-Terror

berufsstrategie

Günter Weick/Wolfgang Schur
Wenn E-Mails nerven
So bekommen Sie die Kontrolle zurück
und arbeiten besser, schneller und sicherer
144 Seiten · broschiert
€ 14,95 (D) · sFr 25,90 · € 15,40 (A)
ISBN 978-3-8218-5952-1

E-Mail vernichtet Arbeitszeit – jeden Tag ein bis zwei Stunden, wie Untersuchungen belegen – und sorgt für Stress. Günter Weick und Wolfgang Schur optimieren seit 2001 die E-Mail-Kultur in großen Unternehmen. Sie zeigen, wie Sie die E-Mail-Kommunikation mit einfachen Mitteln wieder in den Griff bekommen.

Der E-Mail-Survival-Guide:

- Behalten Sie die Kontrolle über Ihre Zeit
- Bestimmen Sie Ihren Arbeitsrhythmus (wieder) selbst
- Schreiben Sie E-Mails richtig und wirkungsvoll
- Organisieren Sie Ihre E-Mails richtig
- Vermeiden Sie typische Fehler
- Erziehen Sie Ihre Kommunikationspartner

www.eichborn.de